조선실학의 경전이해

금장태(琴章泰)

1943년 부산 생

서울대학교 종교학과 졸업

성균관대학교 대학원 동양철학과 수료(철학박사)

성균관대학교 한국철학과, 서울대학교 종교학과 교수 역임

현재 서울대학교 종교학과 명예교수

저서 : 『퇴계학파와 理철학의 전개』, 『한국유학의 心說』, 『한국유학의 老子 이해』,
『불교의 유교경전해석』 외

조선실학의 경전이해

초판 1쇄 발행 2014년 11월 5일
초판 2쇄 발행 2015년 7월 5일

지은이 금장태
펴낸곳 서울대학교출판문화원
펴낸이 성낙인

책임 편집 정성숙
디자인 최선아

출판등록 제15-3호

주소 151-742 서울 관악구 관악로 1
대표전화 02-880-5252 팩스 02-888-4148
마케팅팀(주문상담) 02-889-4424, 02-880-7995
이메일 snubook@snu.ac.kr
홈페이지 www.snupress.com

ISBN 978-89-521-1646-8 93150

조선실학의 경전이해

금장태

서울대학교출판문화원

The Joseon *Silhak* Understanding of Confucian Scriptures

Keum, Jangtae

Seoul National University Press

머리말

한 시대에 유행하는 사상은 하나의 체계적인 존재질서요, 가치질서로서 우주관, 인간관, 사회관을 제공해 주며 그 시대의 정신을 형성하고 있다. 그만큼 한 시대의 사상은 그 시대의 현실이 산출한 것이면서, 동시에 그 시대를 규정해 주거나 그 시대를 새로운 방향으로 이끌어가기도 한다.

유교사상이 시대이념으로 주도하던 조선시대에서 보면, 조선왕조 초기에서 말기까지 일관하게 정통이념으로 확고하게 자리 잡았던 것은 도학(道學), 곧 주자학(朱子學)이었다. 그러나 조선전기에서 조선후기로 넘어가는 사회변동 속에서 새로운 사상이 등장하고 있었던 사실을 주목할 필요가 있다. 가장 먼저 심학(心學), 곧 양명학(陽明學)이 중국에서 새로 전래하여 소수 유학자 의식 속에 자리를 잡았지만, 도학의 강력한 비판에 위축되었다가 20세기 초에 다시 고개를 드는 모습을 보여주었다. 이와 달리 실학(實學)은 17세기 이후 조선후기에 등장하기 시작하여 도학으로부터 여러 방면에서 견제를 받았지만, 끊임없이 다양한 양상으로 전개되어 왔던 사실을 확인할 수 있다.

조선후기 실학은 도학의 근본주의적 관념체계에 맞서서 현실의 문제에 눈을 돌리고, 개방적 사유의 열린 정신으로 정통주의적 신념에 맞서 다양한 사상조류를 이루었다는 특성이 있었다. 따라서 실학은 애초에 일관된 이론체계를 지닌 것이 아니었다. 그만큼 실학은 다양한 관심과 학풍을 드러내고 있지만, 도학-주자학의 틀에 얽매이지 않으면서 시대의 변화를 감지하고 사회의 변혁을 추구하는 점에서 공통성을 지녔던 것이라 할 수 있다. 18세기까지 상당수의 초기 실학자들은 여전히 주자학의 철학적 기반 위에서 제도개혁과 새로운 사상의 도입을 시도하고 있음을 보여준다.

그러나 도학-주자학과 차별화하여 실학의 독자적 철학 기반을 모색하였던 경우로서는 17세기 후반의 실학자 윤휴(白湖 尹鑴, 1617-1680)와 박세당(西溪 朴世堂, 1629-1703)에서 뚜렷이 확인된다. 그것은 바로 경전해석에서 주자의 경학체계를 벗어나는 독자적 해석을 시도하였던 것이다. 바로 이 때문에 이 두 인물은 도학의 정통주의자들로부터 사문난적(斯文亂賊)이라 집중적 공격을 받아, 죽임을 당하거나 위험에 처하였던 것도 사실이다. 경학, 곧 경전해석이 달라지면 그 사상조류의 철학적 기반이 달라진다.

이런 의미에서 실학의 독자적 철학 기반이 개척되었던 초기 인물로 윤휴와 박세당의 경학을 주자의 경학과 대비시키기 위해 『대학』과 『중용』의 해석을 중심으로 점검해 보고자 하였다. 주자의 경학은 『사서집주』를 기초로 '사서'(四書) 중심의 경학체계를 제시하였다는 점에 가장 중요한 특징이 있다. '사서' 중심의 경학이란 무엇보다 『예기』 속에 한 편으로 묻혀 있던 『대학』과 『중용』을 끌어올려 『논어』와 『맹자』에 병행시킴으로써, '사서'의 체제를 정립하였다는 사실을 유의한다면, 『대학』·『중용』의 해석은 주자학의 경학에서도 핵심적 과제를 이루고 있는 것이라 할 수 있다. 곧 『대학』의 해석에서 주자학과 양명학이 갈라지고, 『대학』·『중용』의 해석에서 조선후기 실학자 윤휴와 박세당의 경학이 주자학으로부터 벗어나는 통로를 열었다고 볼 수 있는 것이다.

실학의 경학은 19세기 초에 오면 정약용(茶山 丁若鏞, 1762-1836)에 의해 방대한 규모로 집대성되었다. 정약용의 경학은 '6경4서'(六經四書)의 전체에 걸쳐 있으면서, 그 경학 전반의 기본정신을 개념화한다면 '사천학'(事天學)이라 할 수 있다는 점에서 윤휴의 경학과 맥이 이어져 있다는 사실이 확인된다. 그러나 정약용의 경학은 규모가 방대하여 별도로 논의될 필요가 있고 또 필자로서도 『사서』와 『주역』·『춘추』 및 '악서'(樂書)에 관한 연구결과를 발표한 일이 있기 때문에, 여기서는 정약용의 『심경밀험』(心經密驗)을 통해 실학적 심성·수양론을 거칠게나마 해명해 보고자 하였다. 송(宋)의 진덕수(眞德秀)가 편찬한 『심경』(心經)이야 '13경'에도 들지 않아 유교경전의 대열에 끼지 못하지만, 정약용은 그의 저술체계에서 경학을 집대성한 '경집'(經集) 속에서 주자가 편찬한 『소학』(小學)과 진덕수의 『심경』을 포함시켜 다루고 있는 점이 주목된다. 실학의 열린 경학정신에서는 인간 심성의 수양론적 인식이 경학의 핵심과제 가운데 하나임을 인정하고 있는 것이라 하겠다.

조선후기 실학의 경학을 다룬 이 책의 끝에 「신라사회의 경전이해와 실천정신」이라는 한 편의 논문을 부록으로 붙였다. 한국사상의 원류는 삼국시대에서 찾아야 하고, 주자학의 경학을 넘어서려는 조선후기 실학의 경학과 더불어, 주자학 이전에 경전정신을 우리의 현실에서 실천한 경우로 대비시켜 보고 싶었던 것이다. 그렇다면 한국사상사에서 고려시대 경학의 이해도 관심을 기울여야 할 것이지만 힘이 미치지 못하였다. 무엇보다 조선후기 실학의 경학으로 윤휴·박세당·정약용의 경우를 검토하면서, 윤휴와 박세당의 경학적 성격을 직접 비교해 보고, 윤휴와 정약용 및 박세당과 정약용의 경학적 성격을 대비시켜 해명해 보고 싶었지만, 손을 대지 못하여 아쉬웠다.

조선후기 실학의 경학을 해명하고 싶다는 욕심만 컸지, 안목이 어둡고 생각이 거칠어 부족함이 많은 줄을 절감하고 있다. 기회가 있으면 좀 더 다듬어 보고 싶을 뿐이다. 이 책을 집필하는 과정에 자료를 찾아주고 도와준 서울대학교 종교학과 조교 박병훈 군에게 고마운 마음을 전하고 싶다. 또한 이 책의 간행을 허락해 주신 서울대학교 출판문화원 원장(현재 서울대학교 교육부총장) 김종서 교수님께 깊이 감사드린다.

2014년 7월 30일

潛研齋에서 琴章泰

차 례

제2장 박세당(朴世堂)의 『사변록』(思辨錄)과 『대학』 편차(編次)의 수정

제3장 박세당(朴世堂)의 『대학』 해석과 쟁점

제1장

윤휴(尹鑴)의 『대학』·『중용』 해석

1. 윤휴의 경학적 관심

17세기 후반 조선후기 사회는 대부분 유학자가 도학-주자학을 정통으로 수호하고 시대이념으로 확인하였다. 그러나 도학의 이념적 고착이 시대변화에 적응력을 잃고 현실문제의 해결에 한계를 드러내면서 소수의 진보적 지식인들은 교조화(敎條化)된 도학에서 벗어나 현실문제에 관심을 기울이면서 새로운 학풍으로서 실학이 싹트고 있었다. 윤휴(白湖 尹鑴, 1617-1680)는 성리설(性理說)·의리론(義理論)·예설(禮說)에 정통한 주자학자였지만, 다른 한편으로 주자의 경전해석을 전면적으로 재검토함으로써, 주자를 경전해석의 기준으로 고수하는 당시 주자학의 학풍을 넘어서는 길을 열어갔다. 따라서 그가 경전해석을 통해 도학정통에서 벗어나는 독자적 사유체계를 제시하자, 송시열(尤庵 宋時烈)로부터 '사문난적'(斯文亂賊)이라 배척되었고, 끝내 당쟁에 희생되어 죽음을 당하고 말았다.

윤휴의 학문세계는 주자학에 확고하게 뿌리를 두고 있는 성리설·

의리론·예설과 주자학에서 벗어나 새로운 방향을 탐색하는 경학의 네 가지 영역에서 그 시대의 정상에 섰던 것이 사실이다. 그는 성리설에서 일찍이 22세 때 「사단칠정인심도심설」(四端七情人心道心說)을 저술하면서 자신의 입장을 정립하고 있다. 여기서 그는 사칠설(四七說)의 해석에서 퇴계(退溪)나 율곡(栗谷)의 어느 쪽에도 얽매이지 않고 명석하고 일관된 논리로 자신의 독자적 성리설을 전개하였다.

의리론에서도 58세(1674) 때 중국에서 오삼계(吳三桂) 등이 반청(反淸) 군사를 일으켰다는 소식을 듣고, 현종(顯宗)임금에게 「대의소」(大義疏)를 올려 청(淸)나라에 대한 복수설치(復讐雪恥)의 기회로 삼도록 주장하고 나섰다. 그만큼 그는 당시 도학자들이 표방하고 있던 숭명배청(崇明排淸)의 의리를 명분으로 삼는 수준이 아니라 실천과제로서 확고하게 제시하고 있음을 보여준다.

예설에서 보면 윤휴가 43세(1659) 때 효종(孝宗)의 죽음에 따라 조대비(趙大妃)의 복제(服制) 문제로 의례논쟁이 일어나기 시작하였다. 이때 그는 이 시대에 가장 큰 쟁점이었던 '예송'(禮訟)에서 송시열 계열의 서인(西人) 예설에 맞서서 허목(眉叟 許穆)·윤선도(孤山 尹善道)와 더불어 남인(南人) 예설을 이끌어 가는 중심역할을 하였던 것이다.

그러나 사상사의 관점에서 보면 윤휴의 가장 중요한 학문적 업적은 경학이라 할 수 있다. 26세 때 「홍범설」(洪範說)의 저술에서 시작되는 그의 경학적 관심은 46세 때 『효경장구고이』(孝經章句考異)를 저술한 이후 집중되었고, 그 성과로 이루어진 경학연구의 결집이 그의 대표작이라 할 수 있는 『독서기』(讀書記)이다. 그의 경학은 주자의 경전해석체계에서 벗어나 새로운 경학체계를 탐색하는 것이었으며, 바로 이 점에서 그는 경학을 통해 조선후기 실학의 선구적 인물로서 위치를 갖게 되었다. 이러한 그의 경학은 실학의 경학적 학풍에서 이익(星湖 李瀷)과 그 후학인 권철신(鹿菴 權哲身)·정약용(茶山 丁若鏞)에 상당한 영향을 미치고 있는 사실이 확인된다. 이런 의미에서 그는 조선후기의 두 사상조류인 도학과 실학의 양쪽에 걸쳐 있었던 사상가라 하겠다.

또한 윤휴는 같은 시대의 후배학자인 박세당(西溪 朴世堂, 1629-1703)과 더불어 주자학의 정통적 경학체계에서 벗어나 새로운 경전해석을 탐색함으로써, 실학적 사유를 열어주었던 대표적 인물이다. 따라서 윤휴와 박세당은 이 시대에 새로운 경전해석을 제시함으로써, 도학에서 실학이 갈라져 나오는 분기점(分岐點)을 이루는 인물이라 할 수 있다.

필자는 앞서 윤휴의 경학적 업적은 『독서기』를 중심으로 확인될 수 있다는 관점에서 윤휴의 경학에 대해 개괄적으로 해명하는 논문으로 「백호 윤휴(白湖 尹鑴)의 경학(經學)과 성리설(性理說)」(『조선후기의 유학사상』, 서울대학교출판부, 1998, 수록)을 발표하였던 일이 있다. 여기서는 윤휴의 경학과 주자의 경학이 지닌 차이점을 더욱 선명하게 드러내고자 시도하였다. 따라서 주자학의 경학적 특성을 가장 잘 보여주는 대목인 『중용』과 『대학』의 해석에 초점을 맞추어 조명해 보았다. 주자에서는 『대학』이 『중용』보다 앞서지만, 윤휴의 『독서기』에서는 『중용』이 앞머리에 제시되고 있을 뿐만 아니라, 경전의 구조에서도 『중용』이 『대학』의 기준으로 인식되고 있다.

물론 윤휴는 주자에 대한 비판이 자신의 경학적 기본과제도 아니요, 주자의 경학에 대해 깊은 신뢰를 보여주기도 한다. 그러나 그는 주자가 제시한 경전해석의 틀에 얽매이지 않고 새롭게 경전을 해석하고 있다는 점에서 이 시대 사상사의 흐름에서 새로운 물길을 열어가고 있다는 사실을 주목할 필요가 있다.

2. 『독서기』와 윤휴의 경학적 시야

1) 윤휴 경학의 형성과 규모

윤휴의 경학공부는 「연보」(年譜)에 의하면 22세 때 공주 유천(柳川)으로 이사했을 때 집중적으로 이루어지기 시작하였다고 한다.[1] 그의 경학에 관한 저술로 연대를 확인할 수 있는 것을 보면, 먼저 초기 단계인 20대 후반의 저술로, 26세(1642) 때 「홍범설」(洪範說), 27세(1643) 때 「주례설」(周禮說), 28세(1644) 때 「중용설」(中庸說)이 있다. 이 저술들의 현존 여부는 확인되지 않지만, 그의 경학적 관심이 『사서』(四書)의 독서순(『대학』→『논어』→『맹자』→『중용』)에 따른 주자학적 관심이 아니라는 점에서 그 특징을 엿볼 수 있다.

가장 먼저 『서경』 '홍범'(洪範)편과 『주례』에 관심을 보여주고 있는 것은 정치제도와 방법을 이해하려는 경세론적 관심을 경학에서 찾고 있는 것이라 할 수 있다. 또한 『중용』을 『사서』의 마지막 귀결이 아니라 첫머리에 두는 것은 그의 경학체계가 주자학과 다른 독자적 성격을 엿볼 수 있게 하는 것이다.

다음으로 후기단계인 40~50대의 저술로 46세(1662) 때의 「효경장구고이」(孝經章句考異)는 『효경』의 연구에 집중적 관심을 보여준 저술이고, 51세(1667) 때의 「대학설」(大學說)과 52세(1668) 때의 「중용장구보록서」(中庸章句補錄序), 55세(1671) 때의 「중용대학후설」(中庸大學後說)·「대학고본별록」(大學古本別錄)은 『중용』과 『대학』의 해석에 집중하고 있는 것이다. 그 특징의 하나는 『대학』을 앞세우는 것이 아니라 『중

---

1) 『白湖全書』[이하 '『白全』'으로 줄임](下, 2135), 附錄5, '年譜'(22세條).

용』을 앞세운다는 사실로 「중용대학후설」이라는 표제에서도 엿볼 수 있다.

윤휴의 경학적 저술로는 『독서기』에 수록된 「효경외전」(孝經外傳)·「고시경고」(古詩經攷)·「독상서」(讀尙書)·「홍범경전통의」(洪範經傳通義)·「독주례」(讀周禮)·「독예기」(讀禮記)·「독춘추」(讀春秋)·「내칙외기」(內則外記)·「내칙」(內則)을 들 수 있다. 그 밖에 9도설(圖說)[2] 및 「독춘추초세자상신사」(讀春秋楚世子商臣事)·「칠정육부서」(七政六符書)·「제순재선기옥형이제칠정」(帝舜在璇璣玉衡以齊七政)·「주관성토구주십유이차」(周官星土九州十有二次) 등 저작연대의 기록이 없는 경우는 대체로 50대 근처에서 이루어진 경학 관련 저술들로 짐작된다. 59세(1675) 때 숙종에게 올린 「효경주해」(孝經註解)·「무일입정도」(無逸立政圖)·「가어주수설해」(家語舟水說解)와 63세(1679) 때 역시 숙종에게 올린 「공고직장도설」(公孤職掌圖說)[3] 등도 경학 관련 저술로서, 특히 군덕(君德)과 치도(治道)에 중요한 내용을 체계화하여 임금에게 올렸던

2) 『白湖全書』, 권35(雜著)에 수록된 9圖說은 윤휴의 경학에서 핵심적 인식이 圖說의 형식으로 제시된 것으로, ① 「帝舜人心道心之圖」(上·中·下 3圖), ② 「皐陶敍秩之圖」, ③ 「禹則洛書作範圖」, ④ 「箕子序疇之圖」, ⑤ 「禹敍彝倫之圖」, ⑥ 「孔子達道達德九經之圖」, ⑦ 「大學之圖」, ⑧ 「中庸之圖」, ⑨ 「太公丹書敬義之圖」이다. 이 9圖說은 전체의 통합된 명칭이 없어서 여러 圖說을 임의로 모아둔 인상을 주지만, ① 「帝舜人心道心之圖」(3圖)의 끝에 '임금의 열람하심에 대비한다'(備睿覽)하였고, ⑨ 「太公丹書敬義之圖」의 뒤에 '臣按'이라 한 것을 보면 임금에게 올리려고 준비한 것으로 보인다. 또한 9圖의 내용은 君德과 治道의 기본원리를 제시한 것이므로, '聖學圖'로서의 성격이 분명하게 드러난다는 의미에서 윤휴의 「圖說」(9圖)에 「聖學九圖」라 이름을 붙일 수 있을 것으로 보인다. 그렇다면 退溪의 「聖學十圖」와 대비시켜 볼 수도 있을 것이다.

3) 「公孤職掌圖說」은 周代의 국가제도로서 天子를 좌우에서 보필하는 三公(太師·太傅·太保)과 이를 보좌하는 三孤(少師·少傅·少保)의 직무를 통해 王政의 제도와 원리를 밝힌 것이다.

것임을 알 수 있다.

윤휴는 『독서기』 11권에 자신의 핵심적인 경학저술을 결집하고 있는데, 여기에 수록된 경전들을 보면 「중용」(1권)·「대학」(1권)을 첫머리로 삼고, 「효경」(1권)·「효경외전」(孝經外傳, 2권)·「효경외전속」(孝經外傳續, 1권)이 그다음에 온다. 그 뒤에 「고시경고」(古詩經攷)·「독상서」(讀尙書)·「홍범경전통의」(洪範經傳通義)가 합쳐서 1권이고, 「독주례」(讀周禮)·「독예기」(讀禮記)·「독춘추」(讀春秋)가 합쳐서 1권이다. 마지막에 「내칙외기」(內則外記, 3권)와 「내칙」(1권)으로 구성되어 있다. 그 양적 비중을 보아도 윤휴의 경전주석은 『중용』과 『대학』이 첫머리에 오는 하나의 축이요, 『효경』과 『내칙』이 또 하나의 축을 이루고 있는 사실을 엿볼 수 있다.

윤휴의 경학을 구성하는 체계를 보면 그 특징이 잘 드러나고 있다. 그 특징을 전체적으로 규정한다면 주자학의 『사서』·『오경』 체계에서 벗어나고 있다는 사실이다.

윤휴의 경학체계가 지닌 특징의 구체적 내용을 보면, 첫 번째 특징으로 『삼경』(三經: 『詩』·『書』·『易』) 가운데서 주자학의 철학적 기반을 이루며 매우 중시되어 왔던 『역경』에 관심을 보이지 않는 반면에, 『오경』에도 들어있지 않은 『효경』을 크게 표출시키고 있다는 사실이다. 두 번째의 특징은 『오경』에 들어있는 『예기』(禮記)에서도 「내칙」(內則)편을 부각시키고 있다는 사실이다. 정자·주자가 『예기』에서 「대학」편과 「중용」편을 끌어내어 『사서』의 체제를 만들었다면, 그는 『예기』에서 새로 「내칙」편을 끌어내어 「중용」·「대학」에 상응하여 「효경」·「내칙」을 설정함으로써, 또 하나의 새로운 '사서' 체제를 보여주고 있는 것이라 할 수 있다. 세 번째 특징은 특히 「효경외전」(孝經外傳)과 「내칙외기」(內則外記)를 편찬함으로써, '효'(孝)를 실천하기 위한 규범과 의례와 원리를 여러 경전에 추출하여 일관성을 지닌 또 하나의 경전체계를 새롭게 제시하고 있다는 사실이다. 이처럼 그는 주자학의 견고한 경학체계와 달리 새로운 관심으로 경전을 바라보면서 그동안 비중을 갖지 못한 경전들을 전면에 끌어올림으로써 자신의 독자적 경학체계를 구성하고 있음을 보여주었던 것이다.

2) 윤휴의 경학적 사유구조

(1) 경학의 기본자세

윤휴는 경전을 연구하는 태도를 규정하여, "천하의 이치는 한 사람의 지식으로 두루 알 수 없는 것이다. 그 터득한 것을 미루어나가고 간직한 것을 발휘하며, 말을 가려서 하고 생각을 깊이 함으로써 옛 임금의 도리를 밝혀 천하와 함께하는 것이 어찌 성현의 마음이요, 학자의 일이 아니겠는가."[4]라 하였다. 여기서 그는 먼저 이치를 한 사람이 독점할 수 없는 것임을 강조함으로써, 주자학의 정통주의에 얽매이지 않는 입장을 밝히는 것이다. 또한 옛 임금(先王)의 도리를 밝혀 천하와 함께할 것을 강조하여, 경학의 기준은 옛 임금의 도리에 있는 것임을 확인하고 있다.

그는 주자가 경전주석에서 끊임없이 수정해가던 자세를 주목하여, "주자는 여러 경전을 해석하면서, 여러 학설을 모아놓고 절충하여 자신의 이론을 이루었다. 그러고서도 문인들과 강습할 때마다 몸소 체험해 보아서 혹시 설명이 투명하지 못하거나, 견해가 미흡하거나,

4) 『白全』(中, 998), 권24, '讀書記序', "天下之理, 非一人之知所能周也, 則推其得發其有, 擇言深思, 明先王之道, 以與天下共之, 又豈非聖賢之心, 學者之事哉."

실행이 안 되는 곳이 있으면 반드시 토론하여 수정하였고, 고치기를 멈추지 않고 죽는 순간까지 그만두지 않았다. … 그 좋은 것을 취하고 옳은 것을 찾기 위해 잘못을 고치기를 꺼리지 않음이 또한 이와 같았으니, 바로 이 점을 내가 본받아 힘쓰고자 하는 것이다."[5]라 하였다.

이처럼 윤휴는 진리탐구의 과정에서 끊임없이 수정해 가는 주자의 학문 자세를 본받겠다고 역설하였다. 그것은 동시에 주자를 학문적 완성자요 절대적 준칙으로 삼아 한 글자도 고칠 수 없다는 도학 전통의 폐쇄적 정통주의를 거부하는 것이기도 하다. 따라서 그는 주자의 경전주석에 얽매이지 않고 경전 자체로 돌아가 새로운 해석을 시도하였던 것이요, 그것이 바로 그가 주자학 정통주의자로부터 '사문난적'(斯文亂賊)으로 단죄되었던 원인이었다.

경학의 과제로서 윤휸는 여러 경전의 장구(章句)를 자신의 안목으로 새롭게 분석하기도 하고, 금문(今文)과 고문(古文)의 문제에까지 고증하는 데 관심을 보여주기도 한다. 이 점에서 이미 주자를 절대적 기준으로 삼는 도학의 경학에서 벗어나고 있다. 또한 그는 과거제도의 명경(明經)과목이 경학의 본래 정신을 상실한 점을 비판하면서, '주체적 자각'(爲己)과 '실지에 힘쓸 것'(務實), '옛 법도를 배울 것'(學古), '집안에서 효도할 것'(入孝)의 경전(經傳)의 근본정신으로 강조하고 있다.[6]

---

5) 『白全』(下, 1447), 권36, '讀書記(中庸): 序', "晦翁之釋諸經書也, 旣集衆說而折衷之, 有成說矣, 然猶每與門人講習而身體驗之, 或有說未透·見未到·行未得處, 又必爲之討論更定, 不住修改, 至于屬纊而未已焉, … 其取善求是, 不憚遷徙, 又如此, 此又余之所則效而思勉焉者也."

6) 『白全』(中, 1106), 권27, '漫筆', "明經之學, 則初無爲己務實學古入孝之意."

윤휴는 경전의 핵심정신을 전반적으로 규명하면서, '하늘을 섬김'(事天)과 '부모를 섬김'(事親)을 두 중심축으로 삼고 있다. 곧 그는 "『효경』은 부모를 섬기는 도리를 말하였는데, 「내칙」은 실제로 그 예절이요, 『중용』은 하늘을 섬기는 도리를 말하였는데, 『대학』은 바로 그 조목이다."[7]라 하였다. 곧 『효경』과 「내칙」을 '부모를 섬김'(事親)에서 도리와 예절의 구조를 이루고, 『중용』과 『대학』을 '하늘을 섬김'(事天)에서 도리와 조목의 구조를 이루는 것으로 파악하고 있는 것이다.[8] '사천'(事天)과 '사친'(事親)을 연결시킨 관점은 『예기』(哀公問)에서 "어진 사람이 어버이를 섬김은 하늘을 섬김과 같이 하고, 하늘을 섬김은 어버이를 섬김과 같이 한다."(仁人之事親也如事天, 事天如事親)에서 제시되고 있다. 이처럼 '사천'과 '사친'을 경전의 근본정신으로 인식하는 것이 바로 윤휴의 경학적 사유의 기본입장이라 할 수 있다. 여기서는 '사천'을 주제로 하는 『중용』과 『대학』은 다음 장에서 자세히 검토하기로 하고, '사친'을 주제로 하는 『효경』과 「내칙」의 경학적 인식을 먼저 살펴보고자 한다.

(2) 『효경』·「내칙」의 사친학(事親學)

먼저 『효경』에 대해 윤휴는 주자가 '장구'(章句)를 나누면서, 경(經)1장 이외의 전(傳)은 후세의 유학자들이 고쳐 넣은 것이라 하였지만, 그는 『효경』에 후세 사람들이 망녕되게 보태기도 하고 빼기도

---

7) 『白全』(下, 1892), 附錄2, '行狀', "孝經言事親之道, 內則實其節文也, 中庸事天之道, 大學是其條目也."

8) 특히 윤휴가 『중용』-『대학』을 事天의 체계로 제시하고 있을 뿐만 아니라 그의 經學 전반을 통해 '하늘'(天·上帝)을 재발견하고 있는 사실은 白湖經學의 중심주제가 茶山經學으로 이어지고 있음을 엿볼 수 있다. 졸저, 『실학과 서학』(지식과 교양, 2012)의 제3장 「다산경학의 사천학(事天學)적 성격과 서학적 조명」 참조.

한 사실을 인정하면서도 『효경』이 공자의 문하에서 나온 것으로 '성인(聖人)의 큰 훈계'요 '육경'(六經)과 병칭되는 것임을 강조하였다. 또한 그는 『효경』이 공자와 증자(曾子)가 문답한 말씀을 증자의 문인이 기록한 것이라 확인하며, 공자가 높이는 요(堯)·순(舜)의 도리란 '효(孝)·제(弟)'일 뿐이라 하여, 『효경』이 공자 문하의 중요한 과제였음을 강조하고 있다. 또한 그는 『대학』이 '마음에 근본하여 천하에 시행하는 것'(本諸心而措之天下)이요, 『효경』은 '효에 근거하여 사해에 펼치는 것'(因乎孝而放諸四海)이라 하여, 증자 문하의 기록으로서 『대학』과 『효경』의 긴밀한 관계를 주목하였다.[9)]

주자가 『효경간오』(孝經刊誤)를 저술하여 『효경』의 뒤섞임을 바로잡고 '장구'로 분석한 사실에 대해, 윤휴는 높이 평가하였지만, 그 자신은 주자의 『효경간오』를 검토하여 「효경장구고이」(孝經章句考異)를 저술하고 있다. 여기서 그는 주자가 경전 원문의 순서를 옮기고 바꾸는 것은 옛 편차의 모습을 회복하는 것이 아니라 지적하고, 또한 옛 『효경』의 편차순서에 정밀한 뜻이 없는 것이 아니라 하여, 주자가 순서를 바꾼 것을 따르지 않고 있다.[10)] 여기서도 그는 경전의 순서를 일관된 체계로 재구성하는 주자의 '장구'체제와 달리, 옛 경전에 입각하여 그 경전정신의 본래적 의미를 발견하고자 하는 그의 경학적 성격을 엿볼 수 있게 한다.

윤휴는 『효경』과 『춘추』가 표리(表裏)관계라는 견해를 받아들여, "한(漢)나라가 일어나자 『효경』을 특별히 중시하여, '『효경』의 저작은

---

9) 『白全』(下, 1550-51), 권38, '讀書記(孝經): 孝經章句古今文考異'.

10) 『白全』(下, 1539), 권38, '讀書記(孝經): 孝經章句考異目錄'. "刊誤作十五章, 經傳者爲可據, 然經文之移易上下, 亦非復舊編, 而舊經編序, 自不無精義, 今故因古文次序, 而用刊誤分章之例."

『춘추』와 표리관계가 된다 하고, 공자의 뜻(志)은 『춘추』에 있고 공자의 행실(行)은 『효경』에 있다'고 하였다."[11] 나아가 그는 『효경』의 정신을 부연하고 확장하기 위해, '효'에 관한 글을 여러 경전과 고전에서 수집하고 주석하여 「효경외전」(孝經外傳)과 「효경외전속」(孝經外傳續)의 두 편을 편찬하였던 것이다.

이와 더불어 윤휴는 『예기』 속에서 「내칙」(內則)편을 끌어내어, 『효경』의 '사친학'을 구체적으로 실천하는 방법으로 삼고 있다. 그는 「내칙」편을 삼대(三代: 夏·殷·周)의 교육방법을 담은 옛 경전으로 파악하고, 『효경』과 『대학』의 경우처럼 공자가 증자에게 전해 준 것이라 보았다. 여기서 그는 '효·제'(孝弟)를 근본으로 삼는 성인의 '도'가 경전으로 구체화된 경우로서, "증자가 남긴 글로 『효경』은 그 강령을 제시한 것이고, 『대학』은 마음에 근본함을 밝힌 것이며, 「내칙」은 특히 그 일에 상세하고 행위에 드러내어 곡진하게 이루는 것으로서 더욱 배우는 자에게 절실한 것이니 서로 없을 수 없는 것이다."[12]라 하고 있다. 이처럼 그는 「내칙」편이 『효경』·『대학』과 병행하는 독립된 경전으로서 중대한 비중을 지니는 것이라 하여 표출시켰던 것이다.

그는 「내칙」편을 독립된 경전으로 표출시키기 위한 작업으로서, 먼저 정현(鄭玄)의 주(註)와 공영달(孔穎達)의 소(疏) 및 주자의 보주(補註)를 종합하고 자신의 해석을 붙여서 「내칙집석」(內則集釋)을 편찬하고 있다. 여기에다 「내칙」의 구체적 실천방법으로 상례(喪禮)와 제례(祭禮)의 중요성을 주목하여 이에 관한 언급 114조를 뽑아서 주

11) 『白全』(下, 1553), 권39, '讀書記(孝經外傳): 序', "炎漢之興, 特重是經, 謂是書之作, 與春秋爲表裏也, 曰夫子志在春秋, 行在孝經."

12) 『白全』(下, 1801), 권46, '讀書記(內則): 集釋序', "曾氏之書, 孝經擧其綱, 大學本諸心, 而此篇者, 則又特詳其事, 見諸行, 而曲致之, 尤有切於學者而有不可相無者."

석하여 「내칙집전」(內則集傳: 記喪祭禮)을 이루었다.

(3) 『시』·『서』와 「홍범」(洪範)의 해석

윤휴의 경학체계는 이미 '사서오경'(四書五經)의 주자학적 경학의 틀에서 벗어나고 있다. 따라서 그는 '오경'에서도 『주역』에 대한 해석은 없지만, 예경(禮經)은 『예기』·『주례』·『의례』의 삼례(三禮)를 포함하고, 『춘추』도 삼전(三傳)과 호전(胡傳) 등을 자유롭게 끌어들여 고증하고 있지만, 대체로 몇 편을 골라 선행하는 여러 이론을 종합하거나 자신의 견해를 간단하게 제시하는 수준으로서, 독서하는 과정에서 얻은 단편적 견해를 수록(隨錄)하는 형식을 취하고 있다. 여기서는 비교적 분명한 주장이 있는 『시경』·『서경』과 「홍범」편에 대한 해석만 간략히 살펴보겠다.

먼저 『시경』에 관해 그는 「국풍」(國風)에서 「주남」(周南)편과 「소남」(召南)편만을 논하고 있는데, '남'(南)이라는 말의 뜻을 주자는 『시집전』(詩集傳)에서 '남방의 제후국'이라 해석하고 있지만, 윤휴는 '남'을 정악(正樂)의 명칭으로, 풍(風)의 '시작하는 소리'(始音)요 화하(華夏)의 '순정(純正)한 음악'(正聲)'이라 하고, 「국풍」의 '이남'(二南)과 「주송」(周頌)의 '구하'(九夏: 九頌)가 대응되는 것이라 지적하였다.[13)]

다음으로 『서경』에서 「요전」(堯典)편 첫머리의 '흠'(欽)은 경(敬)으로 시작함을 말하고, 「익직」(益稷)편이 '흠'(欽)으로 끝맺는 것은 성(誠)으로 마치는 것이라 하였다. 또한 『상서』의 '우서'(虞書)가 '흠'으로 시작하고 끝맺는 것은 성학(聖學)의 시작에서 끝까지 관통하는 정

13) 『白全』(下, 1637), 권41, '讀書記: 古詩', "南正樂之名, 蓋風之始音, 華夏之正聲也, 風之有二南, 猶頌之有九夏也."

신이 '흠'(欽·誠)에 있는 것으로 해석한다.[14] 또한 「무일」(無逸)편에서는 임금이 안일(安逸)에 빠지지 말아야 하는 세 가지 일을 들었다. 첫째, 백성의 삶이 간난(艱難)함을 알아서 감히 스스로 안일하지 말 것 둘째, 선왕(先王)의 법도가 무너지기 쉬움을 알아서 조심하여 지킬 것 셋째, 원망과 비난이 일어나기 쉬움을 알아서 스스로 덕(德)을 공경할 것을 제시함으로써, 군왕의 치도(治道)를 집약하고 있다.

그다음 「홍범」편에 관해 그는 26세 때 「홍범경전통의」(洪範經傳通義)를 저술함으로써, 「홍범」편을 하나의 독립된 경전 수준으로 끌어올리고 있는 사실이 주목된다. 그는 " '하도'(河圖)와 '낙서'(洛書)가 출현하니 천지의 이치를 유추할 수 있고, 『주역』과 「홍범」을 지으니 성인의 마음을 볼 수 있다."[15]고 하였다. 곧 천지의 이치(「河圖」·「洛書」)에 근원하여 성인의 마음이 드러나는 두 가지 경전을 들고 있는데, 『주역』은 변화의 법칙을 드러내는 것이요, 「홍범」은 경륜(經綸)의 방법을 구현하는 것이라 대비시키고 있다. 여기서 그는 『주역』의 '도'(道)는 남김 없이 드러났지만, 「홍범」의 '수'(數)는 그 근본의 원칙(大經)과 중요한 작용(大用)이 천하에 밝혀지지 못한 사실을 지적하였다. 따라서 「홍범」의 정신을 계발하고 해명하는 것을 자신의 중요한 경학적 과제로 삼고 연구해 왔음을 밝히고 있다. 그가 「홍범」을 『주역』에 대비시키고 있는 사실이 주목된다. 그만큼 그의 「홍범경전통의」(洪範經傳通義)는 그의 경학체계 속에서도 중요한 의미를 지니는 것이라 할 수 있다.

---

14) 『白全』(下, 1641), 권41, '讀書記: 讀尙書', "帝典首欽, 敬以爲始也, 虞典終塞, 終之以誠也, 此聖學之終始也."

15) 『白全』(下, 1678), 권41, '讀書記: 洪範經傳通義', "圖書出而天地之理可推矣, 易範作而聖人之心可見矣."

3. 『중용』 해석의 경학체계

1) 『중용』의 편장구조

「연보」(年譜)에 따르면 윤휴는 28세 때 「중용설」(中庸說)을 짓고, 52세 때 「중용장구보록서」(中庸章句補錄序)를 지었으니, 25년이나 걸려 『중용』 해석을 완성하였던 것으로 보인다. 그는 처음 28세 때 지은 「중용설」에서 『중용』의 대지(大指)와 장구의 차례를 기록해 놓았는데, 수십 년 동안 연구한 뒤에도 별로 다를 것이 없었다고 하였다.[16] 그만큼 그가 주자와 다른 『중용』의 체제를 제시한 데 대해 스스로 깊이 확신하고 있음을 보여주는 것이라 할 수 있다.

주자의 『중용장구』는 33장으로 구분되어 있는데, 윤휴는 여기서 벗어나 『중용』의 장구를 10장 28절로 다시 구분하였다. 이처럼 '장구'의 개편으로 사실상 주자의 경학체제를 탈피하기 시작하였던 것이다. 그는 『독서기』(중용)의 「분장대지」(分章大旨)에서 자신이 제시한 10장 28절 체제의 『중용』 분장(分章)의 각 장과 절에 주제(大旨)의 명칭을 붙였다.[17] 장의 명칭은 그 장에 속한 절 가운데 첫 절의 명칭과 일치하고 있음을 보여준다.

1장 — 천명(天命) — 1절(天命)
2장 — 중용(中庸) — 2절(中庸)/3절(不行)/4절(知驅)/5절(天下)/6절(素隱)
3장 — 비은(費隱) — 7절(費隱)/ 8절(遠人)/ 9절(素位)

16) 『白全』(下, 1447), 권36, '讀書記(中庸): 序', "始余旣讀中庸, 略錄所見大指序次章句, … 讀去讀來, 餘數十年鑽仰硏究, 未嘗忘于心也, 而顧見其無甚異同也."

17) 『白全』(下, 1456-1457), 권36, '讀書記(中庸): 分章大旨'.

4장 ─ 행원(行遠) ─ 10절(行遠)/11절(鬼神)/12절(大孝)
5장 ─ 문왕(文王) ─ 13절(文王)/14절(武王)/15절(哀公)
6장 ─ 박학(博學) ─ 16절(博學)/17절(自誠)/18절(前知)
7장 ─ 자성(自成) ─ 19절(自成)/20절(至誠)/21절(天地)
8장 ─ 성인(聖人) ─ 22절(聖人)/23절(自用)/24절(三重)
9장 ─ 중니(仲尼) ─ 25절(仲尼)/26절(至聖)/27절(至誠)
10장 ─ 상경(尙絅) ─ 28절(尙絅)

윤휴의 『독서기』(중용)의 분장과 주자의 『중용장구』 장절 구분을 대비시켜 보면, 『중용』 본문의 순서에서는 윤휴도 주자의 『중용장구』 순서를 그대로 따른다. 그러나 33장을 '10장 28절'로 제분류하면서, 주자의 장구체계와 상당한 차이를 보여주고 있는 사실이 확인된다.[18)]

『중용장구』의 장과 『독서기』(중용)의 절이 대부분 상응되지만, 『중용장구』의 2~3장, 4~6장, 7~8장, 9~10장은 『독서기』(중용)에서 묶어서 각각 한 절로 삼기도 하고, 『중용장구』의 26장은 『독서기』(중용)에서 20절과 21절로 나누기도 한다. 가장 심한 변화라야 『중용장구』의 18장 2~3절과 19장을 묶어서 『독서기』(중용)의 14절로 삼고 있는 정도이다.

18) 윤휴의 『중용』 28절 구분은 『白全』(하, 1447-1456), 권36, '讀書記(中庸): 中庸章句次第'에 제시되어 있다.

『독서기』		『중용장구』	『중용』 본문
1장	01절	01:01 ~ 01:05	天命之謂性 … 天地位焉 萬物育焉
2장	02절	02:01 ~ 03:00	仲尼曰 君子中庸 … 民鮮能 久矣
	03절	04:01 ~ 06:00	子曰 道之不行也 … 其斯以爲舜乎
	04절	07:00 ~ 08:00	子曰 人皆曰予知 … 拳拳服膺而弗失之矣
	05절	09:00 ~ 10:05	子曰 天下國家 可均也 … 至死不變 强哉矯
	06절	11:01 ~ 11:03	子曰 素隱行怪 … 唯聖者 能之
3장	07절	12:01 ~ 12:04	君子之道 費而隱 … 及其至也 察乎天地
	08절	13:01 ~ 13:04	子曰 道不遠人 … 君子 胡不慥慥爾
	09절	14:01 ~ 14:05	君子 素其位而行 … 失諸正鵠 反求諸其身
4장	10절	15:01 ~ 15:03	君子之道 辟如行遠必自邇 … 父母 其順矣乎
	11절	16:01 ~ 16:05	子曰 鬼神之爲德 … 誠之不可揜 如此夫
	12절	17:01 ~ 17:04	子曰 舜 其大孝也與 … 故大德者 必受命
5장	13절	18:01	子曰 無憂者 其惟文王乎 … 父作之 子述之
	14절	18:02 ~ 19:06	武王 纘太王王季文王之緖 … 其如示諸掌乎
	15절	20:01 ~ 20:18	哀公問政 … 誠之者 擇善而固執之者也
6장	16절	20:19 ~ 20:21	博學之 … 雖愚必明 雖柔必强
	17절	21:00 ~ 23:00	自誠明 謂之性 … 唯天下至誠 爲能化
	18절	24:00	至誠之道 可以前知 … 故至誠 如神
7장	19절	25:01 ~ 25:03	誠者 自成也 … 故時措之宜也
	20절	26:01 ~ 26:06	故至誠 無息 … 不動而變 無爲而成
	21절	26:07 ~ 26:10	天地之道 可一言而盡也 … 純亦不已
8장	22절	27:01 ~ 27:07	大哉 聖人之道 … 以保其身 其此之謂與
	23절	28:01 ~ 28:05	子曰 愚而好自用 … 吾學周禮 今用之 吾從周
	24절	29:01 ~ 29:06	王天下 有三重焉 … 蚤有譽於天下者
9장	25절	30:01 ~ 30:03	仲尼 祖述堯舜 … 此天地之所以爲大也
	26절	31:01 ~ 31:04	唯天下至聖 … 莫不尊親 故曰配天
	27절	32:01 ~ 32:03	唯天下至誠 … 其孰能知之
10장	28절	33:01 ~ 33:06	詩曰 衣錦尙絅 … 上天之載, 聲無臭 至矣.

또한 주자는 『중용』을 4대절(大節)로 구분하면서 『중용장구』의 1~11장을 '중용'의 문제를 다룬 것으로 묶고 있는 데 비해, 윤휴는 『독서기』(중용)의 1장이 『중용』 전체를 총괄하는 것으로 인식하여, 그 주제를 밝히면서, "군자의 도리가 하늘과 사람을 합치시키며 멀고 가까움을 포괄하며, 본체와 작용을 갖춘 온전한 것이다. 이것이 『중용』의 기본주제이다."[19]라 하였다. 따라서 그 아래의 2장에서 10장까지 나머지 9장은 모두 1장의 뜻을 펼쳐서 밝힌 것이라 한다. 여기서 그는 1장의 주제를 '천명'(天命)이라 하여, 『중용』 전체의 성격을 규정하고 있음을 엿보게 한다.

윤휴는 주자의 『중용장구』와 순서는 같지만 장절의 구분을 달리하여 새로운 장을 나누었다. 그러나 여전히 『중용장구』 체제를 존중하여, 그 자신 『중용』 주석은 『중용장구』의 체제를 따르고 있다. 여기서 그는 "천하의 의리는 무궁하고 성현이 말씀한 뜻은 심원하니, 앞사람이 큰 의리를 밝혀서 통하게 하면, 뒷사람이 다시 연역하며, 이미 말한 것에 근거하여 아직 말하지 않은 바를 더욱 발명해 간다."[20]고 하였다. 이처럼 그는 주자의 『중용장구』를 따르면서 주자가 아직 말씀하지 않은 것을 보충하는 형식을 빌어 「중용주자장구보록」(中庸朱子章句補錄)을 지었던 것이다.

---

19) 『白全』(下, 1457), 권36, '讀書記(中庸): 分章大旨', "君子之道, 所以合天人·該遠近, 而具體用之全者也, 此中庸之大旨也."

20) 『白全』(下, 1461), 권36, '讀書記(中庸): 中庸朱子章句補錄', "天下之義理無窮, 而聖賢之言, 旨意淵深, 前人既創通大義, 後之人又演繹之, 因其所已言, 而益發其所未言."

2)『중용』 해석과 사천학(事天學)의 경학

(1) '중용'과 '사천'(事天)

『중용』의 제목을 정의하면서 주자는, " '중'(中)은 치우치지 않고 기울이지지 않으며, 지나침이나 못 미침이 없는 것의 명칭이요, '용'(庸)은 평상함이다."[21]라 하였다. 이에 비해 윤휴는 " '중'이란 치우치지 않음을 말하고, '용'이란 언제나 항상함이 있는 것을 말한다. 치우치지 않으면 '동·정'(動靜)을 아우르고, 항상함이 있으면 '종·시'(終始)를 관통한다. 이 책(『중용』)은 머리부터 꼬리까지 '천명지성'(天命之性)으로 말을 하였는데, 이른바 '중용'이란 천명의 정밀하고 은미한 본체이다. 그래서 이 책의 이름을 삼았다."[22]고 하였다.

여기서 윤휴는 '중용'의 '용'을 '항상함이 있음'(有常)이라 하여, 주자의 '평상함'(平常)이라는 해석과 차이를 보여주며, 더구나 '중용'을 '하늘이 명령한 성품(天命之性)의 정밀하고 은미한 본체'라 하여, '중용'과 '천명'을 일치시키는 독자적 해석을 하고 있다. '중용'과 '천명'을 일치시키고, 따라서 『중용』의 근본을 한마디로 '천명'이라 제시하며, 『중용』 전체를 '천명'의 실현으로 해석하는 점이 윤휴의 『중용』 해석에서 가장 핵심적 주제라 할 수 있다.

윤휴는 『독서기』(중용)의 2장을 개괄하면서도, "(2장은) '중용'을 말하였고, '천명'의 '성'(性)을 논하였다. 『서경』(湯誥)에서, '하늘이 백성들에게 속마음(衷)을 내려주시니 그대로 항상한 성품이 있게 되었

21) 『中庸章句』(題下註), "中者 不偏不倚無過不及之名 庸平常也."

22) 『白全』(下, 1462), 권36, '讀書記(中庸): 中庸朱子章句補錄', "中者不偏之謂, 庸者有常之謂, 不偏兼乎動靜, 有常通乎終始, 此篇首尾以天命之性爲言, 而所謂中庸者, 所以言天命精微之體, 故以名篇."

다.'고 하였다. 이것이 '중용'의 설명이며, 곧 '천명'의 정밀하고 은미한 본체가 그러한 것이다."[23]라 하였다. 곧 '중용'을 말하면 그것이 바로 '천명'의 정밀하고 은미한 본체를 말하는 것이 되는 것이라 확인하였다. 또한 그는 2장에서 '천명'의 '성'을 논하면서 '천'(天)자는 말하지 않고 다만 '군자는 중용을 따른다'(君子中庸)라고만 언급하고 있는 이유를 설명하면서, "중용이 곧 천명이다. 군자는 하늘을 두려워하고 도를 따라 천하에 가르침을 세우는 사람이다."[24]라 하였다. 따라서 '중용'과 '천명'이 동일한 것이니, '중용'만 말해도 '천명'이 그 속에 내포되어 있음을 주장하고 있는 것이다. 또한 '군자'의 인격적 근거는 하늘을 두려워함(畏天)에 있음을 강조하여, '군자'를 말하기만 해도 언제나 '하늘'·'천명'이 그 속에 깃들어 있다는 입장을 보여준다.

나아가 그는 "'중용'의 덕은 하늘이 속마음을 내려준 바른 이치요, 천하의 항상한 도리(常道)다. 군자가 이를 간직하는 것은 하늘을 섬기기 위한 것이요, 상반되면 소인이 된다."[25]고 하여, '중용'과 '천명'으로서의 '성'과 천하의 '상도'(常道)를 일치시키고 있다. 이처럼 그는 '중용'을 지키는 것이 바로 '하늘을 섬기는'(事天) 방법이요, '중용'을 따르는지 위배되는지에 따라 '군자'와 '소인'의 인격이 구별되는 것임을 제시하고 있다. 따라서 그는 "오직 군자라야 하늘을 두려워하는 마음과 조심하고 삼가는 공부가 있기 때문에 '중용'을 따르

---

23) 『白全』(下, 1457), 권36, '讀書記(中庸): 分章大旨', "一曰中庸, 論天命之性也, 書云, 天降衷于下民, 若有恒性, 此中庸之說, 而卽天命精微之本體然也."

24) 『白全』(下, 1469), 권36, '讀書記(中庸): 中庸朱子章句補錄', "中庸天命也, 君子則畏天循道, 以立敎於天下者也."

25) 『白全』(下, 1465), 권36, '讀書記(中庸): 中庸朱子章句補錄', "中庸之爲德, 降衷之正理, 天下之常道, 君子存之, 所以事天也, 反之則爲小人."

고, 소인은 '천명'을 알지 못하여 두려워하지 않기 때문에 '중용'과 반대의 길을 가는 것이다."[26]라 하여, 군자와 소인의 인격이 갈라지는 계기가 하늘을 두려워하는지(畏天), 천명을 아는지(知命) 여부에 있음을 확인하였다.

나아가 '천명'을 실현하는 주체로서 인격의 두 양상으로 군자와 소인을 규정하면서, "'천명'을 두려워하여 늘 간직하느냐, '천명'을 몰라서 두려워하지 않느냐 하는 것은 군자와 소인이 갈라지는 까닭이다. … 하늘이 속마음을 내려주고 백성이 떳떳함을 부여받음은 진실로 순수하고 정밀한 것이지만, 기질의 변화에 따라 다 같을 수 없으니, 그래서 군자는 반드시 도를 닦고 성품을 밝히며 자기 욕심을 이기고 예법을 회복하여 '천명'의 바름을 잃지 않는 것이다."[27]라 하였다. 곧 '천명'은 모든 인간에게 부여되어 있지만, 사람마다 기질의 차이에 따라 '천명'을 알고 두려워하는 정도에 차이가 발생하게 되는 것임을 지적하고, 따라서 군자는 수양공부를 통해 '천명'을 잃지 않고 간직해야 하는 것임을 강조하고 있다.

이처럼 그는『중용』의 일관된 정신이 '천명'을 밝히는 것이라 인식하고,『중용』의 모든 구절에서 '하늘'(天)의 실재를 확인함으로써, 성리학의 '이기'(理氣) 개념체계를 넘어서서 '하늘'의 주재적 성격과 인간의 신앙적 자세를 중시하여, '하늘을 두려워하고'(畏天), '하늘을 섬기는'(事天) 수양공부를 강조한다. 또한 그는 '하늘'을 '도술의 영원한 근원'(萬世道術之淵源)이라 언급하며, 옛 성왕(聖王)인 요(堯)·순

26) 같은 곳, "唯君子爲能有畏天之心, 兢業之功, 故由是, 小人不知天命而不畏也, 故反是."

27)『白全』(下, 1458), 권36, '讀書記(中庸): 分章大旨', "畏天命而時保之, 弗知天命而不畏也, 此又君子小人之所以分也, … 蓋降衷秉彝, 固純粹精也, 而氣質之變有不能齊者, 此君子所以必修道明性·克己復禮, 以不失乎天命之正也."

(舜)·우(禹)가 '하늘을 두려워하여 경계하고 신칙하는 마음'을 강조함으로써, 경전을 통한 고대의 '상제'(上帝) 신앙을 계승한 것이라 할 수 있다. 이것이 곧 윤휴의 경학이 지닌 특성으로서 '사천학'(事天學)이라 할 수 있다.

윤휴는 24세 때 자신의 일기 속에서도 "나날이 공경하여 삼가고, 어느 때나 무슨 일에나 공경하며, 하나도 '상제', 둘도 '상제'라 하여 흠숭하고 공경하니, 상하와 사방에 가득하게 사무치고 있는 듯하니, 요·순·우가 하늘에 고하는 마음이다."[28]라 기록하였다. 그것은 모든 순간 모든 일에서 '상제'의 명령이나 금지를 행동의 기준으로 각성하고 있음을 분명하게 밝히고 있는 것이다. 이처럼 그는 모든 순간 모든 일에서 '상제'를 마주 대하여 두려워하고 공경하고 섬기는 신앙의 자세를 유교의 기본정신으로 확인하고 있음을 보여준다.

그는『독서기』(중용) 1장의 내용을 해명하면서, 4개의 기본문제로 나누었다.

① '천명'(天命)·'솔성'(率性)·'수도'(修道)라 하는 것은 '성'(性)이 '하늘'에서 나와서 바뀔 수 없고, '도'(道)가 사물에 체현되어 분리할 수 없으며, '교'(敎)가 인간에 간직되어 그만둘 수 없음을 밝힌 것이다.

② '계구'(戒懼)·'신독'(愼獨)이라 하는 것은 군자가 '하늘'을 두려워하여 '도'를 닦고, '경'(敬)을 독실히 하여 '성'(誠)을 이루며, 근본을 돈독하게 하여 조짐을 살피는 것을 말한다.

③ '대본'(大本)·'달도'(達道)라 하는 것은 '하늘'이 애초에 사람으로부터 멀리 있지 않음을 밝혀, 모든 조화(造化)가 내 마음에서 나오

---

28)『白全』(中, 1367-1368), 권33, '庚辰日錄', "兢兢業業, 一日二日, 翼翼皇皇, 惟時惟幾, 一則曰上帝, 二則曰上帝, 欽哉敬哉, 洋洋乎達于上下, 如在其左右, 堯舜禹勅天之心也."

는 것임을 알아야 하는 것이라 한다.

④ '치중화'(致中和)·'천지위'(天地位)·'만물육'(萬物育)이라 하는 것은 군자가 '도'를 닦아 확충하는 공부를 극진히 하면 '하늘'을 섬기고(事天) 자기를 위하는(爲己) 자연스러운 효과가 드러나는 것이라 한다.[29)]

윤휴의 이러한 해석은 주자학의 '이기'(理氣) 철학에 따른 해석체계와는 방향을 달리하여 '하늘'의 근원성을 각성하고, '하늘을 섬기고, 하늘을 두려워하는' 사천학(事天學)으로 『중용』을 일관하게 인식하고 있음을 보여주는 것이다.

나아가 『중용』 첫머리에서 '천명'·'솔성'·'수도'를 언급한 구절을 해석하면서, "하늘의 명(命)에 근본하니 태어나면서 부여받은 '이치'가 있고, 사람의 성품을 따르니 갈 수 있는 '길'이 있고, 사물의 도리에 근거하니 군자가 자기를 다스려서 남을 다스리는 데까지 나아가는 '일'이 있다. 이 세 가지는 바로 하늘은 하늘이 되고, 사람은 사람이 되고, 사물에 법칙이 있게 되는 까닭이니, 군자가 결심하여 하늘을 섬기는 큰 근본이다."[30)]이라 하였다. 곧 군자의 공부는 하늘이 마음속에 부여한 '이치'인 성품을 따라 '길'을 찾아감으로써 자기를 다스리고 남을 다스리는 '일'을 행하는 것이요, 이것은 모두 하늘

29) 『白全』(下, 1457), 권36, '讀書記(中庸)·分章大旨', "其曰天命·率性·修道云者, 所以明性之出乎天而不可易也, 道之體乎物而不可離也, 敎之存乎人而不可已也, 戒懼·愼獨云者, 言君子所以畏天而修道也, 篤敬而致誠也, 敦本原而審幾微也, 其曰大本·達道云者, 所以明天之未始遠乎人也, 而知萬化之出乎吾心也, 致中和·天地位·萬物育云者, 又所以極夫君子修道擴充之功, 而有以著夫事天爲己自然之效也."

30) 『白全』(下, 1462), 권36, '讀書記(中庸): 中庸朱子章句補錄', "本天之命, 而有稟生之理, 循人之性, 而有可行之路, 因物之道, 而君子有治己及人之事, 此三者, 天之所以爲天, 人之所以爲人, 物之所以有則, 而君子所以立心事天之大本也."

을 섬기는(事天) 공부임을 밝히고 있는 것이다.

또한 '도(道)란 한순간도 떠나서는 안 된다'(道也者不可須臾離也)는 구절의 해석에서도, "'도'가 떠나서는 안 되는 까닭은 '천명'이기 때문이다. 순식간의 잠깐 사이나 털끝같이 미세한 일에도 '천명'이 없는 수가 없으니, 잠시도 떠나서는 안 된다는 것이다. 오직 군자는 '도'가 떠나서 안 되는 것임을 알고 닦으니, 하늘을 섬기는 것이다. 조심하고(戒愼) 두려워함(恐懼)은 군자가 하늘을 두려워하는 마음이요, 도를 닦는 일이니, 이른바 '교'(敎)이다. 보이지 않고(不睹) 들리지 않는다(不聞)는 것은 보고 들음이 못 미치는 것으로, '천명'이 있는 곳이다. 군자의 흠숭하고 공경하는 공부는 들리지도 보이지도 않는 즈음에서 시작한다."[31)]라 하였다.

이처럼 한순간이나 아무리 미미한 일에도 '천명'이 없는 때 없는 곳이 없다는 것은 인간의 삶 자체가 '천명'을 벗어나서는 안 되고 '천명' 속에서 살아야 하는 것임을 극진하게 강조하고 있는 것이다. 또한 '보이지도 않고 들리지도 않는다'(不睹·不聞)는 것은 남들이 모르고 자기 홀로 아는 자리라 이해하는 차원이 아니라, '천명'이 자신을 감시하고 있는 두려운 자리임을 확인하고 있다. 그만큼 그는 『중용』의 중심개념이 '천명'이며, '하늘을 섬김'(事天)이 인격실현의 근본과제임을 철저하게 강조하였다. 그것은 주자가 '하늘'을 '천리'(天理)로서 인식대상의 측면을 강조하는 것과 달리, 그는 '천명'(天命)으로 두려워하고 섬겨야 하는 신앙대상으로 삼고 있는 '사천학'의 입

---

31) 『白全』(下, 1463), 권36, '讀書記(中庸): 中庸朱子章句補錄', "道之所以不可離者, 天命也, 暫於瞬息, 微於毫忽, 莫不有天命焉, 所以不可須臾離也, 唯君子知其不可離而修之, 所以事天也, 戒愼恐懼, 君子畏天之心, 修道之事, 所謂敎也, 不睹不聞, 視聽之所不及. 天命之所在也, 君子欽敬之功, 自其未有聞見之際."

장을 극명하게 드러내 주고 있는 것이다.

(2) '도'의 양상과 실행

윤휴는 『독서기』(중용)의 10개 장을 개관하면서, 1장은 성학(聖學)의 개요를 말한 것이었고, 2~7장은 1장 5구(句) 전체의 뜻을 풀이한 것이라 한다. 그다음 8~10장은 1장의 첫머리 3구(① 天命之謂性 … 修道之謂敎/ ② 道也者不可須臾離也 … 恐懼乎其所不聞/ ③ 莫見乎隱 … 故君子愼其獨也)를 거슬러 올라가면서 되풀이 해석한 것이고, 또한 10장은 '천명'의 '성'에 대해 되풀이 강조하고 1장 전체의 뜻을 처음부터 끝까지 갖추어 설명했다고 분석하였다. 여기서 그는 『중용』의 체계가 "조리와 맥락이 질서정연하여 어지럽지 않으니, 진실로 도리를 전수하는 글이요, 쇠퇴하는 세상을 구제하려는 뜻이다."[32]라 하여, 『중용』이 도리를 전수하는 '전도'(傳道)의 글이요, 쇠퇴하는 세상을 구제하려는 '구세'(救世)의 뜻을 지니고 있음을 지적하였다. 그것은 바로 『중용』이 '도'의 실상을 밝히고 '도'의 실행을 위한 방법을 제시하고 있음을 말해 주는 것이다.

"군자의 도리는 '비'(費)하면서 '은'(隱)하다."(君子之道, 費而隱)는 구절에 대해, 윤휴는 " '비'(費)는 '도'가 넓고 크다는 것이요, '은'(隱)은 '도'가 드러난다는 것이다. 그러므로 '도'란 '천명'에 근본하고 일상생활 속에서 행해지며, 없는 곳이 없고 그렇지 않은 때가 없으니, 떠나서는 안 된다는 것이다."[33]라 해석하였다. '도'가 '천명'에 근원하

32) 『白全』(下, 1500, 권36, '讀書記(中庸): 中庸朱子章句補錄', "條理脉落, 秩然有不可亂者, 信乎傳道之書, 衰世之意也."

33) 『白全』(下, 1469), 권36, '讀書記(中庸): 中庸朱子章句補錄', "費者, 道之廣大也, 隱者, 道之著顯也, 故曰, 道者本於天命, 行於日用, 無不有, 無時不然, 所以不可離也."

지만 언제나 일상의 현실 속에서 실현되는 본체와 작용의 양면을 동시에 가리키는 것이요, 이 '도'의 보편성은 바로 사람이 '도'를 떠나서는 안 되는 당위성을 확인하고 있음을 제시하는 것이다.

또한 "군자의 도리는 비유하자면, 먼 곳을 가려면 반드시 가까운 곳에서부터 시작하는 것과 같고, 높은 곳에 오르려면 반드시 낮은 곳에서부터 시작하는 것과 같다."(君子之道, 辟如行遠必自邇, 辟如登高必自卑)는 구절을 해석하면서, "먼저 할 것과 뒤에 할 것을 알면 도에 들어갈 수 있다."[34]고 하여, 『대학』에서 "먼저 할 것과 뒤에 할 것을 안다면 도리에 가까울 것이다."(知所先後, 則近道矣)라고 언급한 구절을 끌어들이고 있다. 그것은 '도'의 실행방법에서 『중용』과 『대학』이 단계적 향상의 선후를 중시하는 점에서 일치하고 있음을 보여주는 것이다.

윤휴는 『독서기』(중용)의 5장을 '대본'(大本)과 '달도'(達道)에 관해 논한 것이라 하고, 왕계(王季)·문왕(文王)의 '계술'(繼述)과, 무왕(武王)·주공(周公)의 '예악'(禮樂)과, 공자의 '대경'(大經)을 경륜함은 모두 천하의 '달도'를 말한 것이고, '대본'을 말한 것이 없음을 주목하였다. 그 이유를 밝히면서, "아직 발현하지 않은 '대본'은 말로 표현할 수 없는 것이다. 천하의 '달도'를 말하는 것은 '천명'의 이치를 말하는 것이 된다. 말하지 않은 것은 하늘이 하는 일을 보여주는 것이요, 말하는 것은 곧 '체·용'(體用)이 한 근원이고 '현·미'(顯微)가 둘이 아님을 알 수 있는 것이다."[35]고 하였다. '대본'과 '달도'는 일체를 이

34) 『白全』(下, 1473), 권36, '讀書記(中庸): 中庸朱子章句補錄', "知所先後, 可以入道."

35) 『白全』(下, 1485), 권36, '讀書記(中庸): 中庸朱子章句補錄', "未發之大本, 有不可得而言者, 言天下之達道, 所以言天命之理也, 不言之者, 所以見上天之載也, 言之也, 卽又可見體用之一原, 顯微無間也."

루는 것으로 '달도'만 말하여도 그 속에 '대본'이 포함되어 있음을 밝히고 있다.

여기서 그는 '대본'과 '달도'가 '체·용' 관계로 연결되어 있음을 망각하고 어느 한 쪽만 강조하는 경우는 이단에 빠지게 된다는 사실을 강조하였다. 곧 불교에 대해서는 "찬연히 드러나 있는 경륜(經綸)이나 하학(下學)이 바로 상달(上達)의 길인 점에 대하여는 본 바가 없기 때문에 언제나 한다는 말이 허무적멸(虛無寂滅) 아니면 응연인순(應緣因循)뿐이다."라 하고, 양주(楊朱)와 묵적(墨翟)에 대해서는 "인(仁)과 의(義)가 천하의 근본이라는 사실을 모른다. 이러한 까닭에 혹은 겸애(兼愛)를 주장하여 의(義)를 무시하고, 혹은 자신만 위하여 인(仁)을 무시한다."라 하였다. 또한 형명가(刑名家)·법술가(法術家)에 대해서는 "성색 이외에 소리도 냄새도 없는 … 하늘이 정해 놓은 인간윤리와 질서가 있다는 것은 모르고 있으니, 이는 또 술(術) 중에서도 가장 하위에 속하는 것이다."라 하였다.[36] 그만큼 경전의 정신은 본체와 작용의 양면이 서로 작용하는 가운데 '도'가 실현될 수 있는 것임을 강조하고 있는 것이다.

나아가 "성실함이란 스스로 자기를 이룰 뿐만 아니라, 만물을 이루게 해주는 것이다."(誠者, 非自成己而已也, 所以性物也)라는 구절에 대해, 윤휴는 "자기에게서 이루어진 다음 사물에 미치는 것이 바로 '천명'(天命)·'성'(性)·'도'(道)요, 자연의 이치이다."[37]라 해석하였다.

---

36) 같은 곳, "瞿聃之徒, … 無見於經綸之燦然者, 下學之爲上達也, 每以虛無寂滅·應緣因循爲言, … 楊朱·墨翟之言, 則又不知 … 仁與義之爲天下之大本也, 故或兼愛而無義, 或爲我而無仁, … 至若刑名·法術之家, … 不知聲色之外, 有天敍·天秩 … 此又其術之每下者也."

37) 『白全』(下, 1488), 권36, '讀書記(中庸): 中庸朱子章句補錄', "成於己而及於物, 乃天命性道自然之理也."

곧 '도'의 실천순서는 언제나 자기에서 시작하여 남에게로 확장되어 나가는 것이 순리임을 보여준다. '나'(己)와 '남'(人) 혹은 '나'와 '사물'(物)의 관계에서 나를 근본(本)으로 삼고 남이나 사물을 지말(末)로 삼아, 나의 성취를 먼저하고 남과 사물의 성취를 뒤에 하는 '본말'의 구조와 '선후'의 순서를 확인하고 있다. 이것이 바로 『중용』의 첫머리에서 '천명'→'성'→'도'→'교'의 순서로 제시한 가운데 이미 드러나고 있는 자연의 이치임을 지적하는 것이다.

윤휴는 『독서기』(중용) 10장(『중용장구』 33장)의 주제를 '계신·공구'의 뜻에 따라 '천명의 성'을 논한 것이라 파악하면서, 6편의 시를 인용한 6구절들에 대해, 1구(句)는 '군자가 결심하여 위기(爲己)하는 뜻'을 말하였고, 2구는 '신독'(愼獨)에 관해 말하였고, 3구는 '계신·공구'에 관해 말하였는데, 이 3구절들은 모두 '하늘을 섬기는 일'이라 하였다. 나아가 4구는 '성(誠)은 변화시킬 수 있음'을 말하였고, 5구는 '교화가 천하에 미침'을 말하였고, 6구는 '하늘이 하시는 일로서 천명의 성품을 알 수 있음'을 말했다고 하였다.[38] 곧 '도'를 실행하는 방법으로서 '위기'·'신독'·'계신·공구'의 수양공부가 모두 '사천'(事天)의 일임을 확인하고, 결국 '하늘'이 하시는 일을 통해 '천명의 성'을 인식하는 데까지 나아감을 보여줌으로써, 본체의 근원과 작용의 현실이 상응하는 가운데 '도'가 실현되는 것임을 밝히고 있다.

그는 10장의 1구에서 인용된 시 "비단옷 무늬 저고리에 홑옷을 덧입었네."(衣錦尙絅)에 대해, "이것은 군자가 '사천'(事天)하고 '위기'(爲

---

38) 『白全』(下, 1499), 권36, '讀書記(中庸): 中庸朱子章句補錄', "此章因戒愼恐懼之義, 以論天命之性者也, 首言君子立心爲己之義, 次言愼獨之事, 次言戒愼恐懼之事, 皆所以事天也, 又次言誠能變化之事, 又次言化及天下之事, 終言上天之載, 而天命之性, 可得而見矣."

己)하는 마음이다. … '위기'의 마음을 가지고 있으면서 '존양'(存養)하고 '성찰'(省察)하는 일을 안다면, '궁리'(窮理)하고 '진성'(盡性)하여 '천명'에 이를 수가 있는 것이다."[39]라 하였다. 곧 '도'의 실행은 하늘을 섬기는 '사천'(事天)의 일이요, 그 실행방법은 자기를 실현하는 '위기'(爲己)의 공부에서 시작한다는 것이다. '위기'의 방법으로서 '존양'·'성찰'의 수양공부가 이루어지면, '궁리'·'진성'의 본체를 밝히고 나아가 '천명'에까지 이르게 되는 것이 바로 '도'의 실행임을 확인한다. 이처럼 '도'를 실행하는 '사천'의 공부가 바로 『맹자』(盡心上)에서 말한바, "자기 마음을 다하는 자는 자기 성품을 알고, 자기 성품을 알면 하늘을 안다. 자기 마음을 간직하고 자기 성품을 배양하는 것이 하늘을 섬기는 방법이다."(盡其心者, 知其性也. 知其性, 則知天矣. 存其心, 養其性, 所以事天也)라는 것과 같은 뜻임을 지적하였다. 결국 『중용』에서 '도'를 실행하는 과정의 모든 공부와 방법이 '천명'에 근원하고 하늘을 섬기는 데 귀결되는 것임을 밝히는 '사천학'(事天學)의 입장을 제시하고 있는 것이다.

4. 『대학』 해석의 경학체계

1) 『고본대학』(古本大學)의 체제

『대학』 해석에서 윤휴가 주자를 벗어나는 점은 세 가지로 집약시켜 볼 수 있다. 첫 번째는 『대학』의 증자(曾子)저작설을 부정하지 않

39) 『白全』(下, 1498), 권36, '讀書記(中庸): 中庸朱子章句補錄', "此君子事天爲己之心也, … 有爲己之心, 而又知存省之事, 則可以窮理盡性, 而至於命矣."

으면서 새롭게 자사(子思)저작설을 끌어들이고 있는 점이요, 두 번째는 주자의 『대학장구』를 배제하고 『고본대학』(古本大學)을 제시하여 경(經)과 전(傳)의 체제도 새롭게 제시하고 있는 점이요, 세 번째는 '격물설'(格物說)에 대해 전면적인 재해석을 하고 있는 점을 들 수 있다.

먼저 『대학』의 '작자' 문제이다. 주자는 『대학』을 증자의 저작이라 추정하여 '사서'(四書)의 저작이 공자(『논어』)→증자(『대학』)→자사(『중용』)→맹자(『맹자』)로 이어지는 도통설(道統說)을 정립하였다. 이에 대해 윤휴는 공자→증자→자사→맹자로 내려가는 '도통'(道統)을 강조는 것이 아니라, 공자의 가르침이 증자와 자사의 계승자를 통해 밝혀지는 사실을 중시하고 있다. 곧 그는 『효경』과 『대학』을 증자가 공자로부터 받은 것임을 인정하지만, 경전으로 기술된 것은 반드시 증자의 손이라야 하는 것이 아니라 그 계승자인 자사의 손에 의해 이루어진 것이라도 문제가 없다는 입장이다. 따라서 그는 "『한서』(漢書)에서 가규(賈逵)가 '공급(孔伋: 子思)이 송(宋) 땅에서 곤궁하게 지낼 때 가학(家學)이 밝혀지지 않고 옛 성인의 도가 추락할 것을 두려워하여, 『대학』을 지어 경(經)을 삼고 『중용』을 지어 위(緯)를 삼았다'고 언급하는데, 이 말은 참으로 근거하는 바를 알 수 없지만, 두 책은 실상 서로 표리를 이루는 것이다."[40]라 언급하여, 『대학』과 『중용』이 서로 긴밀한 관계로 연결된 것임을 강조하여, 같은 사람의 손에서 나온 것이라는 견해를 보여준다. 그것은 『대학』과 『중용』이 자사에 의해 기술된 것으로 보려는 입장이다. 그는 『대학』과 『중용』이 서로 표리관계를 이루는 근거를 들면 『대학』에서는 '격·치'(格·

40) 『白全』(下, 1515), 권37, '讀書記(大學): 大學全篇大旨按說', "考漢書賈逵之言, 孔伋窮居於宋, 懼家學不明, 而先聖之道墜, 作大學以經之, 中庸以緯之, 此固未知所據, 二書實相表裏."

致)의 일을 말하지 않았으나 『중용』에서는 '학·문·사·변'(學問思辨)의 뜻을 모두 말하였고, 또한 『대학』에서는 지경(持敬)의 설명을 말하지 않았으나 『중용』은 첫머리에서 계신(戒愼)·공구(恐懼)의 일을 말하고 있으며, 나아가 『중용』에서는 군자·소인의 좋아하고 미워함(好惡)이나 이익과 의리(利義)의 설명이 없으나 『대학』에서는 이에 대해 반복하여 말한 사실들을 들고 있다.41)

다음으로 『대학』의 '판본' 문제이다. 윤휴는 『대학』이 『예기』에서 표출되어 나온 이후 정명도(程明道)·정이천(程伊川)·주자·왕노재(王魯齋)·동승상(董丞相)·방정학(方正學) 등과 우리나라 유학자들도 제각기 글자나 순서를 고치거나 빠진 것을 보완하기도 하였던 사실을 들면서, 그 가운데 "주자가 정해 놓은 경전이 적절하고, 맥락도 분명하여, 천하에 없앨 수 없는 글이 되기에 넉넉하다."42)라 하여, 주자의 『대학장구』를 적극적으로 인정하였다.

그러나 그는 자신이 『대학장구』의 체제를 따르지 않고, 『고본대학』을 따르게 된 이유를 밝히면서, "공자가 '사관(史官)은 의심나는 부분을 빼버리고 쓰지 않는다' 하였고, 『춘추』의 의리에서도 '의심스러운 것은 의심스러운 대로 전하고, 믿을 수 있는 것은 믿을 수 있는 대로 전한다'고 하였으니, 이렇게 하는 데서 성인의 도리가 간직되는 것이다. 또 수정하지 않은 『춘추』를 읽지 못하고서 공자가 적어 넣거나 깎아낸 『춘추』를 상고하는 것을 한스러워하였던 옛사람처럼, 이 편(『대학』)도 앞서 편찬된 '고문'(古文)이 있지 않으면 옛 유학자들

41) 같은 곳, "蓋大學不言格致之事, 而中庸實學辨之義, 大學不言持敬之說, 而中庸首言戒愼恐懼之事, 中庸不言君子小人好惡利義之說, 而此篇則實反復之不置."

42) 『白全』(下, 1514), 권37, '讀書記(大學): 大學全篇大旨按說', "唯朱子所定經傳得所, 而脈絡分明, 足爲天下不刊之書."

이 차례를 토론한 뜻을 어떻게 엿보겠는가."[43]라 하였다. 곧 아무리 경전의 수정본이 훌륭하다 하더라도 원본이 있어야 수정한 의도와 정당성을 확인할 수 있으니, 원본을 중시하지 않을 수 없다는 것이다. 나아가 그는 『고본대학』의 체제가 갖는 우월함을 적극적 인정하여, "지금 내가 '고본'으로 경(經)과 전(傳)을 나누어 보니, 그 억누르고 들어 올림을 반복하는 즈음에 은미한 뜻과 근본 취지가 환히 드러나니, 묻어둘 수가 없다. 그 말은 엉성한 듯하지만 실지는 긴밀하고, 차례는 어지러운 듯하지만 실지는 정연하며, 말하지 않은 것이 도리어 진지하게 말한 것이다. 아마 갑자기 옮기고 바꾸거나 빼고 보태어, 옛사람의 전해 받은 뜻을 잃어서는 안 될 듯하다. … 참람한 죄나 기이한 것을 추구한다는 혐의는 감히 회피하지 않겠다."[44]라 하였다. 여기서 그는 도리어 『고본대학』의 깊은 의미와 정당함을 강조하면서 함부로 고치는 태도를 깊이 경계하였으며, 주자학 정통주의자들의 비난도 사양하지 않겠다고 당당한 태도와 확고한 신념을 보여주고 있다.

여기서 윤휴는 『고본대학』을 『대학』의 본문으로 삼고, 크게 4절로 나누어 경(經)1절과 전(傳)3절의 체제로 나누어 각 절의 기본취지(大旨)를 밝히고 있다.

제1절은 경전의 본문으로서, 『대학장구』의 경(經)1장과 전(傳)5장

---

43) 『白全』(下, 1501), 권37, '讀書記(大學): 大學古本別錄(序), "孔子稱史之有闕文也, 春秋之義, 疑以傳疑, 信以傳信, 聖人之道存, 且如前人恨不讀不修春秋, 以考夫子筆削之旨, 則是篇者, 非有古文前編, 亦何以窺先儒討論序第之意哉."

44) 『白全』(下, 1524), 권37, '讀書記(大學): 大學全篇大旨按說', "今竊以古本分經傳, 則其反復抑揚之際, 焯有微意弘旨, 而不可泯沒焉, 其言似疎而實密, 其序似亂而實整, 其所不言者, 乃所以深言之也, 恐不可遽有所移易損益, 以失前人傳受之意也,…若其僭猥之罪, 求異之嫌, 則又不敢避也."

에 해당한다. 그 기본취지는 자기를 닦아 남을 다스리며, '도'에 뜻을 두고 '덕'에 나아가는 전체를 갖추어 들고서, 본·말(本末), 시·종(始終), 선·후(先後)의 순서를 거듭 밝힌 것이라 한다. 다음의 제2절에서 제4절까지는 공자 문하에서 전수된 제1절의 내용을 순서에 따라 정리하여 경전 본문의 뜻을 발휘한 것이라고 보았다.[45)]

제2절은 『대학장구』의 전6장과 전3장의 후반부에 해당한다. 그 기본취지는 '성의'(誠意)를 해석함으로써, 군자·소인의 분별을 신중하게 하고, 학문의 진덕(進德)·수업(修業)하는 방법과, 성(誠)·경(敬)의 수양공부와, 위엄 있는 거동(威儀)의 규율과, 독실하고 공경함(篤恭)의 효과를 아울러 진술한 것이라 한다.[46)]

제3절은 『대학장구』의 전1~2장과 전3장 전반부, 전4장에 해당한다. 그 기본취지는 옛 성왕(聖王)이 덕을 밝히고 백성을 새롭게 하여 천명(天命)을 돌아보는 일과 날로 새로워지는(日新) 공부와, 백성을 진작시키고 덕을 배양하여 뜻을 세우는(立志) 의리와, 마음을 간직하는(存心) 방법 및 인륜(彝倫)의 불변함을 말함으로써, 배우는 자들에게 기준을 제시하고, 끝에서는 그 근본을 극치에까지 나가 말한 것이라 한다.[47)] 그렇다면 제3절은 '3강령'을 설명한 것이니, 당연히 '성의'를 설명한 제2절보다 앞에 왔다는 의문점이 생긴다. 이렇게 '삼강령'

---

45) 『白全』(下, 1514), 권37, '讀書記(大學): 大學全篇大旨按說', "今若以古本次序言之, 當分作四節, 上節爲經文, 備擧修己治人·志道迪德之全體, 而申申於本末始終先後之序, 蓋夫子所謂自古昔先干敎人之法也, 次三節, 則孔門傳授, 因平日所聞於夫子, 而考論序次, 發揮經旨者也."

46) 같은 곳, "釋誠意以謹君子小人之分, 兼陳學問進修之大方·誠敬之功·威儀之則·篤恭之效."

47) 같은 곳, "言古先聖王明德新民顧諟之事, 日新之功, 振民育德立志之義, 存心之方, 彝倫之常, 以示學者之彀率, 末亦極其本而言之."

에 대한 설명이 '성의'에 대한 설명보다 뒤에 온 이유에 대해, 그는 "학자들의 입장에서 가장 먼저 해야 할 것이 성의 공부이기 때문이고, 또 요순 문무의 도가 바로 학자들이 지향하고 정착해야 할 표준이 되기 때문이다."[48]라 해명하고 있다. 여기서 그는 『고본대학』의 체제에서 실천이 중시되고 있는 사실을 지적하고 있는 것이다.

제4절은 『대학장구』의 전7~10장에 해당한다. 그 기본취지는 먼저 '정심'(正心)을 언급하여 '수신'(修身)에 미치고, '제가'(齊家)를 간곡히 말하고, '치국'(治國)·'평천하'(平天下)의 도리와 백성과 좋아하고 미워함을 같이하고 재물의 이용을 함께하는 의리를 극진히 진술하였으며, 군자·소인을 쓰고 버림에 더욱 삼가고, 충신(忠信)·교태(驕泰)·의리(義利)·심술(心術)의 분별로 끝맺었다고 하였다.[49]

1~4절의 전체를 개괄하면서, "1~3절('知本'以上)은 '치기'(治己)를 말함이 신중하면서 엄밀하고, 4절('正心'以下)은 '치도'(治道)를 말함이 방대하고 상세하다."[50]고 하였다. 그는 『대학』의 전체가 자신을 다스리는 '치기'와 가정과 나라와 천하를 다스리는 '치도'의 두 주제로 이루어져 있음을 확인하고 있는 것이다.

윤휴는 『대학』의 경문(經文)에서 8조목이 제시되었지만, 전문(傳文)에서는 8조목 가운데 5조목만 해석이 되어 있고, 첫머리의 '격물'·'치지'와 끝의 '평천하' 세 조목은 해석이 없는 사실을 지적하였다. 그

48) 『白全』(下, 1507), 권37, '讀書記(大學): 大學古本別錄', "在學者, 爲最先下手之地, 而堯舜文武之道, 爲學者嚮望歸宿之標準也."

49) 『白全』(下, 1514-15), 권37, '讀書記(大學): 大學全篇大旨按說', "先言正心, 以及修身, 丁寧乎齊家, 而極陳治平之道, 與民同好惡·共財用之義, 尤兢兢於君子小人之用舍, 終之以忠信·驕泰·義利·心術之辨."

50) 『白全』(下, 1515), 권37, '讀書記(大學): 大學全篇大旨按說', "知本以上, 其言治己也, 重以周, 正心以下, 其言治道也, 大而詳."

는 특히 '평천하' 조목이 해석되지 않은 이유에 대해, "말하지 않은 것은 이것으로 임무를 삼지 않는다는 것이요, 이 마음이 있으면 그 다음에 바야흐로 이 정치에 미칠 수 있음을 말하는 것이다."[51]라 하여, '평천하'의 문제는 일삼는 대상이 아니라, 그 마음이 있으면 언제든지 '평천하'의 정치가 이루어질 수 있음을 보여준 것이라 언급하였다.

또한 그는 '전'(傳)에서 조목을 설명하는 데 차등이 있음을 주목하여, "『대학』 전문에는 '성의'(誠意)보다 절실한 것이 없고, '제가'(齊家)보다 갖추어진 것이 없다. '성의'는 자신을 닦는 첫머리요, '제가'는 '치국'·'평천하'의 근본인 것이다."[52]라 하였다. '전문'(傳文) 속에서 조목에 대한 해석의 비중과 특징을 통해 8조목의 중심이 '성의'와 '제가'임을 확인하고 있는 것이다.

2)『대학』 해석의 경학적 사유

(1) '대학'의 인식

윤휴는 '대학'을 학궁(學宮)의 명칭이라 하였다. 또한 그는 '소학'과 '대학'을 대비시켜, '소학'(小學)은 어린아이들에게 가정에서 행동하는 절도를 가르치는 것이라면, "'대학'은 군신(君臣)의 의리와 조정(朝廷)의 예법과 백성에 임하는 도리 및 정치의 체제 등 대본(大本)·대원(大原)·대경(大經)·대례(大禮)로서 천하와 국가에 시행할 만한 것

51) 『白全』(下, 1514), 권37, '讀書記(大學): 大學古本別錄', "其不言之者, 非以是而爲務也, 言有是心, 然後方可及是政也."

52) 『白全』(下, 1510), 권37, '讀書記(大學): 大學古本別錄', "大學之傳문, 莫切於誠意, 莫備於齊家, 蓋誠意爲自修之首, 齊家爲治平之本也."

을 가르친다. 그렇다고 반드시 이 책(『대학』)을 가지고 가르쳤던 것은 아니다. 이 책은 강령을 제시하여 성학(聖學)의 대체적 범위를 총론함으로써 이른바 '학'(學)의 '대·소'를 관통하였다. … 사람의 '대·소'를 기준으로 해서 나누어 놓은 것은 아니다."[53)]라 하였다. 그렇다면 '대학'이란 명칭은 학문의 '대·소'(大學·小學)를 구별한 것이지, 사람의 '대·소'(大人·小人)을 구별한 것이 아니라 하여, 주자가 '대학'을 '대인의 학문'(大人之學)이라 해석한 것과 분명한 차이를 보여주고 있다.

그는 『대학』의 전체적 성격을 규정하여, "'학'(學)이란 '성'(性)을 밝히는 것이다. 『대학』이라는 책은 '성'을 밝히는 도리다."[54)]라 하였다. 『대학』에서 말한 '학'의 대상이 『중용』에서 말한 '성'을 밝히는 것이라면, 『대학』과 『중용』이 그 근본과제에서 연결되고 있음을 제시하는 것이다. 나아가 『대학』의 근본과제로서 '성'을 밝히고 실현하는 일이 바로 『대학』의 기본구조를 이루고 있는 '3강령'과 '8조목'에서 드러나고 있음을 밝혀, "'명명덕'이란 자기의 '성'을 극진하게 실현하는 것이요, '신민'이란 남을 '성'을 극진하게 실현해 주는 것이며, '지지선'이란 자기를 이루고 남을 이루어 주는 극치이다. … '고지욕명명덕'(古之欲明明德) 이하는 자기를 이루고 사물을 이루어 주는 일을 조목으로 나눈 것이니, '지지'(知止)의 도리가 여기에 있고, '물격'(物格) 이하는 '능득'(能得)의 일을 차례로 나눈 것이니, '명

53) 『白全』(下, 1516), 권37, '讀書記(大學): 大學全篇大旨按說', "大學則乃教以君臣之義, 朝廷之禮, 臨民之道, 爲政之體, 大本·大原·大經·大禮, 足以施於天下國家者云爾, 非必操是書而爲教也, 是編則提綱挈維, 總論聖學之凡, 以貫乎學之大小者, … 非以分人之大小也."

54) 『白全』(下, 1503), 권37, '讀書記(大學): 大學古本別錄', "學者所以明性也, 大學之書明性之道也."

덕'·'친민'의 도리가 갖추어져 있다."[55]고 하였다. 『대학』이 '성'을 밝히고 실현한다는 것은 바로 『중용』의 과제를 실현하는 것임을 확인하고 있는 것이다.

윤휴가 『대학』의 구조를 도상(圖象)으로 제시한 「대학지도」(大學之圖)에서는 주자의 경우와 같이 『대학』을 '3강령'(明明德·新民·止至善)으로 제시하고 있다. 그러나 '3강령'의 조목에 대한 이해에서는 그의 독자적 입장을 보여준다.[56]

먼저 '3강령'의 구조에서 '명명덕'과 '신민'은 '전체'(全體)와 '대용'(大用)의 '체-용'구조로 제시되고, '지지선'은 '체용지표준'(體用之標準)으로 '명명덕'·'신민'의 양쪽에 모두 연결되는 표준임을 제시하였다.

다음으로 강령과 조목의 관계에서는 '명명덕'에 속하는 5조목에서 '격물'·'치지'는 '지'(知)의 문제요, '성의'·'정심'·'수신'은 '행'(行)의 문제로 '지-행'구조를 이루고 있으며, '신민'에 속하는 3조목인 '제가'·'치국'·'평천하'는 '추행'(推行)으로 '행'의 확장임을 확인한다. 여기서 '명명덕'에 속하는 5조목은 근본(本)이요, '신민'에 속하는 3조목은 말단(末)으로 '본-말' 구조를 이루고 있음을 제시하고 있다.

그다음 '지지선'에 속하는 조목으로 '지지'(知止)·'정'(定)·'정'(靜)·'안'(安)·'려'(慮)·'능득'(能得)의 '6사'(六事)를 들고 있으며, '지지'를 '시'(始)로 '능득'을 '종'(終)라 하여, '종-시' 구조로 제시하고 있다. '8조목'만 아니라 '6사'도 '3강령'의 조목으로 제시한다. 이러한 점은 윤휴의 독특한 관점이 아니라 주자학의 관점과 일치함을 보여주는

---

55) 같은 곳, "其曰明明德, 盡其之性也, 新民, 盡人之性也, 止至善, 成己成物之極也, … 古之欲明明德以下, 所以條成己成物之事也, 而知止之道在是, 物格以下, 所以序能得之事也, 而明德親民之道備矣."

56) 『白全』(中), 권35, '大學之圖'.

것이라 할 수 있다. 곧 '3강령'의 '체용' 구조와 이에 소속된 '8조목'의 '지행' 구조 및 '6사'의 '종시' 구조로 인식하는 것은 권근(陽村 權近)의 『입학도설』(入學圖說)에 수록된 '대학지도'(大學之道)와 일치하고 있음을 보여준다. 여기서 그는 '격물'·'치지' … '치국'·'평천하'의 실행과제 8조목은 '명명덕'과 '신민'의 두 강령에 나누어 소속되는 것으로 보는 점은 권근과 일치하지만, '물격'·'지지' … '국치'·'천하평'의 실행순서 '8조목'은 '3강령' 전체에 소속되는 것으로 구별하고 있는 점에서는 권근과 달라지는 그의 특징이라 할 수 있다.

『대학』의 경문(經文)인 제1절을 해석하면서, 윤휴는 '대학지도'(大學之道)를 '대학의 도'가 아니라, '배움의 도리(學之道)가 크다(大)'는 말이라 하고, '학'(學)이란 "옛것을 상고하고 남에게서 배우며, 참되게 알고 실지로 실천하여 성인의 경지에 도달함으로써 자기의 천성을 되찾기를 기약하는 것을 말한다."[57]고 해석하였다. 곧 '대학'의 중심개념은 '학'이요, '학'은 참된 앎과 실지의 행함(眞知踐實)을 방법으로 삼아 성인의 경지(聖人之域)에 도달하는 목표와 천성의 회복(復其天性)을 근본과제로 확인하고 있는 것이다.

'명덕'(明德)의 해석에서도, "하늘에 있는 것은 '명'(命)이라 하고, 사람에 있는 것은 '성'(性)이라 한다. 속에 간직되어 있는 것을 '심'(心)이라 하고, '성'에서 발현한 것을 '정'(情)이라 하는데, 하늘에서 얻어 광명정대한 것을 '명덕'(明德)이라 한다. 사람 마음이 영명(靈明)하고 투명하여 만물의 이치를 포괄하는 것을 가리켜 말한 것이다. '밝힌다'는 것은 본래 밝은 하늘에 따라 타고난 기질의 치우침이나

57) 『白全』(下, 1501), 권37, '讀書記(大學): 大學古本別錄', "學者稽古取人, 眞知踐實, 期至于聖人之域, 以復其天性者也."

물욕으로 가려짐을 제거하는 것이다."[58]라 하였다. 한마디로 '명덕'은 하늘에서 얻은 것이며, '명덕'을 밝힘으로써 하늘의 밝음을 따라 마음을 맑게 하는 것임을 보여주고 있다. 그러나 그는 사람의 '덕'을 하늘에서 얻은 본체의 측면에서만 말하는 것이 아니라, '치도'(治道)에서 군왕의 '덕'을 말할 때에는 "덕이란 좋고 싫은 것을 백성과 함께하는 마음을 말한 것이다."[59]라 하여, 현실에서 활용되고 있는 '덕'의 양상을 보여주기도 한다.

또한 세 번째 강령인 '지어지선'(止於至善)에서 '지선'(至善)을 해석하여, "'지선'이란 '명덕'의 실체요, '중용'(中庸)의 이치이며, 백성들의 마음에 고유한 것이요, 사람의 도리로 마땅히 행해야 할 것이다."[60]라 하였다. '지선'을 '명덕'과 일치시킬 뿐만 아니라 '중용'과도 일치시켜 『대학』과 『중용』의 연결통로를 확인하고 있다. '지어지선'의 '지'(止)는 '반드시 여기에 이르러 옮겨가지 않는 것'으로 목표에 도달한 상태를 말하는 것이라면, 이에 비해 '지지'(知止)는 '이 이치가 있음을 알아서 여기에 머물고자 생각하는 것'이라 하였다.[61] 곧 '지지'(知止)가 되어 뜻에 방향이 잡혀야 스스로 포기하지 않게 되고, 마음에 동요가 일어나지 않아 결국 스스로 터득하는 성취에 나아가니, '지지'가 '도'에 뜻을 두는 출발점으로 중요한 일임을 강조하고 있는 것이다.

---

58) 같은 곳, "在天曰命, 在人曰性, 存乎中者謂之心, 發乎性者謂之情, 其得之於天而光明正大者謂之明德, 蓋指人心之靈明洞澈管乎萬理者而言之, 明之者, 因其本明之天, 而去其氣稟之偏, 物欲之蔽也."

59) 『白全』(下, 1511), 권37, '讀書記(大學): 大學古本別錄', "德者與民同好惡之心也."

60) 『白全』(下, 1522), 권37, '讀書記(大學): 大學全篇大旨按說', "至善者明德之體, 中庸之理, 民心之所固有, 人道之所當行者也."

61) 같은 곳, "止者, 必至於是而不遷之謂也, 知止云者, 知有是理, 而思欲止乎是也."

'8조목'을 해석하면서도, '명명덕어천하'(明明德於天下)의 '밝음을 밝힌다'(明明)는 것은 '자기 성품을 다 실현함으로써 남의 성품까지 다 실현시키려는 것'(盡己之性以盡人之性)이라 하고, '치국'의 '치'(治)는 '정치와 교육을 아울러 들어서 기강이 문란하지 않도록 하는 것'(政敎兼擧, 綱紀不紊)이라 하며, '제가'의 '제'(齊)는 '윤리를 바로 세우고 은혜와 사랑을 돈독히 하여 아비는 아비답고, 자식은 자식답고, 남편은 남편답고, 아내는 아내답고, 형은 형답고, 아우는 아우답게 하여, 집안의 법도가 바로 서게 하는 것'(正倫理篤恩愛, 使父父子子夫夫婦婦兄兄弟弟而家道正)이라 하였다. 또한 '수신'의 '수'(修)는 '치우치고 가리움을 제거하여 사사롭고 얽매임이 없게 하는 것'(去其偏蔽, 使無射累)이라 하며, '정심'의 '정'(正)은 '절제 없는지를 살피고 방종하는 것을 거두어들여, 광명정대한 본체를 회복시키는 것'(察其流, 收其放, 使復正大光明之體)이라 하였다. 나아가 '성의'의 '성'(誠)은 '그 일을 참되고 실지로 하여 혹시라도 거짓되고 사악함이 없는 것'(眞實其事, 無或虛邪)이라 하며, '치지'의 '치'(致)는 '알고 있는 것에 말미암아 극진한 데까지 미루어 가는 것'(因其知而推極之)이라 하였다. 특히 '격물'의 '격'(格)에 대해서는 주자가 '이르는 것'(至)이라 하여 '사물의 이치에 끝까지 이르는 것'(窮至事物之理)이라 해석한 것을 거부하고, '격'은 '정성스러운 뜻이 감응하여 통달하는 것'(精意感通)이라 하였다.[62] 이처럼 '8조목'의 뜻을 구체적 대상에 맞게 실행하는 방법으로 제시하는 자신의 독자적 견해를 보여주고 있는 것이다.

윤휴는 『독서기』(대학)의 끝에 '8조목'의 실천과제를 위한 조목을 제시한 「대학후설」(大學後說)편을 붙여두고 있다. 그 조목에 대한 설

---

62) 『白全』(下, 1502), 권37, '讀書記(大學): 大學古本別錄'.

명은 영역별로 묶어 매우 간략한 언급을 하고 있는데 그치고 있지만, 그가 열거한 조목을 보면 마치 그가 구상한 『대학연의』(大學衍義)의 목차를 보는 듯이 '8조목'을 중심으로 『대학』의 실행방법을 체계화하고 있음을 엿볼 수 있게 한다.[63] 특히 '치국·평천하의 방법'을 제시한 조목이 매우 상세한 것은 그가 『대학』을 통해 '치도'의 경세

---

63) 아래에 조목만 열거해 본다.〈『白全』(下, 1525-1536), 권37, '讀書記(大學): 大學後'〉

(1) 格物致知之方 ① 博學/② 審問/③ 愼思/④ 明辨
(2) 誠意正心之方 ① 本忠信/② 崇敬畏/③ 體仁恕/④ 主剛義/⑤ 戒逸欲
(3) 修身之道 ① 謹言行/② 正威儀/③ 安身/④ 游藝
(4) 齊家之道 ① 惇孝敬/② 篤親親/③ 擇配/④ 定本/⑤ 謹內外/⑥ 正名分
(5) 治國平天下之道 ① 正紀綱 [立上下·明授受]/
② 經土地 [建都·分邦 體國·經野]
③ 本天道 [順法象·序時政·考徵象]
④ 正官職 [立師友·正六部·設牧長]
⑤ 敬鬼神 [正祀典·嚴祭享·簡祝史·重蓍龜]
⑥ 尙賢能 [廣賓興·開辟召·重推遷·嚴試取·平銓衡·明黜陟]
⑦ 體臣工 [推忠信·豐祿養·勵廉恥·接恩禮·去讒間]
⑧ 謹宵人 [遠憸佞·懲奸慝·黜庸繆·愼勳戚]
⑨ 子百姓 [均田里·聯比閭·定賦貢·寬力役·勸農桑·通工商·旌善惡·禁奢侈·恤孤獨·救災患]
⑩ 懷諸侯 [同禮樂·施職貢·時巡察·禁暴亂]
⑪ 馭夷狄 [謹邊防·戒遠畧·禁出入·定和戰]
⑫ 奮治庸 [重名器·節財用·惇典敎·達禮樂·愼刑憲·修武備·重本務·壯技工·明道術·養俊材]
⑬ 通廢政 [去異端·廢科選·一文武·合兵農·通宮府·紀小大·革諫官·省奄宦·均內外·維郡國]
⑭ 端政本 [體君道·察民情·辨賢邪·審朋黨·任將相·尊老成·抑浮薄·去猜防·戒偏私·密事機·定國論·遠貨色·達聰明·端好惡·愼喜怒·決疑慮·戒貳事·明號令·公賞罰·斂威福·體剛柔·尙儉素·載淸靜·畏天戒·采民謠·遵祖憲·考時變·察幾微·戒滿盈]

론에 세밀한 주의를 기울이고 있음을 잘 보여주는 것이라 하겠다.

(2) '격치'(格致)의 해석

'8조목'에 관해 윤휴가 가장 정밀하게 논의하고 있는 것은 '격물'·'치지'와 '성의' 문제이다. 주자는 '격물'을 '사물에 나아가 그 이치를 궁구함'(卽物而窮其理. 〈『대학장구』, 傳5章〉)이라 하여, '격물'을 '궁리'(窮理)의 뜻으로 해석하였는데, 윤휴는 '성경으로 감통한다'(以誠敬感通之)는 뜻으로 해석하여 차이를 선명하게 제시하였다.

여기서 그는 '격물'의 설명에서 '궁리'(窮理)로 설명하는 논리적 접근과 '명선'(明善)으로 설명하는 인격적 접근이 모두 성립함을 인정하면서, "격(格)이라는 말은 바로 『대학』에서 처음 가르치는 존심(存心)·양지(養知)의 일이며, 학·문·사·변(學問思辨)의 주체이다. … '격물'의 방법은 두 가지가 있다. 하나는 풀려나는 마음을 거두어서 붙들어 간직하며, 단정하고 엄숙하며 정밀하고 한결같이 하여, 본원(本原)이 밝고 넓어서 사물이 다가오면 알아가게 하고자 하는 것이고, 다른 하나는 자세히 묻고 정밀하게 생각하며 정밀한 이치를 극진하게 깊이 연구하여, 참됨을 쌓아가는 노력을 오래 해서 신령스러운 교화의 경지에 들어가게 하고자 하는 것이다. 이것은 모두 '사물의 이치가 감통하는 도리'이다."[64]라 하였다. 곧 '궁리'의 공부와 '감통'의 수양이 모두 '격물'이요, 주자는 '궁리'의 한쪽 면을 이야기하였다면, 윤휴는 '감통'의 다른 쪽 면까지 제시하여 전체의 모습을 되

---

64) 『白全』(下, 1517), 권37, '讀書記(大學): 大學全篇大旨按說', "格之爲言, 正大學始教存心養知之事, 學問思辨之體, … 蓋格物之道有二, 一則欲收放操存, 齊莊靜一, 而使本原昭曠, 而物來知知, 一則欲審問精思, 硏幾極深, 使眞積力久, 而入於神化, 此皆物理感通之道也."

찾게 하려는 것임을 보여주고 있는 것이다. '사물의 이치가 감통하는 도리'(物理感通之道)란 '격물'의 양면인 '궁리'와 '명선'(明善: 涵養·居敬)을 모두 포함하는 것이요, 『중용』에서 말하는 '존덕성'(尊德性)과 '도문학'(道問學)의 양면을 동시에 포괄함으로써, '격물'을 주지적(主知的)으로 파악하는 주자학의 입장과 차이를 분명히 밝히고 있다.

'격'을 '감통'으로 해석함으로써 '궁리'공부에 한정되지 않고 '수양' 공부를 강조한다면, 윤휴의 '격물'이 '거경'(居敬)의 수양론과 동일시 될 수 있는지 의문이 제기될 수 있다. 이에 대해 그는 " '격'은 '감통'을 뜻하는 것이고 보면 진실로 성(誠)과 경(敬)으로 말할 수 있다. 그러나 학문과 사변이 아울러 갖추어지지 않으면 어떻게 사물의 이치를 관찰하고, 현미(顯微)의 이치를 밝혀내어 정의(精義)·입신(立神)의 공을 이룰 수 있겠는가. … 다만 정성이 깊고 공경이 익숙하여 자연히 감통하고 깨달음이 있어야 그 목적이 달성되는 것이므로 '격'이라고 한 것이지, 문학(問學)은 제쳐놓고 덕성(德性)만을 말한 것은 아니다. 이 두 가지에서 한쪽으로만 치우치다 보면 혹 반신불수인 이단에 빠지거나 아니면 지리한 말학(末學)으로 흘러버릴 염려가 있다."[65]고 하여, '감통'의 뜻 속에 '궁리'를 포함하는 것임을 강조하고, '성'(誠)·'경'(敬)의 수양이 공부의 근본과제이므로 '격'을 '감통'이라 해석함을 밝혔다. 여기서 그는 '궁리', 곧 '문학'이 없으면 이단에 빠져들 위험을 경계하였다. 또한 그는 '감통', 곧 '덕성'이 없으면

65) 『白全』(下, 1519-1520), 권37, '讀書記(大學): 大學全篇大旨按說', "格者感通之謂, 則固以誠敬而言也, 然非學問思辨之交至, 則又焉能卽事觀物, 明顯察微, 以致精義立神之功乎, … 在乎誠深敬熟而有感通發悟之功耳, 所以謂之格也, 非去聞學而言德性而已也, 二者卽偏, 而或陷爲異端之偏枯, 或流爲末學之支離."

지리멸렬한 말학(末學)에 빠지게 됨을 경계하였던 것은 주자학이 관념적 사변에 매몰될 수 있는 위험을 경계하고 있는 것이다.

윤휴는 『대학』 해석에서 『고본대학』을 내세웠던 사실과 더불어, 제2~4절의 전(傳)에서도 '격물'의 해석에 주자의 해석과 뚜렷한 차이를 보여준다. 나아가 '성의'(誠意)를 제2절로 전(傳)의 첫머리에 내세워 표방하였던 사실에서 왕양명(王陽明)의 견해와 접근하고 있는 점을 엿볼 수 있다. 이러한 의심에 그 자신이 해명하면서, "'성의'·'정심'을 하려면 먼저 '격물'·'치지'해야 한다고 성경(聖經)에 더없이 분명하게 말하였다. … '격'(格)은 '격'(감통)하는 것이요, '물'(物)은 '명덕'·'신민'의 일이다. 그러므로 '명덕'·'신민'을 말하고 '격물'·'치지'를 말하지 않았으니, 『대학』 첫머리에 나오는 '성의·정심·수신·제가·치국·평천하'의 일이 '격물'·'치지'하는 자리가 아님이 없다. 이와 같으니 이른바 '격물'·'치지'라는 것이 실제의 일과 진실로 일체가 되어 말하지 않는 것을 넘어서 '격물'·'치지'의 공부가 행해지고 있는 것이다."[66]라 하였다.

그는 '전'(傳)에서 '격물·치지'를 말하지 않고 바로 '성의'를 말한 것은 '성의'를 앞세우려는 것이 아니라, '격물·치지'가 '명명덕'·'신민'의 강령과 '8조목' 가운데 '성의'에서 '평천하'에 이르는 나머지 조목들에 모두 연결되는 것이므로, 별도로 '격물·치지'를 설명할 필요가 없었던 것이라 해명하였다. 그렇다고 그가 주자의 '격물·치지' 해석이 '궁리'의 주지적(主知的) 관심에 치우쳐 있음을 경계하는 입

66) 『白全』(下, 1520), 권37, '讀書記(大學)·大學全篇大旨按說', "欲誠正者先格致, 聖經之言, 不翅明白矣, … 格者格也, 物者明德新民之事也, 故言明新而不言格致, 則大學開卷誠正修齊治平之事, 莫非格致之地也. 若是則所謂格致者, 與事其固一體也, 功運於不言之外矣."

장을 바꾸지 않고 있는 것이 사실이다. 이 점에서 그는 주자학과 양명학의 양쪽을 종합하려는 시야를 보여주고 있는 것이라 할 수 있을 것이다.

또한 여기서 윤휴는 '격물·치지'에 대한 설명이 '전문'(傳文)에 들어있지 않은 이유를 밝힘으로써, 정자가 '옛사람이 남겨두고 논하지 않은 것'(古人存而不論)이라 여기거나, 주자가 '본래 전문(傳文)에 있었는데 지금은 없어진 것'(本有而今亡)이라 여기는 견해를 거부한다. 윤휴는 주자가 『대학장구』의 전(傳)5장에서 격치전(格致傳)을 보충하여 이른바 '격물치지보망장'(格物致知補亡章)을 만들었던 사실을 지적하여, 사실상 자신의 관점과 다른 점을 드러내고 있음을 확인하였다. 곧 윤휴는 "말하여 가르치는 것이 말하지 않고 가르침의 깊음만 못하다. '전'(傳)을 지은 사람의 뜻은 바로 배우는 자가 여기에서 깊이 탐구하여 자득(自得)하고, 감통(感通)의 경지를 스스로 밟게 하고자 한 것이다. 그 의도가 참으로 충분히 드러났으니, 말하지 않았지만 이미 '전'(傳)을 남긴 것이다."67)라 하여, 말하지 않은 가르침으로써 '격물·치지'의 뜻이 전해지고 있음을 강조하였다. 따라서 그는 '격물·치지'의 전문(傳文)에 대해 말을 하지 않고 남겨두었다는 정자의 견해나, 말을 하였는데 없어졌다는 주자의 견해를 사실상 모두 거부하고 있음을 보여준다.

67) 『白全』(下, 1518-1519), 권37, '讀書記(大學): 大學全篇大旨按說', "言之爲敎, 不若不言之爲敎深也, 傳者之意 正欲學者於此深求而自得之, 以自蹈乎感通之域, 其意固躍如也, 不言而已傳也."

(3) ‘성의’(誠意)의 해석

윤휴는 ‘성의’의 실천방법으로서 ‘신독’(愼獨)을 해석하였다. 곧 “‘홀로’(獨)란 양지(良知)가 발동하여 선악이 저절로 뚜렷하니, 생각하기를 기다릴 것도 없이 좋아하고 싫어할 것을 아는 것이요, 남들은 못 보는 것이지만 자기 혼자만 아는 자리이다. 생각하는 자리에서 선과 악이 갈라진다. ‘삼가다’[愼]라 하는 것은 선을 좋아하고 악을 미워하는 마음이 혹시 홀로 있을 때 제멋대로 행동하다가 스스로 마음을 속이고 하늘을 속이는 데에 빠질까 두려워하는 것이다.”68)라 하였다. 그것은 ‘신독’의 과제로 선을 좋아하고 악을 미워하는 본래의 마음인 ‘양지’(良知)를 확보하여 ‘의’(意)가 생각(思慮)하면서 선과 악이 갈라지는 즈음에 본래의 마음을 속이고 하늘을 속이는 악에 빠지지 않도록 하는 것임을 지적하였다.

따라서 그는 『대학』의 전(傳)에서 ‘격물·치지’를 말하지 않고 먼저 ‘성의’를 설명한 이유를 밝히면서, “‘성의’가 학자들에게 있어서는 ‘마음을 확립하는’ 처음이 되고, ‘위기’(爲己)와 ‘위인’(爲人)이 구별되며, 군자와 소인이 말미암아 갈라지는 것을 드러내는 것이다.”69)라 하였다. 그만큼 선과 악, 위기와 위인, 군자와 소인으로 가치의 상반된 방향이 갈라지는 계기로서 ‘의’(意)를 성실하게 하는 ‘성의’가 중요함을 확인하고 있는 것이다.

『대학』 전문(傳文)의 ‘성의’장에서 “마음이 넓어지면 몸도 편안해

---

68) 『白全』(下, 1504), 권37, ‘讀書記(大學): 大學古本別錄’, “獨者良知所發, 善惡自昭, 有不待思慮而知其好惡者, 人之所不見而己所獨知之地也, 卽意之處善惡之攸分也, 愼云者, 恐其好善惡惡之心, 或失之於幽獨得肆之中, 自陷於欺心欺天之域.”

69) 『白全』(下, 1505), 권37, ‘讀書記(大學): 大學古本別錄’, “見誠意在學者爲立心之初, 爲己爲人之別, 君子小人之所由分也.”

진다."(心廣體胖)에 대해, 윤휴는 "마음을 말하고 몸을 말한 것은 '성의'가 '정심'·'수신'의 근본임을 나타낸 것이다. … 학문의 힘과 두려워하는 마음이 서로 닦아 가지 않으면 좋아하고 미워하는 참되고 절실한 마음을 어떻게 발현하여 독실하고 빛나는 경지를 이룰 수 있겠는가. … 경문(經文)에서는 '성의'하고자 하면 먼저 '격물·치지'부터 하라고 한 것이다."[70]라 하였다. 이처럼 그는 '성의'가 '정심'과 '수심' 양쪽의 근본이 되는 중요한 것이지만, 그 실행방법으로는 '격물·치지'의 공부가 선행조건임을 거듭 확인하고 있다.

5. 윤휴 『중용』·『대학』 해석의 특성

『독서기』를 중심으로 윤휴의 경학체계를 보면 『중용』과 『대학』의 해석이 첫머리에 있어 가장 비중이 큼을 보여주고, 『효경』과 「내칙」의 해석은 가장 큰 분량으로 중시되고 있음을 보여준다. 여기서 그는 『중용』이 하늘을 섬기는(事天) 도리를 말하고, 『대학』이 그 실천의 조목을 제시한 것으로 짝을 이루고 있으며, 『효경』이 부모를 섬기는(事親) 도리를 말하고, 「내칙」이 그 예절을 제시한 것으로 짝을 이루고 있는 것이라 제시하였다. 그것은 또 '사친'(事親)과 '사천'(事天)으로 상응관계를 이루는 경학체계를 제시하는 것이요, 전체적으로 그의 경학은 '사친-사천'(事親事天)의 경학이라 할 수 있다.

바로 이 점에서 윤휴의 경학은 다음 시대에 정약용의 '사천학'(事

---

70) 『白全』(下, 1504), 권37, '讀書記(大學): 大學古本別錄', "言心言體, 見誠意爲正心修身之本, … 非學問之力恂慄之交修又何以發其好惡眞切之心而致之篤實光輝之域哉, … 經文所謂欲誠其意在先格致者是也."

天學)적 경학에서 가장 잘 계승되고 있는 사실을 확인할 수 있다. 정약용은 이익(李瀷)의 문인 권철신(鹿菴 權哲身)이 윤휴의 학풍을 사모하여 말한 것으로, "퇴계의 뒤에 하헌(夏軒: 윤휴)의 학문이 근본이 있고 말단이 있으며, 하헌의 뒤에 성호(星湖 李瀷)의 학문이 옛 성인을 계승하고 장래의 학문을 열어 주었다."[71]는 언급을 소개하였다. 그것은 조선후기 실학파의 한 학풍을 연원에서 보면 퇴계(이황)→백호(윤휴)→성호(이익)→녹암(권철신)→다산(정약용)으로 이어오는 학맥을 찾을 수 있게 한다.

윤휴의 경전해석을 『중용』과 『대학』 중심으로 보면, 조선후기에 확고한 정통으로 자리 잡은 주자학의 해석과 여러 부분에서 부딪히고 있다. 그것은 주자학의 이념적 정통성에서 벗어나 새로운 철학적 기반을 경전해석에서 찾아 나가는 선구적 역할을 그가 담당하고 있음을 보여준다. 이러한 사실은 윤휴보다 12년 연하인 박세당도 주자학의 경학에서 벗어나는 역할에서 동반자였다고 할 수 있다. 이렇게 경전해석에서 주자학을 벗어나기 시작하는 것은 도통의식의 폐쇄된 이념을 깨뜨리고 열린 정신으로 시대를 새롭게 보는 눈을 뜨는 것이다. 따라서 윤휴와 박세당은 주자의 경전해석에서 이탈하는 새로운 경전해석을 통해 조선후기 실학을 개척하는 역할을 담당하였던 것이라 하겠다. 17세기 후반에 주자학의 경전해석과 입장을 달리하는 대표적 두 인물로 윤휴와 박세당의 경전해석은 여러 점에서 대조적인 양상을 보여주고 있어서 비교 이해가 매우 흥미로운 과제요, 중요한 의미를 지니는 것이라 할 수 있다.

71) 『與猶堂全書』, 제1집, 권15, 35, '鹿菴權哲身墓地銘', "公少時慕夏軒, 嘗曰, 退溪之後, 夏軒之學, 有本有末, 夏軒之後, 星湖之學, 繼往開來."

윤휴의 『중용』·『대학』 해석은 체제에서 보면 먼저 주자가 『대학』을 앞세우는 것과 달리 『중용』을 앞세우고 있다. 또한 『중용』에서는 주자의 『중용장구』와 순서는 같지만, 『중용장구』 33장과는 달리 '10장 28절' 체제로 편차를 새롭게 구분하고 있으며, 『대학』은 주자의 『대학장구』를 취하지 않고, 왕양명(王陽明)의 경우처럼 『고본대학』을 기준으로 삼고 있는 변화를 보여준다. 이렇게 경전편차에서 주자학의 경학과 차별화하는 것은 경전을 해석하는 관점의 바탕이 달라지고 있음을 보여주고 있는 것이다.

여기서 나아가 주자의 『대학』·『중용』 해석이 이기설(理氣說)에 근거한 해석이라면, 그는 이기설을 부정하지는 않더라도, 이기설에서 벗어나 '사친-사천'의 원시경전 정신을 되살리고자 시도하고 있다는 점이 가장 두드러진 특징이다. 이 점은 경전해석의 철학적 기반이 주자학과 달라지고 있음을 의미하는 것이다. 그는 『중용』을 '천명'의 인식에서 '사천'의 실행으로 관철시켜 해석하고 있는 점은 이미 주자의 형이상학적 세계관에 기반을 둔 주지적(主知的) 해석과 달리 신앙적 인격에 기반을 둔 실천적 해석의 성격을 훨씬 강화시키고 있음을 보여준다.

『대학』의 해석에서도 '격물치지'에 대한 해석에서 '격'(格)을 이른다(至)고 해석하는 주자와 달리 감통한다(感通)는 뜻으로 해석하며, 『대학』의 '전문'(傳文)에서는 '성의'(誠意)가 가장 먼저 제시되어 근본의 역할을 함을 강조하였으며, 맹자에서 말한 '양지'(良知)의 개념으로 해석하고 있는 점에서 양명학과 연관된 것으로 지적되기도 하였다. 윤휴 자신은 양명학과의 차이를 밝히려는 해명을 하고 있지만, 그는 사실상 주자나 양명의 어느 쪽에 의지하려는 것이 아니라, 성인의 정신과 경전의 의리를 찾아 독자적 해석을 추구하고 있다는 사실을 인정할 필요가 있다.

따라서 그는 핵심적 관점에서 주자와 견해를 달리하지만, 주자의 해석을 정면으로 비판하는 것이 아니라, 자신의 견해를 선명하게 드러내는 데 관심을 기울이고 있음을 엿볼 수 있다.

제2장

박세당(朴世堂)의 『사변록』(思辨錄)과 『대학』 편차(編次)의 수정

1. 박세당의 경학과 『대학』 해석의 과제

조선시대 유교사상은 도학-주자학이 주도해 왔다. 따라서 조선시대 도학자들은 경전의 이해에서 언제나 주자의 경전주석을 기준으로 확립하고 있다. 따라서 주자학 전통의 경전주석 사이에 서로 충돌하는 대목이나 의미가 분명하지 않은 대목에 의문점을 제기하고 약간의 보완을 위해 자신의 견해를 제기할 수는 있지만, 기본적으로 주자의 해석을 정통으로 삼아 여기서 벗어나지 않았던 것이 사실이다.

조선후기의 도학-주자학자들은 경전해석을 더욱 정밀하게 검토하였지만, 여전히 주자의 해석을 진리로 수호하는 입장을 지켜갔다. 그러나 조선후기에 들어오면서 유교지식인들 사이에는 도학-주자학의 정통주의적 신념에서 벗어나 좀 더 자유롭게 자신의 창의적 견해를 제시하는 학자들이 출현하기 시작하였다. 17세기에 활동하던 유학자로서 윤휴(白湖 尹鑴, 1617-1680)와 박세당(西溪 朴世堂, 1629-1703)

과 정제두(霞谷 鄭齊斗, 1649-1736)의 경학적 업적이 주목된다. 이들은 18세기 말에서 19세기 초 사이에 활동하였던 정약용(茶山 丁若鏞, 1762-1836)에서 제시되고 있는 것처럼 주자학적 세계관의 근본 전제를 정면으로 비판하는 데까지 나갔던 것은 아니지만, 그래도 주자의 견해에 얽매이지 않고 자유롭게 사유할 수 있는 경학적 자세를 보여주고 있다. 윤휴와 박세당은 당시 송시열(尤庵 宋時烈)을 중심으로 하는 서인-노론(西人-老論) 계열의 정통주의 도학자들로부터 주자의 경전해석에서 벗어났다는 점에서 경전을 훼손하고 성현을 모욕하는 것이라 하여, 사문난적(斯文亂賊)으로 격렬한 비판을 받기도 하였다.

박세당의 경학적 입장은 주자를 경전해석의 기준으로 받아들이고 신봉하는 도학적 정통의식에서 이미 벗어나 있다. 따라서 그는 주자의 해석에 대해서도 자유롭게 의문을 제기하고, 과감하게 독자적 해석을 시도하였던 것이다. 비록 그는 주자의 경전해석을 존중하는 태도를 보여주기도 하지만, 어디까지나 성현의 말씀인 경전을 이해하는 과정에서 제시되는 여러 해석 가운데 하나의 해석으로 인정할 뿐이다. 곧 주자의 경전해석으로 성현의 말씀을 이해하는 데 막히는 대목이 있다고 판단되면, 언제든지 성현이 말씀한 뜻에 소통될 수 있도록 합리적 재해석을 과감히 시도하였다.

여기서 그는 자신의 경전해석을 집성한 저술의 표제를 "신중히 생각하고 분명하게 판별한다"(愼思之, 明辨之. 〈『중용』, 20: 19〉)는 뜻을 취하여 '사변록'(思辨錄)이라 하였고, 또 경전에서 막혀 있는 성인의 뜻을 소통하게 한다는 의미에서 '통설'(通說)이라고도 하였다. '사변록'의 '사변'(思辨)이란 경전해석에서 주자의 경전해석이라는 선행하는 권위를 받아들이고, 그것을 기준으로 삼아 서술하는 '조술'(祖述)의 태도가 아니다. '사변'이란 스스로 사색하고 스스로 판단하는 사유의 자율성을 강조하는 것이라 할 수 있다. 이에 비해 '통설'이라는 표제에서 '통'(通)의 의미는 기존의 경전해석이 이미 의리가 막혀서 통하지 않는다는 사실을 전제로 암시하고 있다. 이에 따라 자신이 새롭게 해석하여 의리가 소통하는 이론을 제시하는 것이 '통'이다. 그것은 경전의 합리적 재해석을 추구하는 것이라 할 수 있다.

박세당의 『사변록』(思辨錄: 『通說』)은 『사서』와 『서경』 및 『시경』에 대한 해석을 하고 있지만, 그가 가장 공들여 해석한 경전은 『사서』였던 것이 사실이다.[1] 『사변록』은 그가 죽음을 앞둔 시기에 이미 주자학의 정통주의자들로부터 격렬한 비판을 받기 시작하였으니, 『사변록』의 경전해석을 둘러싸고 박세당의 주장과 이를 비판하던 주자학자들의 주장 사이에 쟁점이 첨예하게 드러났던 것이 사실이다. 그렇다면 『사변록』을 정밀하게 이해하는 작업을 위해서는 범위를 『사서』로 좁히는 것으로도 여전히 너무 많은 문제를 지니고 있다. 여기서는 『대학』의 해석과 쟁점으로 한정하고, 『논어』·『중용』·『맹자』에 대한 해석과 쟁점은 다음 기회를 기다리고자 한다.

박세당의 『사변록』을 살펴보면, 『사서』에 대한 해석 가운데서도 『대학』에 대한 해석에서 그의 독자적 해석과 경학적 성격의 특징이 가장 잘 드러난다고 할 수 있다. 우선 그는 『대학』의 경우 주자가 『대학장구』(大學章句)에서 제시한 '장구'의 체제를 전면적으로 재구성하였다는 점이 주목된다. 따라서 『사변록』의 『대학』편에 대한 박세당의 해석과 그의 경학적 방법 내지 이론을 확인하고, 이와 더불어 김창협(農巖 金昌協)을 중심으로 비판론이 제기하는 쟁점을 검토해 보고자 한다.

---

1) 朴世堂, 『思辨錄』(1), "書名曰, 通說, 或稱思辨錄, 蓋於四書尤致力焉."

권상유(權尙游)와 이관명(李觀命)이 왕명을 받고 『사변록』을 조목마다 비판한 저술인 「사변록변」(思辨錄辨)은 볼 수 없지만, 권상유가 『사변록』을 비판하는 작업을 하는 과정에서 자신의 형인 권상하(權尙夏)와 김창협(金昌協)에게 「사변록변」을 제시하고 자문을 구하였던 것으로 보인다. 이때 가장 적극적으로 비판이론을 제시하였던 인물이 김창협이다. 권상하는 '이심'(利心)과 '이단'(異端)에 관한 2조목에 비평을 하는 데 그치고 있지만, 김창협은 「사변록변」을 두 차례 검토하면서 『사변록』에 대해 68조목에 걸쳐 매우 정밀하게 비판이론을 제시하고 있다.[2] 따라서 권상유·이관명의 「사변록변」(思辨錄辨)을 찾지 못한 상태에서 김창협이 제시한 비판이론을 중심으로 『사변록』에 대한 주자학자의 비판을 검토함으로써, 박세당의 『사변록』에서 『대학』·『중용』에 대한 해석과 비판의 쟁점을 점검해 볼 수 있을 것이다.

2. 경학전통에 대한 입장과 경학 방법

1) 송(宋) 이전과 송대 경학에 대한 입장

(1) 송(宋) 이전 경학의 비판

박세당은 경학의 역사에서 송(宋) 이전의 경학과 송(宋) 이후의 경학을 분별하는 일반적 입장을 따르고 있다. 그는 진(秦)·한(漢)에서

2) 金昌協은 朴世堂, 『思辨錄』을 비판하면서, 「與權有道(尙游) 論思辨錄辨」(『農巖集』 권15)에서 26조목(『맹자』 8조, 『논어』 8조, 『대학』 3조, 『중용』 6조)에 걸쳐 비판론을 제시하고, 같은 책, 「與權有道 再論思辨錄辨」(『農巖集』 권15)에서 42조목(『맹자』 14조, 『논어』 12조, 『대학』 3조, 『중용』 13조)에 걸쳐 비판론을 제시하였다.

수(隋)·당(唐)에 이르기까지 송(宋) 이전의 경학에 대해 비판적 견해를 밝혀, "문호(門戶)를 나누어 쪼개고, 사지(四肢)를 잘라내고 폭을 찢어 내다가, 끝내는 그 근본강령[大體]을 파괴하고 만 것이 이루 다 헤아릴 수가 없다. 이단(異端)에 빠진 자는 비슷한 것을 빌어다가 간사하고 기만하는 말을 꾸며 내었고, 옛 문헌을 굳게 지키는 자는 얽매이고 치우쳐 평탄한 길에 전혀 어두웠다."[3]라 하였다. 곧 송대 이전의 경학은 분파주의에 빠지고 경전의 부분적 해석에 집착하여 전체의 뜻을 잃어버린 폐단을 지적한 것이다.

그는 송 이전의 경학자들이 드러내고 있는 폐단의 극심한 경우로서, '이단에 빠진 자'(陷溺異端)와 '옛 문헌을 고수하는 자'(抱持前籍者)의 두 부류로 크게 나누어 보고 있다. 이단의 학설을 끌어들여 유교경전을 해석하는 자는 이단의 유사한 구절을 빌어다가 거짓된 이론을 변호하는 허위의 폐단에 빠져있다는 것이요, 옛 문헌을 고수하면서 진리의 쉽고 명백함을 외면한 치우침의 폐단에 빠진 것임을 주목하고 있다. 따라서 그는 송 이전, 곧 진·한에서 수·당 시대의 경학자들은 이단의 거짓됨에 빠지거나 훈고의 고루함에 빠진 사실을 들어, 간절한 말씀으로 법도를 밝혀 천하 후세에 실현되기를 바라는 성현(聖賢)들의 뜻에 어긋나지 않을 수 없음을 비판하였다.

(2) 송대 주자학의 경학에 대한 긍정

박세당은 경전이야 어느 시대나 천지 사이에서 진동하는 우레와 벼락의 소리거나 고금에 빛나며 환하게 비추고 있는 해와 달의 빛처

---

3) 같은 곳, "上自秦漢, 下逮隋唐, 分門割戶, 斷肢裂幅, 卒以破毁乎大體者, 不可勝數, 其陷溺異端者, 多假借近似以飾其邪遁之辭, 其抱持前籍者, 又膠滯迂僻全昧夫坦夷之塗."

럼 언제나 변함없이 우뚝하지만, 송 이전의 경학자들이 귀머거리와 소경처럼 그 소리와 빛을 드러내지 못하였던 것이라 비판하였다. 이에 비해 송대에 이르러 정자(程子)와 주자(朱子)가 출현하면서, "해와 달의 거울을 갈고 우레와 벼락의 북을 울리니, 소리는 멀리까지 미치고, 빛은 두루 비추었고, '육경'의 뜻이 이에 세상에 다시 환하게 밝혀졌다."[4]고 하여, 송대 도학-주자학의 경학에 대해 한-당시대 경학의 과오를 극복하고 경전의 본래적 실상을 밝힌 것으로 높이 평가하고 있다.

먼저 그는 주자학의 경학이 이루어낸 업적에 대해, "전날(송대 이전)에 '편벽된 자'(迂僻者: 抱持前籍者)도 이미 사람의 생각과 뜻을 고착시키고 막을 수 없게 하였으며, '비슷한 것을 끌어들이는 자'(近似者: 陷溺異端)도 또한 명목과 호칭을 빌려다가 도리에 벗어나고 빠져나가려는 말로 선동하고 유혹함이 드디어 끊어지고, 평탄한 표준이 자리 잡게 되었다. 여기에 이르게 된 까닭을 추구해 보면 역시 말단을 붙들고서 근본을 탐색하며 흐름을 따라 근원을 거슬러 올라감으로써 얻은 것이 아님이 없다."[5]고 하였다. 그것은 주자학의 경학이 이룬 공적으로서 송 이전 경학의 가장 큰 과오인 훈고학(訓詁學)의 옛 문헌을 고수하는 편벽됨이나 이단에 빠진 학설의 거짓됨을 극복한 사실을 들었다. 따라서 이러한 폐단을 극복한 주자학의 경학이 추구한 방법으로 '말단을 붙들고서 근본을 탐색함'(操末探本)과 '흐름

4) 같은 곳, "及宋之時, 程朱兩夫子興, 乃磨日月之鏡, 掉雷霆之鼓, 聲之所及者遠, 光之所被者普, 六經之旨, 於是而爛然復明於世."

5) 같은 곳, "曩之迂僻者, 旣無足以膠人慮而滯人意, 其近似者, 又不能以假之名, 而借之號, 邪遁之煽誘, 遂絶, 坦夷之準的, 有在, 究其所以至此者, 亦莫非操末探本沿流泝源以得之."

을 따라 근원을 거슬러 올라감'(沿流泝源)을 들고 있다. 곧 주자학에서는 근본과 말단(本末)이나 근원과 흐름(源流)의 전체를 장악하고, 말단에서 근본으로 찾아가고 흐름에서 근원으로 거슬러 올라가는 올바른 방향을 밝혔다고 보았다. 바로 이 점에서 그는 주자학의 경학은 『중용』에서 "먼 곳을 가려면 반드시 가까운 곳에서부터"(行遠必自邇)라고 한 것과 일치하는 것이라 보고, "이것(주자학의 경학)은 자사(子思)가 말한 것이 가리키는 바와 진실로 깊이 결합되고 오묘하게 들어맞음이 있도다."[6]라 하여 극진하게 높였던 것이다.

2) 경전 인식과 경학적 방법

(1) 경전의 기본구조

박세당의 경학에 대한 기본 입장과 방법은 『사변록』(통설)의 서문에 가장 분명하게 드러나고 있다. 그는 경전의 성격을 정의하여, "육경의 글은 모두 요(堯)·순(舜) 이래 여러 성인의 말씀을 기록한 것이다. 그 이치(理)는 정밀하고 그 의리(義)는 갖추어졌으며, 그 생각(意)은 깊고 그 의도(旨)는 멀다."[7]고 하였다. 곧 경전을 이루는 성인의 말씀에는 객관적 원리인 '이치'(理)와 객관적 규범인 '의리'(義)와 주체적 사색으로서 '생각'(意)과 주체적 전망으로서 '의도'(旨)라는 네 가지 차원으로 조명될 수 있음을 제시한다. 여기서 경전의 구조로서 네 가지 차원에는 그에 따라 이루어진 성과를 확인할 수 있다. 곧 성인의 말씀은 '이치'가 정밀하고(精), '의리'가 갖추어졌으며(備), '생

6) 같은 곳, "是於子思所言之指, 眞有深合而妙契者乎."

7) 『西溪集』, 권7, '序通說', "六經之書, 皆記堯舜以來羣聖之言, 其理精而其義備, 其意深而其旨遠,"

각'이 깊고(深)과 '의도'가 멀다(遠)는 것에서 그 가치가 드러나고 있음을 보여준다.

經(聖人之言)
- 理 (이치/ 원리-객관적) — 精
- 義 (의리/ 규범-객관적) — 備
- 意 (생각/ 사색-주체적) — 深
- 旨 (의도/ 전망-주체적) — 遠

이에 따라 그는 경전의 높고 깊은 경지를 확인하면서, "그 (이치의) 정밀함을 논한다면 털끝만큼도 어지럽힐 수 없고, 그 (의리의) 갖추어짐을 말한다면 실낱같이 미세한 것조차도 빠뜨린 것이 없으며. 그 (생각의) 깊이를 재어 보려고 한다면 그 바닥을 파악할 수 없고, 그 (의도의) 먼 것을 궁구하려고 한다면 그 극한을 알 수 없다. 진실로 세상의 견문이 없는 선비나 고집스러운 유학자의 얕은 도량이나 고루한 식견으로서는 밝혀낼 수 없는 것이다."[8]라 하였다. 그만큼 경전은 정밀하고 완비되었으며 무한히 깊고 아득히 멀어 통속적인 선비나 웬만한 학자로서는 그 경지에 쉽게 접근할 수 없는 고원한 진리의 세계임을 강조한다.

8) 같은 곳, "蓋論其精也, 毫忽之不可亂, 語其備也, 纖微之無或闕, 欲測其深, 莫得其所底, 欲窮其遠, 不見其所極, 固非世之曲士拘儒淺量陋識, 所可明也,"

(2) 경학의 방법—"먼 곳을 가려면 반드시 가까운 곳에서부터"(行遠必自邇)

박세당의 경학에서는 핵심적 과제는 성인의 말씀인 경전을 올바르게 이해하는 방법이 무엇인지 밝혀야 하는 것이라 할 수 있다. 그는 『중용』(15: 1)에서 말한 "군자의 도리는 비유하자면, 먼 곳을 가려면 반드시 가까운 곳에서부터 시작하는 것과 같다."(君子之道, 辟如行遠必自邇)는 구절의 뜻을 음미하면서, "어둡고 가려진 사람을 일깨워 가르쳐서 그들로 하여금 스스로 깨달을 수 있도록 하는 것이 아니겠는가. 진실로 세간의 배우는 이가 여기서 얻은 것이 있다면, 앞에서 말한 '멀다'(遠)는 것이란, 곧 '가까운 곳'(邇)으로부터 나가야 도달한다는 것을 알 수 있다. 그렇다면 이른바 '깊다'(深)는 것은 역시 '얕은 곳'(淺)으로부터 들어갈 수 있을 것이요, '갖추어졌다'(備)는 것은 역시 '간략한 것'(略)에서부터 미루어 갈 수 있으며, '정밀하다'(精)는 것은 역시 '거친 것'(粗)에서부터 이루어질 수 있을 것이다."[9]라 하였다. 성인의 말씀인 경전의 세계는 깊고 멀지만, 그 깊고 먼 경지에 이르는 방법은 언제나 얕고 가까운 곳에서 출발하여 점진적으로 나아가야 한다는 점진적 향상의 접근방법을 강조한 것이다.

따라서 박세당은 경전의 공부에서 거친 것도 할 줄 모르는데 정밀한 것을 먼저 해내거나, 간략한 것을 못하면서 갖추어진 것을 이룬다거나, 얕은 곳을 못 들어가 보고 깊은 곳부터 뛰어들거나, 가까운 곳도 못 갔는데 먼 곳에 머물려 든다는 것은 실천의 단계적 방법을 무시하는 것으로 처음부터 이루어질 수 없는 것임을 역설하고 있

---

9) 같은 곳, "非所以提誨昏蔽, 使其能自省悟乎, 誠使世之學者, 有得乎此, 向所謂遠者, 卽可知自邇而達之, 然則所謂深者, 亦可自淺而入之, 所謂備者, 亦可自略而推之, 所謂精者, 亦可自粗而致之."

다. 그는 당시 경전 공부의 폐단이 점진적으로 나아가는 접근방법을 소홀히 여기고서, 얕고·가깝고·거칠고·간략한 것을 뛰어넘어 깊고·멀고·정밀하고·갖추어진 것만을 추구하는 데 미혹된 병통에서 오는 것임을 지적하여, 비근한 현실적 기초가 부실하면 고원한 이상도 공허하게 되고 마는 것임을 강조하였다.

그의 경학적 방법은 근원적 핵심에 곧바로 뛰어드는 것이 아니라, 쉽게 이를 수 있는 '가까운 곳'과, 쉽게 헤아릴 수 있는 '얕은 곳'과, 쉽게 획득할 수 있는 '간략한 것'과, 쉽게 인식할 수 있는 '거친 것'에서 출발하여 점차 심화시켜 가는 점진적 향상의 방법이다. 곧 "그 이른 바에 근거하여 조금 멀리 가고, 점점 더 멀리 나아가면 그 멀리 나아감을 극진하게 할 것이요, 그 헤아린 바에 근거하여 조금 깊이 들어가고, 점점 더 깊이 들어가면 그 깊이 들어감을 극진하게 할 것이다. 그 획득한 바에 근거하여 점차 더 갖추어 가고, 그 인식한 바에 근거하여 점차 더 정밀하게 해간다면, 정밀한 것을 더욱 정밀하게 하고, 갖추어진 것을 더욱 갖추어지게 하여, 그 갖추어짐을 극진하게 하고, 그 정밀함을 극진하게 할 수 있다."[10]고 하였다. 이러한 그의 경학이 지향하는 점진적 향상의 방법은 공자가 말하는 "아래에서 배워 위로 통달한다."(下學而上達. 〈『논어』, 14-35〉)는 것으로, 쉽게 접근할 수 있는 비근한 현실에서 출발하여 고원한 이상으로 나아가는 점진적 향상의 방법임을 보여주는 것이다.

10) 같은 곳, "因其所及而稍遠之, 遠之又遠, 可以極其遠矣, 因其所測而稍深之, 深之又深, 可以極其深矣, 因其所得而漸加備, 因其所識而漸加精, 使精者益精, 備者益備, 可以極其備極其精矣."

(3) 박세당의 경학적 입지

지금까지의 설명에서 보면, 박세당은 송 이전의 경학을 비판하고 송대 주자학의 경학을 적극 높임으로써, 당시 조선사회의 주류를 이루고 있는 도학-주자학 학풍과 화합하는 입장을 보여준다. 그러나 그가 경학의 기본방법으로 "먼 곳을 가려면 반드시 가까운 곳에서부터"(行遠必自邇) 나아갈 것을 강조하고, 경전의 '정밀하고'(精)·'갖추어지고'(備)·'깊고'(深)·'멀리 나가는'(遠) 경지를 확보하려면, 반드시 '거칠고'(粗)·'간략하고'(略)·'얕고'(淺)·'가까운'(邇) 것에서 점차 향상해 가야 할 것을 주장하고 있는 사실에서, 이미 그가 당시 도학-주자학의 경학이 추상적 관념의 이론에 빠져들고 있는 사실과 차별화시키려는 의도를 쉽게 짐작해 볼 수 있다. 이처럼 그는 일상적 경험의 현실을 경학공부의 출발점으로 확인하고 있다. 그것은 송대 주자학의 경학이 지닌 가치를 인정하면서도 그 방법적 한계를 확인함으로써, 그 자신의 경학을 정립하기 위한 발판을 찾고 있는 것이다.

박세당은 경전의 근원적 진실성과 그 근원에 도달하는 방법으로서 통로를 구별하여, "경전에서 말하는 것은 그 기준[統]이야 비록 하나이지마는 그 실마리[緖]는 천 갈래 만 갈래이다. 이것이 이른바 '이치는 하나이지만 생각은 백 가지이다'(一致而百慮)라는 것이요, '같은 곳으로 돌아가더라도 가는 길은 서로 다르다'(同歸而殊塗)라는 것이다. 그러므로 비록 탁월한 지능과 독창적인 식견이나 깊은 통찰과 현묘한 조예라 하더라도 오히려 그 취지를 극진하게 하거나 그 미세함을 잃지 않을 수는 없다. 반드시 여러 장점을 널리 모으고, 작더라도 좋은 점은 버리지 아니하기를 기다려야 한다. 그러한 다음에 거칠고 간략한 것도 잃어버리지 않고, 얕고 가까운 것도 빠뜨리지 아니하여야, 깊고 멀며 정밀하고 갖추어진 체제가 비로소 온전하게 얻어지는 것이다."[11]라 하였다. 곧 경전의 근원적 진실성을 이루는 기준은 하나라 하더라도 그 기준에 도달하는 길이 여러 갈래임을 강조하여, 하나의 통로를 정통으로 삼고 다른 통로를 거부하는 주자학의 폐쇄적 사유방법을 벗어나 다양한 통로를 열어두는 자신의 개방적 사유방법을 제시하고 있는 것이다.

3. 『사변록』(思辨錄)의 저술과 논변의 전개

1) 『사변록』의 저술

『사변록』(思辨錄)은 박세당이 17세기 말 조선후기 사회에 경전해석의 새로운 시야를 제기하였던 저술로서, 조선시대 사상사와 경학사에서 매우 중요한 의미가 있는 업적이다. 곧 『사변록』은 박세당이 중년기에 일찌감치 벼슬에서 물러 나와 경전연구에 오랜 세월 침잠함으로써 이루어낸 독자적 깨달음을 담고 있다. 그는 소론(少論)에 속하는 인물로 격심한 당쟁의 갈등 속에 벼슬길에서 활동하기가 어렵다는 현실을 돌아보고서, 40세 때(1668, 顯宗 9년) 관직을 사퇴하고 수락산(水落山) 서쪽 기슭 석천동(楊州 石泉洞)에 은거하기 시작하였다. 이때 이후로도 관직은 끊임없이 제수되었지만, 부득이 잠깐씩 조정에 나갔던 경우를 제외한다면, 그는 후반 생애의 대부분을 초야에서 경전연구에 몰두하고 강학에 마음을 기울였다.

---

11) 같은 곳, "經之所言, 其統雖一, 而其緖千萬, 是所謂一致而百慮, 同歸而殊塗, 故雖絶知獨識, 淵覽玄造, 猶有未能盡極其趣, 而無失細微, 必待乎博集衆長, 不廢小善, 然後粗略無所遺, 淺邇無所漏, 深遠精備之體乃得以全."

이 시기에 그가 경전연구에 심혈을 기울였던 사실은, "선생은 이미 물러나자 한가롭게 거처하면서, 경전연구에 오로지 마음을 쏟아, 몇 년간을 침잠하였다. 마침내 환하게 이해되고 투명하게 통달한 다음에, 비로소 그 편찬의 순서나 글자와 구절이 뒤섞이고 잘못된 것을 바로잡았으며, 주석과 해설에 그릇된 것을 변론하고서, 기록하여 책을 이루었다."[12]는 언급에서 잘 드러난다. 바로 『사변록』은 그가 40대 이후 은거 시기에 다듬어낸 경학연구의 응결이다. 『사변록』의 구성내용은 『사서』와 『서경』 및 『시경』(미완성)을 포함하고 있지만, 그 중심대상은 『사서』의 해석이라 할 수 있다.

『사변록』의 저술시기를 보면 먼저 박세당이 52세 때(1680) 『대학』을 주석하였고, 그러고 나서 7년이 지난 다음인 59세 때(1687) 『중용』을 주석하였다. 여기서 그는 『대학』을 주석하고 나서 『중용』을 주석하기 이전의 사이에 53세 때 『노자』(老子)를 주석한 『신주도덕경』(新註道德經)을 저술하였고, 54세 때 『장자』(莊子)를 주석한 『남화경주해산보』(南華經註解刪補)를 저술하였다. 이 두 저술도 박세당의 학문적 폭과 이학(異學)으로서 『노자』와 『장자』에 대한 포용적 수용자세를 엿볼 수 있는 중요한 의미를 지닌 저술이다. 그러나 박세당은 『대학』과 『중용』을 주석하는 데 가장 오랜 시간을 투여하였넌 사실을 엿볼 수 있다. 이어서 60세 때(1688) 『논어』를 주석하고, 잇달아 61세 때(1689) 『맹자』를 주석한 다음에 바로 『사변록』의 서문(「序通說」)을 지었다. 그가 61세 때 『사서』의 『사변록』을 마치고 서문까지 썼다는 사실은 원래 그가 계획한 『사변록』의 저술이 『사서』에 대한 주석이

12) 『西溪集』, 권22, 18, '年譜', "先生旣退閒居, 遂專意加工於經書, 沈潛累年, 融解貫通, 然後始乃正其編簡字句之錯訛, 辨其箋註解說之差誤, 錄而成書."

었음을 잘 보여준다. 그러나 그 후 그는 63세 때(1691) 『상서』를 주석하고, 65세 때(1693) 『모시』의 주석을 시작하였지만 마치지 못하고 말았다.

『사서』에 대한 박세당의 해석은 오랜 연구기간을 제외하고도 저술에만 10년이 걸렸으니, 그의 대표적 역작이라 할 수 있다. 그가 『사변록』에서 『사서』의 해석에 치중하고 있다는 사실은 주자학의 경학적 기반인 『사서』를 경학의 전제로 삼고 있음을 의미하는 것이다. 그만큼 그의 경학은 주자학을 발판으로 삼으면서 주자학의 한계를 넘어가려는 것이라 하겠다. 바로 이 점에서 윤휴(白湖 尹鑴)나 정약용(茶山 丁若鏞)의 경우 그 경학의 체계가 '사서' 중심에서 벗어남으로써, 주자학의 경학체계를 전제로 삼고 있지 않은 사실과는 뚜렷하게 대비될 수 있다.

박세당은 주자학의 학문적 전제를 부정하고 전면적 비판을 시도하는 탈주자학(脫朱子學)의 경학자가 아니다. 그는 주자학의 경전해석이 탁월함을 공개적으로 밝히고 있다. 그렇지만 그는 경전해석에서 주자학의 해석만 고수하겠다는 정통주의 주자학은 분명하게 벗어나고 있다. 따라서 그는 주자학의 해석과는 다른 견해에 대해서도 열린 관심을 두어야 할 것을 적극 요구한다. 나아가 그는 주자학의 해석과는 다른 견해들이 지닌 장점들을 수용하여 모아들여야 할 것을 강조하였다. 그것은 주자학의 경전해석을 정통이요, 진리의 기준으로 삼는 주자학 정통주의에서 벗어나는 것이다. 곧 주자의 경전해석에 어긋나는 어떤 견해도 엄격히 거부하고 배척하며, 주자학의 순수성을 수호하는 폐쇄적 입장을 극복하려는 것이다. 따라서 박세당은 주자학의 굳게 닫힌 성문을 열도록 요구하며, 나아가 다양한 견해를 수용하여 종합하는 개방적 사유가 진리를 향한 경학의 올바른 자세임을 확인하고 있다. 바로 이 점이 박세당의 경학에서 실학의 개방정신이 활발하게 드러나고 있음을 보여주는 것이다.

2) 『사변록』에 대한 논변의 전개

(1) 『사변록』에 대한 박세당 자신의 변호

『사변록』을 통해 제시된 경전해석에 대해, 박세당은 자신의 견해가 참람한 것이고 좁은 소견으로 얻은 것이라 겸손하게 낮추면서도, "혹시라도 옛 유학자들이 세상을 깨우치고 백성을 도와주는 뜻에 티끌만큼의 도움이라도 없지 않기를 바란 것이다. 그러므로 견해를 달리하기를 좋아하여 한 가지 학설을 내세우려는 의도에서 나온 것은 아니다. 그 방자하고 경솔하며 그릇되고 거짓되어서, 거칠고 천박한 죄를 헤아리지 못함에 이르러서는 사양할 수 없겠지만, 뒷날에 살피는 이가 혹시라도 그 뜻이 다른 데 있지 않다고 하여 특별히 용서해 준다면 이 또한 다행일 것이다."[13]라 하였다.

박세당은 자신의 경전해석이 주자와 견해를 달리한다는 비판을 받을 수 있다는 사실을 인정하면서도, 결코 그 자신은 주자학의 경전해석과 견해를 달리하는 데 의도를 둔 것이 아님을 매우 조심스럽게 변명하고 있다. 여기서 그는 자신의 경학이 지향하는 의도는, 세상을 깨우쳐 주고 백성을 도와주는 데 있다는 점에서, 정자·주자와 같은 것임을 역설하였다. 곧 경학의 이상에서는 주자학과 자신의 경

13) 『西溪集』, 권7, 32, '序通說', "倘於先儒牖世相民之意, 不無有塵露之助, 故非出於喜爲異同立此一說, 若其狂率謬妄, 不揆疏短之罪, 有不得以辭爾, 後之觀者, 或以其意之無他而特垂恕焉, 則斯亦幸矣."

학이 같은 입장인 것이며, 주자학의 경전해석과 견해를 달리한다는 것은 단지 그 접근의 방법에서 차이가 있음을 보여주는 것일 뿐임을 밝히는 것이다. 이처럼 그는 당시 주자학자들이 자신의 경전해석에 어떤 비판을 할 것인지 처음부터 분명하게 인식하고 있었던 것이다.

과연 『사변록』이 박세당과 가까운 사람들 사이에 알려지기 시작하면서부터 경계와 비판의 지적을 받게 되었다. 『사변록』에 대해 가장 먼저 논의를 하였던 인물은 그와 동갑의 친우인 윤증(明齋 尹拯, 1629-1711)이었다. 박세당의 셋째 형수(朴世垕의 부인)가 윤증의 누님이었다. 박세당이 63세 때(1691) 셋째 형수가 돌아가자, 셋째 형수의 아우인 윤증이 달려와 곡하였다. 그러고 나서 윤증이 장례를 치를 동안 근처 석림사(石林寺)에 머물고 있을 때(음력 5월) 박세당이 『사변록』을 윤증에게 보여주면서 가볍게 토론이 일어났다. 이 무렵 두 사람 사이의 왕복편지에서 『대학』의 '격치'(格致) 개념이나 『논어』(6~26)의 '정유인장'(井有人章) 등 경전의 해석에 관한 토론이 벌어지고 있음을 엿볼 수 있다.

윤증은 당시 『사변록』을 보고 난 소감으로, "그때 누님을 잃은 슬픔이 극심하여 차분히 보지 못하고, 『논어』에 대한 설만 대략 보았다. 모두가 평이하면서도 절실하여, 들은 그대로 말하는 천박한 학문(口耳之學)의 공허한 말이 아니었다. 마음으로 매우 기뻐하며, 한가한 가운데서 깨달은 것이니 진실로 쉬운 일이 아니라 여겼다. 다만 경전을 너무 얕거나 너무 국한되게 살피는 병통이 있는 듯하여 대략 나의 견해로 논변하였으나 일치되지는 못하였다."[14]고 밝혀, 매우

14) 『明齋遺稿』, 권34, '祭西溪文'(癸未), "悲傷方劇, 不能從容, 略見論語所說, 類皆平易切實, 不爲口耳之空言, 心甚喜悅, 以爲閑中所得, 誠不易也, 第似有看書太淺太局之病, 略以鄙見, 有所論辨而未契矣."

우호적 입장에서 높이 평가하였다.

이에 대한 박세당의 대답은 두 사람 사이의 견해가 끝내 부합되지 못할 줄을 잘 알고 있음을 밝히면서, “각각 자신의 의견을 말하는 것은 성인(공자)께서도 허락하셨으니, 부디 경솔하여 재량할 줄 모르는 것으로 보아 ‘외학’(外學)이나 ‘이단’(異端)에 견주지 마시기 바란다. ‘경솔하게 자신(自信)하고 지나치게 주장(主張)한다’고 깨우쳐 주심에 있어서는 감히 그러려고 한 것이 아니다. 단지 의심스러운 점을 다 드러내고 감히 숨김이 없었기 때문에, 말하는 사이에 끝내 돌려서 말하지 못한 것이다. 이것이 어찌 자신하고 주장함이 있어서 그런 것이겠는가. 변론함에 옳으니 그르니 하는 것이 있음은 이 이치가 천지 사이에 있어서 폐지할 수 없기 때문이다.”[15]이라 하여, 변론에 상반된 의견이 제기되는 것을 막아서는 안 된다고 하여 주자학의 독선적 태도에 항의하고 있다.

여기서 윤증은 박세당이 주자학에서 보편적 이론으로 해석하는 것에서 벗어나 구체적 현실의 관심에서 해석하는 태도에 대해 ‘경전을 너무 얕거나 너무 국한되게 살피는 병통’(看書太淺太局之病)이 있음을 지적하였는데, 이에 대해 박세당은 뭇사람들의 비방을 면하게 해주려고 하는 윤증의 호의에 대해서는 고마움을 밝히면서도, 주자학을 따름으로써 자신의 사회적 위치를 누리려는 태도에 대해, ‘말세의 습속을 구제하는 것이라 자기 마음을 스스로 호도하고, 세상에 아첨하면서 스스로 높임으로써, 시골에서 점잖은 체하는 사람 되기

---

15) 『西溪集』, 권7, 14, ‘答尹子仁書’, “各言爾志, 聖人猶許之, 幸勿以狂率而不知裁見, 以爲外學異端比也, 至輕於自信過自主張之諭, 非敢然也, 徒以盡其所疑, 而不敢有隱之, 故言語之間, 終有不得宛轉處, 此豈有自信與自主張而然乎, 若至辨論之, 有曰可曰否, 此理在於天地之間, 恐不可廢.”

를 달게 여기는 병통'(所以救末俗自塗其心, 以媚世自賢, 甘爲鄕愿之歸之病)이 있는 것이라 지적하고 있다.

박세당은 65세 때(1693) 윤증에게 보낸 편지에서도 자신이 『사변록』을 지은 의도에 대해, "구차스럽게도 이 일(『사변록』 저술)을 한 것은 공연한 것이 아니다. 스스로 식견이 얕고 좁음을 헤아리지 못하고서 자신이 아는 바를 만에 하나라도 다해 경전의 뜻을 발명하는 데 조금이라도 보탬이 있기를 바랐던 것이다. 또한 의리는 천하의 공변된 것이라 하니, 주렴계·정자·장횡거·주자가 어찌 선비들로 하여금 말을 공손하게 하도록 하였겠는가."[16]라 하였다. 경전의 뜻을 밝히고자 한다는 목적을 전제로 삼고서, 이치가 공변된 것이니 누구도 독점할 수 없으므로 이치에 근거한다면 누구나 발언할 수 있다는 권리를 강조하며, 경전의 뜻을 새롭게 밝혔던 송대 도학자들은 결코 후세의 선비들이 자신의 주장만 따르고 다른 의견을 제시하지 못하게 막지는 않았을 것임을 확인하고 있다. 그만큼 후세의 도학자들이 정통의식에 사로잡혀 독선에 빠진 것임을 밝혀, 자신의 독자적 주장이 받아들여질 수 있는 입지를 확보하고자 하였던 것으로 보인다.

그는 사람들이 선배 주자학자들(先儒)의 경전해석과 다른 견해를 제시하는 것이 온당하지 못하다고 비판한 데 대해 시를 지어 해명하기도 하였다. "원하는 바는 경전의 뜻을 밝히고자 함일 뿐/ 진실로 다른 뜻있어서가 아닐세."[17]라 읊어, 자신의 경전연구가 경전의 뜻을 밝히는 것일 뿐이지, 주자의 경전해석과 대립하는 것이 아님을

---

16) 『西溪集』, 권19, 30-31, '與尹子仁(拯)', "區區爲此者° 亦非徒然° 竊自不量其管蠡之淺狹° 冀盡其所知以萬一° 其有絲毫之補於發明經傳之指° 又以爲義理者° 天下之公° 濂洛關閩° 豈當必使士而言遜."

17) 『西溪集』, 권4, 28, '聖言', "所欲發經旨, 意實非他然."

강조하였고, “누가 자물쇠 풀어 육경의 문을 열 수 있었던가/ 주자의 해석은 고금에 없었도다/ 뒤 세상 학자들 기뻐할 줄만 알고 도울 줄 아는 이 드물구나.”[18]라 읊어, 주자의 경전해석이 고금에 유례가 없는 탁월한 것임을 확인하면서, 후세의 주자학자들이 주자의 경전해석을 추종할 뿐 발전시키지 못하는 문제점을 지적함으로써, 자신의 역할은 바로 주자의 경전해석을 돕고 보완하는 것임을 밝히기도 하였다.

그러나 박세당은 자신의 경전해석이 인정받지 못하고 도리어 비난의 대상만 되고 있는 현실에 대해, “이 몸이야 좀벌레라 책 속에 묻혀 사는데/ 글자 파먹은 지 여러 해라 눈이 조금 트였으나/ 끝내 됨됨이 미미하니 누가 인정해 주랴/ 경전 훼손하였다는 이름만 길이 짊어지겠구나.”[19]라 읊어, 미음만 받는 자신의 처지를 책 속에서 종이를 파먹고 사는 좀벌레에 비유하여 탄식하기도 하였다.

(2) 『사변록』에 대한 비판과 변호의 전개

박세당의 『사변록』이 세상에 알려지면서 당시의 주자학자들로부터 격렬한 비판과 배척이 일어났다. 그러나 본격적으로 비판과 변호의 상반된 입장이 부딪힌 것은 그가 죽음을 맞게 되었던 75세 때(1703) 일어났다. 『사변록』의 쟁점은 처음부터 박세당이 속한 소론과 송시열을 영수로 하는 노론 사이의 당파적 대립과 연결되면서 증폭

18) 『西溪集』, 권4, 7, ‘六籍’, “六籍誰能發鍵樞, 紫陽傳註古今無, 後賢知說鮮知助.”

19) 『西溪集』, 권4, 27, ‘蠹魚’, “蠹魚身向卷中生, 食字年多眼乍明, 畢竟物微誰見許, 祇應長負毁經名.” 梅山 洪直弼의 기록을 보면, 宋奎濂(霽月堂, 1630-1709, 宋浚吉문인)은 朴世堂의 이 詩를 비판하여, “좀벌레야 경전 속 글자를 모두 파먹어도, 본래 뜻을 털끝만큼도 망가뜨리는 일 없지만, 세상에다 어긋난 길을 말하는 선비야, 일찍 돌아와 육상산·왕양명의 무리가 되지 말아야지.”(蠹雖食盡經中字, 本旨何曾毁一毫, 寄語世間迷路士, 早歸無作陸王曹.)라 읊었다고 한다.〈『梅山集』, 권52, ‘雜錄’〉

되어 드러났던 것이다.

박세당이 74세 때(1702) 12월 이경석의 신도비 비문을 지으면서 송시열이 사사로운 감정으로 이경석을 비난하였던 사실을 지적하였던 것이 노론의 분노를 일으켰던 것이다. 이에 따라 『사변록』에 대한 비판과 변호의 논변이 조정에서 전개되었던 것은 그 이듬해(1703) 4월 태학생(太學生) 홍계적(洪啓迪) 등이 “박세당의 『사변록』에 주자의 학설과 어긋나고 다름이 있으며, 고 상신(故相臣) 이경석(李景奭)의 비문(碑文)에 송시열(宋時烈)을 침범해 욕한 말이 있습니다. 문자(文字)를 거두어들여서 물과 불 속에 던져버리고, 인하여 성인(聖人)을 헐뜯고 현인(賢人)을 업신여기는 죄로 다스리어 선비가 따르는 방향을 바르게 하소서.”〈『숙종실록』, 29년(1703) 4월 17일〉라 상소를 올리면서 시작되었다.

태학생이 상소를 올린 배경으로, 당시 노론의 명망 높은 학자들인 김창흡(金昌翕)이 박세당의 문인 이덕수(李德壽)에게 장문의 편지를 보내 박세당을 비난하면서 “선생(박세당)이 주자를 능멸하려고 하였기 때문에 주자를 높이 받드는 사람(송시열)을 공격하였다.” 하였으며, 김창협(金昌協)·김창흡이 상소를 올리는 일을 주도하고, 김진규(金鎭圭)·정호(鄭澔) 등이 호응하여, “성현(聖賢: 주자)을 모독하고 정인(正人: 송시열)을 모욕한다고 지목하여, 그 사람을 죄주고, 그 책을 태우기를 청하였다.”고 보기도 한다.[20)]

여기서 노론의 당론을 대변하는 태학생 홍계적 등은 박세당이 송시열을 비난한 사실에 대해 ‘현인을 업신여긴다’는 죄목으로 문죄하

20) 『西溪集』, 권22, 28, ‘年譜’, “先生欲凌侮朱子, 故攻斥尊奉朱子之人, … 金昌協 … 陰主其事, 金鎭圭·鄭澔在朝和應, … 相與構疏, 目之爲侮聖醜正, 請罪其人焚其書.”

였고, 이와 더불어 『사변록』에서 주자의 학설과 어긋나는 점에 대해 '성인을 헐뜯는다'는 죄목으로 공격하면서, "문자(『사변록』과 이경석 신도비문)를 거두어 물과 불 속에 던져버릴 것"을 요구하였다. 그 요구에 대해 숙종은 박세당의 벼슬을 삭탈하고, 유신(儒臣)으로 하여금 조목마다 변파(辨破)하도록 명령하였다.〈『숙종실록』, 29년(1703) 4월 17일〉

이 처분에 대해 박세당의 제자인 이탄(李坦)은 상소를 올려, "만약 의심나는 것을 탐색하는 것으로써 경(經)을 허물어뜨리는 것으로 돌리고, 사사로이 기록한 것을 성인(聖人)을 업신여기는 것이라고 이르면, 강의(講義)하고 토론(討論)하는 공부를 곧 그만두어야 할 것이며, 궁리(窮理)하고 격물(格物)하는 학문을 시행할 수 없을 것입니다."〈『숙종실록』, 29년(1703) 4월 23일〉라 하여, 경전해석에서 주자의 해석에 대해서도 의문을 제기할 수 있음을 강조하여 변호하였다. 그러나 숙종은 이탄을 파직시키라는 처분을 내렸고, 잇달아 박세당을 옥과(玉果: 현 전남 곡성군 옥과면)로 유배하도록 명령하였다. 이때 이인엽(李寅燁)은 박세당이 75세의 고령으로 병이 깊은 점을 들어 상소하여 유배가 정지되었다.〈『숙종실록』, 29년(1703) 4월 28일〉

권상유(權尙游)와 이관명(李觀命)이 숙종의 명을 받아 『사변록』을 조목별로 비판하게 되었는데, 권상유와 이관명은 『사변록』을 비판한 「사변록변」(思辨錄辨)을 책으로 만들어 놓고도 시비를 꺼려 임금에게 올리지 못하자, 윤증(尹拯)에게 보냈지만 응답하지 않았고, 권상유의 형인 권상하(權尙夏)에게 보내자, 그는 권상유 등의 논변이 분명하고 자상하여 더 첨삭할 것이 없다고 사양하였다.〈『숙종실록』, 29년(1703) 8월 12일〉[21]

---

21) 權尙夏의 문집에는 이때 올렸던 상소가 1703년 7월에 지은 것으로 기록되어 있다.

박세당은 그해(1703) 8월 21일 세상을 떠났지만, 그가 죽은 뒤에도 『사변록』을 둘러싸고 비판과 변호의 논란이 계속되었다. 임수간(任守幹)은 박세당의 『사변록』이 상자 속의 사장(私藏)에 불과한 것이라 하여 조정에서 비판해야 할 대상이 아니라는 견해로 상소하여, 조정에서 비판을 중단하자고 요구하였지만,〈『숙종실록』, 29년(1703) 9월 4일〉 이여(李畬)와 최중태(崔重泰)는 임수간의 견해를 반박하였다.〈『숙종실록』, 29년(1703) 10월 21일〉 숙종은 박세당을 배척하는 주장을 받아들여 마침내 『사변록』을 불태우도록 명령을 내렸고, 남취명(南就明)이 불태우지 말 것을 청하는 상소를 올렸으나, 쉽게 허락하지 않았다.〈『숙종실록』, 30년(1704) 6월 16일〉

그 후 왕명을 받은 지 한 해를 넘긴 뒤에 이관명(李觀命)이 『사변록』을 비판한 저술(「思辨錄辨」)을 바치면서, "만약 본문을 불태워 없앤 뒤에 그 제자들이 혹시 그 스승의 말은 이와 같지 않아서 비판한 이론이 들추어내는 데서 나왔다고 한다면 또한 오류를 바로잡을 수 없으니, 내버려두는 것이 마땅할 듯합니다."라 하고, 이때 이여(李畬)도, "조정에서 비록 금지 않더라도 사람들이 누가 이를 믿겠습니까? … 이 책은 본래 힘들여 금지할 것도 못됩니다."라 하여, 불태워야 한다는 주장에서 후퇴하였다. 그래서 숙종도 명령을 고쳐 『사변록』을 불태우지 않도록 하였다.〈『숙종실록』, 30년(1704) 8월 5일〉 박세당을 비판하던 노론들의 입장에서도 『사변록』을 불태우는 것은 너무 큰 반발과 문제를 일으킬 위험이 있음을 인식하였던 것으로 보인다.

이에 따라 박세당의 제자인 홍우행(洪禹行) 등 13인은 『사변록』이 경전을 훼손시켰다거나, 성인을 모멸하였다는 비판을 정면으로 반박

〈『寒水齋集』, 권3, '承思辨錄辨破之命後書啓'(癸未七月)〉

하여, "경전의 본말(本末)을 궁구(窮究)하지 않고, 선현(先賢)의 심적(心迹)을 살피지 않으며, 다만 일언반구가 조금이라도 옛 주석에 어긋남이 있으면 놀랍고도 괴이한 일로 여겨 마치 크게 꺼리는 일을 범한 것처럼 꾸짖어 금합니다. … 혹시 편협한 마음과 소인(小人)의 생각으로 그 원망하고 미워함을 풀고자 하여 선유(先儒)를 끌어들여 사람을 헐뜯는 날카로운 도끼로 삼았다면, 천자를 끼고 제후를 호령하는 것이니, … 이는 바로 주자의 죄인입니다."라고 주장하는 상소를 올렸다. 이에 대해 이여(李畬)는 "패악(悖惡)한 말을 멋대로 하여서 다시 돌아보아 꺼리는 것이 없으니, 이는 진실로 하루 이틀의 일이 아니며, 그 기세(氣勢)가 점점 커져서 거의 조정을 업신여기는 데에 이를 것입니다."라고 비판하였다.〈『숙종실록』, 30년(1704) 8월 30일〉 당시 『사변록』을 배척하는 노론 학자들의 의지도 강인하였지만, 『사변록』을 옹호하는 소론 계열의 박세당 문인들이 보여준 신념도 확고한 것임을 엿볼 수 있다.

4. 『대학』 편차(編次)의 재구성과 수정의 관점

1) 『대학』 편차의 재구성

박세당은 『사변록』에서 『대학』을 해석하면서, 주자의 『대학장구』를 원문으로 삼았고, 주자가 『대학』을 '경(經) 1장과 전(傳) 10장'의 체제로 제시한 분장(分章)의 기본틀을 따르고 있다. 그러나 그는 여러 곳에서 『대학장구』의 편차와 달리하는 자신의 편차체계를 제시하여, 사실상 '경 1장과 전 10장'의 체제만 같을 뿐이요, 『대학장구』

의 체제와는 다른 독자적인 편차체계를 제시하고 있다.

이렇게 『대학장구』의 편차를 바꾸게 된 이유로서, 박세당은 "내가 일찍이 『대학장구』를 읽다가 이해되지 못한 곳이 많아서, 의혹이 없을 수가 없었다. 삼가 자세히 풀어보니, 몇 가지 문제 될 것이 있는 것 같아서 문득 참람함을 헤아리지 않고 내 뜻대로 이렇게 바꾸어 놓았다. 혹시라도 글은 같은 종류를 따르게 하고, 말은 차례를 잃지 않게 하여, 이해하기 어렵거나 통하지 않는 걱정이 없기를 바란다."[22] 라 하여, 『대학장구』가 이해되지 않아 뜻이 통하지 않는 문제점을 해결하기 위해서임을 밝히고 있다. 여기서 그는 『대학장구』의 편차를 바꾸는 것이 사람들의 비난을 받을 수 있다는 점을 분명하게 알고 있었으므로, "오직 의심스러운 점을 기록해 두어, 스스로 외우고 익히는 데 편하게 하고자 할 뿐이지, 감히 다른 사람들을 번거롭게 하여 망령되고 도리에 어긋났다는 죄를 얻으려는 것이 아니다. 그러나 그 큰 근본을 따져보면 끝내 주자의 뜻을 잃지 않았다."[23]고 하여, 극진하게 조심하여 주자에 어긋나려는 것이 아님을 강조하고 있음을 보여준다.

실제로 주자도 『대학장구』에서 『예기』의 경문 속에 있는 「대학」편, 곧 '고본대학'(古本大學)에 대해 착간설(錯簡說)을 내세워 편차에 상당한 변화를 일으켰던 사실이 있다. 여기서 박세당은 주자의 『대학장구』를 원본으로 삼아 편차가 합당한지 여부를 검토하여 자신의

22) 『思辨錄』(1), '大學章句識疑', "余嘗讀大學章句, 多所未解, 竊不能無疑, 伏而細繹, 似有一二可議者, 輒不揆僭越, 以意易置如此, 或冀文從其類, 語不失次, 無難曉不通之患."

23) 같은 곳, "唯以識疑, 兼自便誦習, 不敢煩諸他人, 以取狂妄悖謬之罪, 然究其大本, 終不失朱子之旨云."

견해를 밝혔다. 나아가 『대학』의 편차를 재확인함과 더불어 본문을 해석하고 나서, 그 끝에 「대학석경고본」(大學石經古本)과 「대학고본」(大學古本)의 원문을 각각 65절(節)로 분절(分節)하여 수록하였다.[24)]

이 점은 주자의 『대학장구』와 자신의 『대학사변록』의 장·절 편차가 다를 뿐만 아니라, '석경'(石經)과 『예기』 속에 수록된 「대학」편의 두 가지 고본(古本)과 사이에도 차이가 심한 사실을 드러냄으로써, 장·절의 편차가 서로 출입이 심하여 확고한 정본(正本)이 없다는 사실을 보여주는 것이라 하겠다. 따라서 그는 『대학』이 여러 문헌에 따라 장·절의 편차가 서로 다른 사실을 대비시키고, 여기서 나아가 마지막으로 「대학장구지의」(大學章句識疑)를 끝에다 붙여서, 자신의 장·절 체제가 주자의 『대학장구』와 어떻게 달라지고 있는지 정리하여 분명하게 확인하고 있다.

따라서 박세당이 제시하는 『대학』의 장·절 편차의 여러 가지 차이를 파악하기 위해, 『대학장구』를 기준으로 「대학석경고본」(石經-S)·「대학고본」(古本-T)·『대학사변록』(朴世堂-P)·『대학장구』(朱子-C)의 편차구성을 대조할 수 있는 도표를 다음과 같이 만들어 볼 수 있다. 이 도표를 보면 박세당의 장·절 구분은 주자의 『대학장구』 장·절 체제를 그대로 따르면서 순서에 상당한 차이를 드러내고 있음을 한눈에 확인할 수 있다. (石經과 古本은 節의 구분만 있음. '*' 표는 『대학장구』 기준으로 보았을 때 순서가 바뀌는 부분을 표시)

24) 明 陶宗儀의 『說郛』(卷1上)에 「大學石經」과 「大學古本」이 수록되어 있다. 「大學古本」은 『禮記』에 수록된 「大學」편(이른바 「古本大學」)과 동일하다.

章句	朴世堂	石經	古本	大學本文
C00:01	P00:01	S01	T01	大學之道 在明明德 … 在止於至善
C00:02	P00:02	S05*	T02	知止而后有定 … 慮而后能得
C00:03	P00:03	S03*	T03	物有本末 … 則近道矣
C00:04	P00:04	S02	T04	古之欲明明德於天下 … 致知在格物
C00:05	P00:05	S13*	T05	物格而后知至 … 國治而后天下平
C00:06	P00:06	S09	T06	自天子 … 壹是皆以修身爲本
C00:07	P00:07	S10	T07	其本亂而末治者否矣 … 未之有也
C01:01	P01:01	S56*	T16	康誥曰 克明德
C01:02	P01:02	S57*	T17	太甲曰 顧諟天之明命
C01:03	P01:03	S58a*	T18	帝典曰 克明峻德
C01:04	P01:04	S58b*	T19	皆自明也
C02:01	P02:01	S59*	T20	湯之盤銘曰 苟日新 … 又日新
C02:02	P02:02	S60*	T21	康誥曰 作新民
C02:03	P02:03	S61*	T22	詩曰 周雖舊邦 其命維新
C02:04	P03:04*	S62*	T23	是故君子 無所不用其極
C03:01	P03:01	S06*	T24	詩云 邦畿千里 惟民所止
C03:02	P03:02	S04*	T25	詩云 緡蠻黃鳥 … 人而不如鳥乎
C03:03	P03:03	S63*	T26	詩云 穆穆文王 … 與國人交止於信
C03:04	P10:05*	S64*	T14*	詩云 瞻彼淇澳 … 民之不能忘也
C03:05	P10:06*	S65*	T15*	詩云 於戲前王不忘 … 沒世不忘也
C04:00a	P04:01a	S07*	T27a	子曰 聽訟吾猶人也 … 大畏民志
C04:00b	P04:01b	S08*	T27b	此謂知本
C05:01	P05:01a	S11	T08*	此謂知本
C05:02	P05:01b	S12	T09*	此謂知之至也
C06:01	P06:01	S14	T10*	所謂誠其意者 … 君子必愼其獨也
C06:02	P06:02	S15	T11*	小人閒居 … 故君子 必愼其獨也
C06:03	P06:03	S16	T12*	曾子曰 十目所視 … 其嚴乎
C06:04	P06:04	S17	T13*	富潤屋 德潤身 … 故君子必誠其意
C07:01	P07:01	S18	T28	所謂修身 在正其心者 … 不得其正
C07:02	P07:02	S19	T29	心不在焉 … 食而不知其味
-	-	S20a*	-	顔淵問仁, 子曰 … 非禮勿動,
C07:03	P07:03	S20b	T30	此謂修身 在正其心
C08:01a	P08:01	S21a	T31a	所謂齊其家 在修其身者
C08:01b	P09:02*	S21b	T31b	人之其所親愛而辟焉 … 天下鮮矣
C08:02	P09:03*	S22	T32	故諺有之曰 … 莫知其苗之碩
C08:03	P08:03	S23	T33	此謂身不修 不可而齊其家

C09:01	P09:01	S24	T34	所謂治國 … 慈者 所以使衆也
C09:02	P10:03*	S26*	T35	康誥曰 … 未有學養子而后 嫁者也
C09:03	P09:04	S25	T36	一家仁 一國興仁 … 一人定國
C09:04	P08:02*	S55*	T37	堯舜帥天下以仁 … 未之有也
C09:05	P09:05	S27	T38	故治國 在齊其家
C09:06	P09:06	S28	T39	詩云 桃之夭夭 … 可以敎國人
C09:07	P09:07	S29	T40	詩云 宜兄宜弟 … 可以敎國人
C09:08	P09:08	S30	T41	詩云 其儀不忒 … 民法之也
C09:09	P09:10	S31	T42	此謂治國 在齊其家
C10:01a	P10:01a	S32a	T43a	所謂平天下在治其國.
C10:01b	P09:09*	S32b	T43b	上老老而民興孝, … 民不倍
C10:01c	P10:01b	S32c	T43c	所謂平天下在治其國 … 絜矩之道也
C10:02	P10:02	S33	T44	所惡於上 … 此之謂絜矩之道也
C10:03	P10:04	S34	T45	詩云 樂只君子 … 此之謂民之父母
C10:04	P10:07	S39	T46	詩云 節彼南山 … 辟則爲天下僇矣
C10:05	P10:08	S44*	T47	詩云 殷之未喪師 … 失衆則失國
C10:06	P10:15*	S40	T48	是故君子先愼乎德 … 有財此有用
C10:07	P10:16*	S41	T49	德者 本也 財者 末也
C10:08	P10:17*	S42	T50	外本內末 爭民施奪
C10:09	P10:18*	S43	T51	是故財聚則民散 財散則民聚
C10:10	P10:19*	S46	T52	是故言悖而出者 … 亦悖而出
C10:11	P10:09*	S47	T53	康誥曰 … 不善則失之矣
C10:12	P10:23*	S45*	T54	楚書曰 … 惟善 以爲寶
C10:13	P10:24*	S48	T55	舅犯曰 … 仁親 以爲寶
C10:14	P10:10	S35*	T56	秦誓曰 若有一介臣 … 亦曰 殆哉
C10:15	P10:12	S36*	T57	唯仁人 … 爲能愛人 能惡人
C10:16	P10:13	S37*	T58	見賢而不能擧 … 退而不能遠 過也
C10:17	P10:11*	S38*	T59	好人之所惡 … 菑必逮夫身
C10:18	P10:14	S54*	T60	是故君子有大道 … 驕泰以失之
C10:19	P10:20	S51*	T61	生財 有大道 … 財恒足矣
C10:20	P10:21	S49	T62	仁者 … 不仁者 以身發財
C10:21	P10:22	S50	T63	未有上好仁 … 非其財者也
C10:22	P10:25	S52	T64	孟獻子曰 … 以義爲利也
C10:23	P10:26	S53	T65	長國家而務財用者 … 以義爲利也

2) 『대학』 편차 개정의 관점

박세당이 『대학』의 편차를 개정하는 기본 입장은 경전의 본문이 이치를 드러낼 수 있도록 순서를 바로잡겠다는 것이다. 따라서 그는, "말이란 이치를 밝혀서 뜻을 나타내는 것이다. 그러므로 그 말에 차례가 있고 나서 이치가 밝아지며, 이치가 밝아지고 나서 뜻이 나타나고, 뜻이 나타나고 나서 맛이 충족될 것이다. 만약 그 말이 끊어졌다가 이어졌다가 하거나, 나타나기도 하고 숨기도 하여 뒤섞이고 차례가 없다면, 이 때문에 이치가 밝혀지기 어렵고, 뜻도 나타나기 어려울 것이다. 훗날 읽는 사람이 반드시 방황하며 기웃거려 보아도 그 이치가 변별되는 곳을 살피거나 그 뜻이 존재하는 곳을 알 수 없을 것이니, 또 어디서 맛을 취하여 스스로 만족하겠는가."[25]라 하였다. 순서가 바로잡혀 이치(理)와 뜻(意)과 맛(味)이 드러나지 않으면 읽는 사람을 방황하게 할 뿐임을 지적하고 있는 것이다.

이처럼 문장이 올바른 순서가 있을 때, 이치가 밝혀지고(理明), 뜻이 드러나며(意見), 맛이 충족되지만(味足), 그 반대로 문장이 순서를 잃어서, 실마리가 이어지지 않거나 맥락이 꿰뚫어지지 않는다면, 이치가 어두워지고, 뜻이 숨고, 맛이 없게 되는 것임을 제시하고 있다. 그렇다면 문장의 뒤바뀌고 흐트러진 순서를 바로잡아 주는 작업의 효과와 중요성을 강조하지 않을 수 없다. 곧 "어찌 그 실마리를 뚜렷하게 하여 그 이어짐을 쉽게 드러내고, 맥락을 환하게 하여 그 꿰

25) 『思辨錄』(1) '大學'(卷末 後記), "夫言者, 所以明理而見意, 故其言之有序而後, 理明, 理明而後, 意見, 意見而後, 味足, 若其言, 乍斷乍續, 或出或沒, 雜然無序, 理由是難明, 意由是難見, 後之讀者, 必將徊徨顧瞻, 無所從以察其理之所辨而識其意之所存, 又於何取味以自足哉."

뚫어짐을 쉽게 드러나게 하며, 경계의 구분도 따라서 어지럽지 않게 하여, 이치를 거울처럼 환하게 비춰 주고, 입으로 가르쳐 주듯 분명한 것만 같겠는가?"[26]라 하였다. 따라서 『대학』 장·절의 편차를 확립하는 것은 누가 한 것인지 권위의 문제가 아니라, 그 편차가 실마리가 이어지고 맥락이 꿰뚫어지는 순서를 제대로 확보하고 있는지가 중요하며, 이치와 의미의 소통이 기준이어야 한다는 것을 밝히고 있는 것이라 하겠다.

박세당은 특히 『대학』의 원문은 극심한 파손을 당하여 편차가 차례를 잃고 어지러워졌다는 사실, 곧 죽간(竹簡)이 뒤바뀌었다는 '착간'(錯簡)과 죽간이 빠져버렸다는 '탈간(脫簡)이 매우 심한 경전임을 강조하였다. 그것은 그 자신이 『대학』의 편차를 과감하게 고칠 수밖에 없다는 개정의 필요성을 확인하고 있는 것이다.

> "이 책은 그 처음에 편간(編簡)이 떨어져 나가고 없어져 차례가 없게 되었다. 한(漢)나라 때에 와서 여러 유학자가 흩어져 없어진 나머지를 수습하여, 대강 조리(條理)를 이루었지만, 자세히 살피지 못하여, 간혹 아래위가 서로 뒤바뀐 데가 많고, 이 때문에 그 옛 모습을 잃었다. 심한 것은 혹 한 '장'(章)의 글이 '장'의 첫머리 몇 글자만 남아 있고 완전히 다른 '장'의 말로 엮어지기도 하고, 혹 한 대목의 글이 처음과 끝만 겨우 갖추어지고 중간이 떨어져 없어지니, 비슷한 말을 가져다가 넣어 보완하기도 하였다. … 비록 정자(程子)·주자(朱子) 두 선생이 공부를 매우 부지런히 하였음에도 또한 미처 바로잡지 못하였으니, 정말 탄식할 만한 일이다."[27]

---

26) 같은 곳, "曷若使其端緖了然而易見其接續, 脈絡澳然而易見其貫通, 界分又從而不亂, 理若鑑燭, 而若口詔也."

27) 『思辨錄』(1) '大學'(傳9章), "此書其初編簡爛斷, 無復次序, 至漢諸儒, 收拾於散亂離

『대학』은 한대(漢代) 이후 오랜 세월을 거치면서 조리를 찾아 고쳐지고 보완되어 왔으며, 송대(宋代)에 이르러 정자와 주자의 정밀한 연구를 거쳤지만, 여전히 미비한 곳이 많음을 지적하였다. 이러한 경전 본문의 현실에서 편차에 대한 자신의 견해를 밝히고 있는 것이다. 이에 따라 박세당이 『사변록』에서 『대학』을 해석하면서 주자의 『대학장구』와 장·절의 편차를 달리한 곳은 전부 9곳이고, 16절의 위치가 변동되었고, 마지막 부분인 '전8장'에서 '전10장' 사이에 가장 많은 변동이 일어나고 있다. 주자는 『대학장구』에서 '전5장'(格物致知) 한 곳에 원문이 망실되었다 하여, 없어진 내용으로 124자를 보충하는 이른바 '보망장'(補亡章)을 만들었다. 그러나 박세당은 『대학』의 원문이 없어진 '탈간'이 여러 곳 있는 것으로 추정하고 있다. 또한 그는 주자의 『장구』(大學章句)와 더불어 '구본'(舊本: 大學古本·古本大學)의 편차도 함께 검토하고 있음을 보여준다.

① 『장구』의 '전(傳)2장 4절'(是故君子無所不用其極) 10자를 '전3장 3절' 아래로 옮김:

박세당은 이 구절의 내용이 '신민'(新民)을 해석한 '전2장'이 아니라, '지어지선'(止於至善)을 해석한 '전3장'의 결론에 해당하는 것이라 보았다. 또한 그는 '전2장'에서 '신민'을 해석한 결론적 언급의 구절이 문맥에서 보면 빠져있다고 지적하였다.[28)]

析之餘, 粗成條理而不能審詳, 間多上下互易, 因失其舊, 甚者至或一章之文, 止存章首數字, 全綴以他章之語, 或一簡之文, 首尾僅具, 而中間脫失, 則取其語之疑似者挿入以完之, 如此三段, 承訛已久, 讀者不能細察, 雖以程朱兩夫子用工之至勤而亦未及, 正可勝嘆哉."

28) 『思辨錄』(1) '大學'(傳2章), "此章之末, 亦當有所云以結新民之義而見闕矣."

② 『장구』 '전3장'의 4절 92자(詩云瞻彼淇澳, … 民之不能忘也)와 5절 33자(詩云於戱前王不忘 … 此以沒世不忘也)를 '전10장 3절' 아래로 옮김:

박세당은 4절과 5절은 '구본'에서는 '전6장' 아래에 있었던 것으로, 4절의 시는 윗사람이 자신의 덕 닦는 것을 말한 것이고, 5절의 시는 아랫사람이 임금의 은혜를 잊지 못하는 것을 말하는 것인데, 4절에 '지선'(至善)이란 말이 있어서 주자가 '전3장'으로 옮겨놓았다고 본다. 그러나 그는 이 2절을 '전10장'으로 옮겨야 할 것이라 주장하면서, 그 이유로 "'전1장'에서는 '명덕'(明德)의 뜻을 해석하면서 모두 '명'(明)자를 인용하였고, '전2장'에서는 '신민'(新民)을 해석하면서 모두 '신'(新)자를 인용하였으며, 이 장(전3장)에서 또 '지지선'(止至善)의 뜻을 해석하면서 모두 '지'(止)자를 인용하였는데, 이 두 단락(전3장 4절과 5절)만은 유독 없으니, 이것이 그 한 가지 증거이다. 제1장과 제2장에 '명'(明)자와 '신'(新)자를 잇달아 인용하면서 모두 세 단락에 그치고, 이 장의 위에 인용한 '지'(止)자도 또한 이미 세 단락이 되고, 그 인용한 말뜻도 처음과 끝이 이미 명백하니, 이것이 또한 한 가지 증거이다."[29]라 하여, 『대학』의 문장이 주제와 형식에서 틀이 잘 짜여 있는 것임을 지적하고 있다.

③ 『장구』 '전8장'의 1절 후반부 57자(人之其所親愛 … 天下鮮矣)와 2절 18자(故諺有之曰 … 莫知其苗之碩)를 '전9장 1절' 아래로 옮김:

주자는 『장구』의 '전7장' 이하에서 '구본'을 그대로 따랐는데, 그

29) 『思辨錄』(1) '大學'(傳3章), "傳第一章釋明德之義, 則皆引明字, 第二章釋新民之義, 則皆引新字, 此章又釋止至善之義, 又皆引止字, 而此兩段獨無, 此其一驗也, 第一章第二章, 連引明字新字, 皆止於三段, 此章上所引止字, 亦已得三段, 而其所引語意, 首尾已明, 此又一驗."

는 중간에 구절이 뒤섞여진 것이나 문장의 아래위가 뒤바뀐 것을 찾아내어 바로잡았음을 밝혔다. 먼저 '전8장'의 1절 후반부 57자와 2절 18자는 내용이 '제가'(齊家)를 논한 것이므로 '전9장'으로 옮겨야 함을 밝혔다.

④『장구』 '전9장 2절' 27자(康誥曰如保赤子 … 嫁者也)를 '전10장 2절' 아래로 옮김:

박세당은 '전9장 2절'이 '전10장 2절'을 이어받아 "윗사람이 아랫사람에게 그 인자함과 은혜로움이 미치게 하여, 각각 그 하고자 하는 바를 얻어서 하나도 얻지 못하는 것이 없게 하기를, 반드시 자애로운 어머니가 사랑하는 자식을 돌보고 기르는 것처럼 해야 한다. 그런 다음에라야 하늘로부터 받은 바 책임을 다할 수 있게 된다는 것을 말한다. … 그 글 뜻을 자세히 음미해 보면 그것이 혈구(絜矩)의 뜻인 것은 의심이 없으며, 아래위의 글과 말뜻이 꼭 맞으니, 참으로 이른바 문리(文理)가 접속되며 맥락(脈絡)이 관통하고 있는 것이다."[30]라 하였다. 문맥이 서로 연결되어 뜻이 명확하게 드러날 수 있도록 하려는 것이 그가 장·절을 재편하는 가장 중요한 이유이다.

⑤『장구』 '전9장 4절' 69자(堯舜帥天下 … 未之有也)를 '전8장 1절' 아래로 옮김:

'전9장 4절'의 내용이 '수신'(修身)을 논한 것이라 파악하여 '전8장'으로 옮겨놓고 있다. 그는 이 구절에서 '천하를 인도한다'(帥天下)는

---

30) 『思辨錄』(1) '大學'(傳10章), "言上之所以推其仁惠於下, 使各得其所欲而無一不獲者, 必如慈母之保育愛子, 然後方能盡其所受於天之責, … 詳玩文義, 其爲絜矩之意無疑, 而與此上下文, 語意正協, 眞所謂文理接續脈絡貫通者矣."

말이 '전9장 3절'의 '한 사람이 나라를 안정시킨다'(一人定國)는 말의 뜻과 같은 점이 있기 때문에 주자도 의심하지 않았던 것이라 보았다. 그러나 그는, "무릇 '인도한다'(帥)는 것은 자기 몸소 솔선한다는 것인데, 집안에서부터 나라에 이르고, 나라에서부터 천하에 미치는 것은 모두 몸을 닦고 난 뒤의 일인 것이다. 그러므로 '천하를 인도한다'는 말은 대체로 한 사람 자신이 닦아지거나 닦아지지 않는 그 사이에 어질고 포악한 차이가 나오는 것이다. 자기가 솔선하는 것은 그 집안만 감화될 뿐 아니라, 천하까지도 모두 따라오게 됨은 형상에 그림자 같거나, 소리에 메아리 같지 않음이 없다. 이것은 실로 자기 자신이 닦아지거나 닦아지지 않는 것이, 그 미치는 바가 멀고 그 관계되는 것이 크다는 것을 강조해 말한 것이다."[31]라 하여, 이 구절이 '수신'을 말한 것임을 논증함으로써, '전8장'에 속하는 것임을 확인하고 있다. 다양한 문제에 대한 언급 속에서 그 절의 주제가 무엇인지 논리적으로 정밀하게 분석한 기반 위에 편차의 개정을 시도하고 있음을 보여준다.

⑥『장구』'전10장'의 1절에서 중간부분 21자(上老老 … 民不倍)를 '전9장 1절' 아래로 옮김:

'전10장 1절'의 중간부분 21자가 같은 '전10장 1절'의 앞부분(所謂平天下在治其國者)이나 뒷부분(是以君子有絜矩之道也)과 글 뜻이 상응하지 않음을 지적하고, 그 대신 '전9장 1절'(孝者所以事君也 弟者所以事

31) 『思辨錄』(1) '大學'(傳9章), "夫帥者, 以身先之之謂, 自家而至國, 自國而及天下, 莫非修身之餘也, 故其曰帥天下者, 謂夫一人之身修否之間, 而有仁暴之殊, 則己之所先, 不但其家化之, 至於天下擧趍而從之, 莫不如影於形如響於聲, 此實甚言一身修否, 其漸之遠其係之大."

長也 慈者所以使衆也)과는 말뜻이 저절로 통하는 것이라 하여, '전9장 1절' 아래에 붙였다.[32] 그러나 그 후 그는 다시 생각해 보고서 견해를 바꾸어, "'늙은이를 늙은이 대접하고, 어른을 어른 대접하고, 고아를 불쌍히 여기는 것'은, 곧 이른바 '부모와 자식이나 형과 아우가 넉넉히 본받을 만한 것'이요, '효도가 일어나고, 공경이 일어나고, 윗사람을 저버리지 않는 것'은 곧 이른바 '백성이 본받는다'는 것이다. 실로 위의 장 첫머리의, '효도는 임금을 섬기는 것이요, 우애는 어른을 섬기는 것이며, 자애는 대중을 부리는 것이다.'(전9장 1절)라는 것과 머리와 꼬리가 되어 뜻이 서로 관통한다. … 아마 위의 장, '백성이 본받는다'(전9장 8절)의 아래에 붙여 두어야 할 것이 확실하다."[33] 고 하였다. 이렇게 '전10장 1절'의 중간 부분 21자를 '전9장 8절' 아래에 붙이는 것이 합당하다고 다시 고치고 있는 것은 의미의 소통이 좀 더 분명하다면 자신의 견해도 언제든지 아낌없이 고칠 수 있다는 자세를 보여주는 것이다.

⑦『장구』 '전10장'의 6절(是故君子 … 有財此有用), 7절(德者本也, 財者末也), 8절(外本內末, 爭民施奪), 9절(是故財聚則民散, 財散則民聚), 10절(是故言悖而出者, … 亦悖而出) 다섯 절을 '전10장 18절; 아래로 옮김:

박세당은 '전10장 6절'의 '그 덕을 신중하게 행해야 한다'(愼乎其德)는 말은 '전10장 18절'의 '교만하고 방자함으로써 잃게 된다'(驕泰

32) 같은 곳, "與此章上段'孝者所以事君也, 弟者所以事長也, 慈者所以使衆也', 語意自貫, 正所以反覆乎上文, 其所謂不出家而成敎於國之義."

33) 『思辨錄』(1) '大學章句識疑', "老老長長恤孤, 卽所謂父子兄弟足法, 興孝興弟不倍, 卽所謂民法之也, 實與上章, 章首'孝所以事君, 弟所以事長, 慈所以使衆', 首尾意義相貫, … 恐當層上章民法之也之下無疑."

以失之)와 연결시켜 해석하여, "그 덕을 신중하게 행한다면 교만하고 방자함을 끊어 버려서 충성스럽고 미더울 수 있다."[34]고 하여 '전10장'의 6~10절을 18절 아래로 옮겨 순서를 바로잡았다고 하였다.

⑧ 『장구』 '전10장'의 12절(楚書曰楚國 … 唯善以爲寶)와 13절(舅犯曰 … 仁親以爲寶)을 '전10장 21절' 아래로 옮김:

박세당은 이 두 절의 성격에 대해, "보배로 삼는 것이 재화에 있지 않고, 오직 선(善)과 인(仁)에 있는 것을 말하여, 위의 글(전10장 21절)의 '인(仁)을 좋아한다'(好仁)는 뜻을 매듭지었다. 대개 덕이 근본이 되고 재화가 말단이 되는 것을 안다면, 안과 바깥(內·外)의 위치를 바꾸어서 무겁고 가벼움(輕·重)을 삼지 않을 것이니, 진실로 자신으로써 재화를 일으킨 자와는 다른 것이다."[35]라 해석하여, '전10장 21절'에 연결되는 것으로 위치를 고쳤다.

⑨ 『장구』 '전10장 17절'(好人之所惡, … 菑必逮夫身)을 '전10장 14절' 아래로 옮김:

박세당은 '전10장 17절'에 대해, "이것은 위(전10장 14절)에서 '재능있는 사람을 시기하며, 훌륭하고 밝게 통달함을 배척한다'는 것을 이어받아, 사람에게 이러한 점이 있는 것은 좋아하고 싫어함이 남들과 반대되고 사람의 본성에 위배되므로, 재앙이 반드시 그 자신에 미침을 면할 수 없음을 말한다."라 하여, '전10장 14절'에 이어지는 것임을 논증하고 있다.

---

34) 『思辨錄』(1) '大學'(傳10章), "愼乎其德則絶去驕泰而能敦忠信矣."

35) 같은 곳, "言所寶者不在於貨財, 而唯在於善與仁, 以結上文好仁之意, 蓋能知德之爲本而財之爲末, 則不易內外以爲輕重, 固與夫以身發財者, 異矣."

5. 박세당의 『대학』 해석이 지닌 경학적 의미

『사변록』을 통해 제시된 박세당의 경학은 주자학이 절대적 권위로 주도하고 있던 조선후기사상사에서 지각변동을 일으키는 새로운 전환점을 이루었던 것이 사실이다. 주자학의 정통주의적 이념체제 속에서 『사서』에 대한 새로운 해석을 통해 주자학을 전면적으로 재검토할 수 있는 시야를 열어주고 있다. 이에 따라 당시 노론 계열 도학-주자학자들로부터 저술(『사변록』)을 불태우고 형벌을 내리라는 요구를 받기까지 하였다.

그러나 주자학을 정면으로 거부하려는 것이 박세당의 경학적 과제가 아니라, 경전이해에서 주자학의 정통주의적 폐쇄화에서 벗어나 경전에 대해 열린 마음으로 진실성과 합리성을 찾아가고자 하는 것이 그의 경학적 목적이라 할 수 있다. 이 점에서 당시 주자학자들이 주자의 경전해석을 절대적 진리로 고수하는 '존신'(尊信)의 학문자세가 아니라, 성인의 정신으로서 진리를 찾아내어 밝혀 보겠다는 '탐구'(探究)의 학문자세를 보여주는 것이다.

그는 친우 윤증(尹拯)의 우호적 비판에 대답하는 편지에서, "각각 자신의 의견을 말하는 것은 성인께서도 허락하셨으니, 부디 과격하고 경솔하여 억제할 줄 모른다 보거나 외학(外學)이나 이단(異端)에 견주지 말기 바랍니다. … 노형이 이렇듯 보잘것없는 저를 위해 뭇 사람의 비방을 면하게 해주려 하시니 어찌 고마움을 모르겠습니까. 그러나 이는 말세의 습속을 구제하는 것이 아니요, 스스로 그 마음을 더럽혀서 세상에 아첨하고, 자신이 옳다고 생각해서 달게 향원(鄕原)이 되고 마는 병통일 것입니다."[36]라 하였다. 여기서 그는 자기 의견을 자유롭게 말한다는 학문적 자유를 전제로 제시하고, 주자학자들의 비방을 면하려고 얼버무리는 것은 세상을 구원하겠다는 학문적 이상에도 어긋나고, 통속에 영합하는 위선적인 태도를 깊이 경계하고 있다. 그만큼 주자학자의 혹독한 비난과 배척이 있을 것을 알면서도 진실의 탐구를 위한 용기와 신념을 밝히고 있는 것이다.

특히 『대학』의 해석은 주자의 경학에서도 핵심과제로 주자 자신이 착간(錯簡) 내지 탈간(脫簡)을 중시하여 편차를 수정하고 '장구'(章句)를 나누기도 하였다. 이에 대해 박세당은 주자의 『대학장구』에서 '경1장~전10장'의 체제는 유지하면서 과감하게 편차를 수정하고 있는 것이 사실이다. 이 점에서 그는 전해 오는 '경전 문장'에서 '성인의 뜻'을 찾아내어, '성인의 뜻'에 일치하는 새로운 '경전 문장'의 정립을 정밀하게 추구하였던 것이다. 이처럼 박세당은 지금까지 『대학』의 편차 수정 가운데서도 가장 광범하게 수정한 경우라 할 수 있을 것이다.

36) 『西溪集』, 권7, 14, '答尹子仁書', "各言爾志, 聖人猶許之, 幸勿以狂率而不知裁見, 以爲外學異端比也, … 老兄爲此區區一微物, 欲免衆謗, 則豈不知感, 而抑非所以救末俗, 自塗其心以媚世, 自賢甘爲鄕愿之歸之病."

제3장

박세당(朴世堂)의 『대학』 해석과 쟁점

1. 박세당의 『대학』 해석이 지닌 문제

'사서'(四書)를 중심으로 하는 주자학의 경학체제에서도 『대학』은 경학의 출발점이요, 핵심으로 중시되어 왔다. 주자는 "나는 사람들에게 『대학』을 먼저 읽어 학문의 규모를 확정하도록 요구한다."[1]고 하였으며, "『대학』은 학문을 하는 강령과 조목이니, 먼저 『대학』을 통달하여 강령을 세우면 다른 책의 모든 잡다한 설명은 그 속에 들어있다."[2] 하였다. 또한 주자는 "온공(溫公: 司馬光)은 『통감』(通鑑)을 짓고서 말하기를 '저의 평생 정력은 이 책에 다 기울여져 있습니다'라 하였는데, 나도 『대학』에 대해 역시 그러하다."[3]라 할 만큼 『대학』을 중시하였다. 이 점에서 주자의 『대학장구』(大學章句)는 주자학의

1) 『朱子語類』, 14: 3, "某要人先讀大學, 以定其規模."

2) 『朱子語類』, 14: 22, "大學是爲學綱目. 先通大學, 立定綱領, 其他經皆雜說在裏許."

3) 『朱子語類』, 14: 51, "某於大學用工甚多. 溫公作通鑑, 言'臣平生精力, 盡在此書', 某於大學亦然."

경학적 기반이라 할 수 있다.

박세당이 『사변록』을 저술하면서도 『대학』을 가장 먼저 저술하였고, 또 『대학』의 저술에 가장 오랜 세월을 소비하여 많은 노력을 기울이고 있음을 보여준다. 이 점에서 『사변록』의 『대학』 해석도 박세당의 경학적 기반이라 할 수 있을 것이다. 여기서 그는 주자의 『대학』 해석에서 제기한 중심문제에 대해 전면적 재해석을 함으로써, 사실상 주자학의 경학에서 벗어나 자신의 독자적 경학을 선언하고 있는 것이라 할 수 있다. 그것은 성리학의 사유체계 위에 수립된 주자학의 의리적 경학이 아니라, 경험적 현실의 관심과 실천을 중시하는 실학적 경학의 새로운 출발점 가운데 하나를 이루는 것이라 하겠다.

주자의 『대학』 해석에서 핵심적 과제는 『대학』을 '삼강령'(三綱領)·'팔조목'(八條目)의 강목(綱目)구조로 파악하고, '팔조목'의 첫머리인 '격물·치지'(格物致知)를 인식론의 기본방법으로 중시하고 있는 사실이 주목된다. 이에 대해 박세당이 『대학』의 '삼강령'설을 거부하고, '명덕'(明德)·'신민'(新民)의 2강령만 인정하는 것은 주자의 『대학』 해석체계에 하나의 충격이 아닐 수 없다. 문제는 박세당이 '지어지선'(止於至善)을 강령으로 인정하지 않음으로써 '명덕'·'신민'의 강령에 실천적 성격과 방향을 부여하고 있다는 해석의 시각이다.

또한 주자가 '격물'의 '물'(物)을 '사'(事)와 일치시킴으로써, '물'과 '사'의 현실세계를 '격'의 대상으로 포괄하고 있는 데 비해, 박세당은 '물'은 대상(物·知·意·心·身·家·國·天下)이라 보고, '사'는 실행(格·致·誠·正·修·齊·治·平)으로 구분함으로써, 『대학』 '8조목' 전체를 실천적 과제로 파악하고 있다는 사실이다. 그만큼 개념구조로 인식하기보다 실행의 체계로 인식하는 것이 경전의 실학적 이해를 보여주는 것이라 할 수 있다. 박세당이 '물'과 '사'를 구분하는 해석은 정약용(茶山 丁若鏞)이 주자의 '8조목'을 거부하고 '격치(格致)6조목'으로 해석하고 있는 것과도 공통점이 있음을 엿볼 수 있다. 그만큼 박세당의 『대학』 해석에서는 실천의 체계를 끌어내는 해석의 관심과 시야를 확인하는 것이 중요한 과제라 하겠다.

2. '삼강령'(三綱領)의 해석과 쟁점

1) '삼강령'(三綱領)의 거부

『대학』의 해석에서 보여주고 있는 박세당의 경학적 기본입장을 짚어보면, 정자(程子)가 "『대학』은 공자께서 남기신 글로서 처음 배우는 자가 덕에 들어가는 문이다."[4]라고 한 언급에서, 『대학』을 '처음 배우는 자가 덕에 들어가는 문'(初學入德之門)이라 규정한 시각을 적극적으로 받아들이고 있는 데서 드러난다. 그것은 주자가 '대학'을 '대인의 학문'(大人之學)이라 정의하고 있는 입장과 선명하게 대비된다. 곧 박세당은 '대학'을 '대인(大人)의 학문'이 아니라, 초학자가 공부해가는 과제이며, 비근한 현실에서 배워 가는 공부임을 확인한다. 따라서 박세당이 『대학』 해석에서 제시하는 기본과제는 초학자가 비근한 현실에서 배워 가는 것임을 밝히는 것임을 알 수 있다. 바로 이 점에서 그의 『대학』 해석은 유교경전 해석의 기본전제가 되고 있음을 보여주는 것이다.

주자는 『대학장구』에서 『대학』의 구조를 '3강령'과 '8조목'의 구

4) 朱熹, 『大學章句』, "子程子曰, 大學, 孔氏之遺書, 而初學入德之門也."

조로 명쾌하게 분석하여 '경1장과 전10장'의 체제로 장·절의 편차를 제시하였다. 여기서 박세당은 그 첫머리에서 '3강령' 구조를 제시한 주자의 견해를 거부하고 '2강령'의 체제를 논증하고 있다. 곧 『대학장구』에서 "명덕을 밝히는 것과 백성을 새롭게 하는 것이 모두 마땅히 지선에 그쳐야만 된다."(明德新民皆當止於至善)는 주자의 언급에 정면으로 반박하고 있다.

> "그렇다면 명덕을 밝히는 것과 백성을 새롭게 하는 것을 버리고는 이른바 한 단락의 '지선'(至善)이란 것이 없음을 볼 수 있다. 또한 강령이 있으면 반드시 조목이 있게 마련이니, 조목도 없으면서 홀로 그 강령만 있는 법은 없다. 강령은 여러 조목을 거느리는 것이니, 조목이 있지 않은데 강령만 어찌 설치되겠는가. 그러므로 이 책에는 '명덕'(明德: 明明德)을 위한 조목이 다섯이요, '신민'(新民: 親民)을 위한 조목이 셋이지만, '지지선'(止至善: 止於至善)을 위한 조목은 끝내 찾아볼 수가 없다. 이로써 이 책에서 강령이 되는 것은 둘뿐임을 알겠다. '지지선'이란, 곧 '명덕'과 '신민'의 공효(功效)를 이루는 것이니, 그것을 분리해서 별도로 하나의 강령을 삼아서는 안 된다는 것이 분명하다."5)

5) 『思辨錄』(1), '大學'(經1章), "捨明德新民而更無所謂一段至善者, 可見, 且有綱必有目, 未有無其目而獨有其綱, 綱所以挈衆目, 目旣不存, 綱安所設, 故此書爲明德之目五, 爲新民之目三, 而及求其爲止至善之目者, 則終不可以得, 以此知此書之爲綱者二而已, 若夫止至善, 乃所以致明德新民之功, 則其不可離之使別爲一綱領明矣."

2) 박세당의 '2강령'설에 대한 김창협(金昌協)의 비판

박세당은 『대학』에서 '명덕'과 '신민'은 조목을 거느리고 있으니 강령이 될 수 있지만, '지지선'은 거느리는 조목이 없으니 강령이 될 수 없음을 강조하고 있다. 여기서 '지지선'은 강령이 아니라, '명덕'·'신민'이라는 두 강령의 '공효', 곧 공부가 이루어낸 성과일 뿐임을 확인하고 있다. 이에 대해 김창협은 주자의 '3강령설'을 지키는 입장에서 박세당의 '2강령설'을 비판하고 있다. 김창협의 비판은 박세당의 『대학』 해석을 직접 비판하는 형식이 아니다. 그것은 권상유가 작성한 「사변록변」(思辨錄辨)에서 박세당의 해석을 비판한 이론이 불충분하다고 판단하여, 권상유의 비판이론을 보완 내지 강화하는 성격을 보여주는 것이다.

김창협은 먼저 '3강령'의 구분은 주자가 마음대로 지어낸 것이 아니라, 경전 본문에 이미 이러한 뜻이 있는 것을 서술하였을 뿐임을 강조하면서, "경전 본문에 연속하여 세 개의 '재'(在)자가 있는 것을 보면, '명덕'(明德)을 한 가지 뜻으로 삼고, '신민'(新民)을 한 가지 뜻으로 삼고, '지어지선'(止於至善)을 한 가지 뜻으로 삼았다는 것을 알 수 있다. 이것이 『대학』에서 세 항목의 요지가 된다. 그래서 주자가 이로 말미암아 '강령'을 말하였던 것이다."[6]라 하여, 『대학』의 본문에서 '대학의 도리'가 있는 곳(在)을 세 가지로 열거하고 있는 사실을 '3강령설'의 정당함을 입증하는 하나의 증거로 제시하고 있다. 이 점에서 박세당은 의미상 세 가지가 병렬되는 것이 아니라 보았지만,

---

6) 『農巖集』, 권15, 5, '與權有道(尙游) 論思辨錄辨'(癸未), "觀經文連下三在字, 其以明德爲一意, 新民爲一意, 止至善又爲一意者, 可知, 而此於大學, 爲三項大旨, 故朱子因以有綱領之說."

김창협은 문장의 형식상 ‘재’(在)자로 병렬되고 있음을 내세우는 관점의 차이를 드러내고 있다.

또한 김창협은 ‘명덕’·‘신민’·‘지어지선’이 병렬될 수 있는 내용상의 논거를 제시하기도 한다. 곧 “성인은 사람들이 한낱 ‘명덕’만 알고 더 이상 ‘신민’에 뜻을 두지 않거나, ‘신민’을 급하게 여겨 ‘명덕’이 근본이 됨을 모르거나, ‘명덕’과 ‘신민’을 소략하게 알지만 ‘지어지선’을 추구하지 않을까 염려하였기 때문에, 여기서 반드시 세 항목으로 나누어 『대학』의 요지로 이 세 가지가 있음을 보여주었을 뿐이다.”[7]라 하여, ‘대학의 도리’를 실현하는 공부의 세 가지 핵심과제로 제시된 것이 ‘3강령’이라 강조하였다. 공부의 세 가지 주제로서 ‘3강령’은 병렬될 수 있는 것이요, ‘지어지선’이 ‘명덕’·‘신민’과 관련이 없는 별개의 것이 아님을 내세우고 있는 것이다. 그러나 박세당도 ‘지어지선’이 ‘명덕’·‘신민’과 관련이 없다는 것이 아니라, ‘명덕’·‘신민’은 독자적 공부영역이 있지만, ‘지어지선’은 독자적 공부영역이 없고, ‘명덕’·‘신민’을 실현하는 기준을 제시하는 것으로 전혀 성격이 다른 차원이라 보고 있다.

이 점에서 박세당의 주장과 김창협의 비판은 서로의 논점이 명확하게 일치되지 않은 채 각자 자기주장을 하는 것으로 보이기도 한다. 김창협은 권상유의 비판이론이 논점에 적중하지 않거나 핵심에서 벗어난 점을 지적하고 있지만, 그 자신의 강화된 비판이론도 여전히 초점을 명확하게 맞추고 있는 것은 아니라 하겠다.

‘3강령’의 문제에서 가장 분명한 쟁점은 박세당이 ‘명덕’과 ‘신민’

7) 같은 곳, “聖人恐人徒知明德, 而不復以新民爲意, 或急於新民, 而不知以明德爲本, 或粗知明德新民, 而不求止於至善, 故於此, 必分作三項說, 以見大學大旨, 有此三者耳.”

에는 조목이 있지만, '지어지선'에는 조목이 없다는 지적에 대한 논변이다. 여기서 김창협은 '지어지선'에 조목이 없다는 박세당의 주장에 대해, "사리에 어둡고 꽉 막혔으니, 바로 '바보에게 꿈 얘기를 들려준다'는 것이다."(其迷暗滯泥, 眞所謂癡人前說夢)라 하여 격렬하게 비난하면서 '지어지선'에 조목이 있음을 논증하고 있다.

> "'명덕'과 '신민'이 모두 지극히 당연한 극치에 머무는 것이 '지어지선'의 강령이며, '사물의 이치에 극진하게 이르고'(物格) '나의 앎을 다 이루어'(知至), 사리의 당연한 극치를 알아서, '뜻이 참되어지고'(意誠), '마음이 바르게 되며'(心正), '자신이 닦여지고'(身修), '가정이 다스려지고'(家齊), '나라가 다스려지며'(國治), '천하가 화평해져서'(天下平), 각각 당연한 극치에 머무는 것이 '지어지선'의 조목이다. 어찌하여 '그 조목을 찾아보았지만 찾을 수 없었다'고 한단 말인가? 이러한 뜻은 『장구』에서 이미 말하였는데, 그 사람(박세당)이 단지 살펴보지 못하였을 뿐이다. 임금의 '인'(仁), 신하의 '경'(敬)과 같은 말들은 주자가 일찍이 '지선'의 조목으로 삼았지만, 다만 그 사람이 '8조목' 안에서 '지선'의 조목을 찾고 있으니, 이것(仁·敬)으로 말하면 그 미혹됨을 깨뜨리기에 부족할 것이다."[8]

박세당이 '명덕'에 5조목(格物·致知·誠意·正心·修身)과 '신민'에 3조목(齊家·治國·平天下)을 소속시키는 것은 주자학에서도 일반적으로 받아들여지고 있다. 여기서 박세당은 '8조목'이 '명덕'과 '신민'에 각각

8) 『農巖集』, 권15, 5-6, '與權有道(尙游) 論思辨錄辨', "夫明德新民, 皆止於當然之極者, 止至善之綱也, 物格知至而知事理當然之極, 意誠心正身修家齊國治天下平而各止於當然之極者, 止至善之目也, 何謂求其目而不可得哉, 此意, 章句已言之, 而彼特未之察耳, 若君之仁臣之敬云云, 朱子固嘗以爲至善之目, 而但彼欲就八條目中, 求至善之目, 而以此爲言, 未足以破其惑耳."

소속되고 '지어지선'에는 조목이 없다고 확인하고 있으며, 따라서 '지어지선'은 강령이 아니라 주장하였던 것이다. 이에 대해 김창협은 '지어지선'의 조목으로 '물격'(物格)·'지지'(知至)·'의성'(意誠)·'심정'(心正)·'신수'(身修)·'가제'(家齊)·'국치'(國治)·'천하평'(天下平)의 여덟 가지를 들고 있다. '8조목'의 과제(工夫)에서 무엇을 먼저 해야 하는지 선행(先行)과제를 소급하여 말하면 '평천하·치국 … 치지·격물'요, '8조목'의 과제가 실현되이 이루어지는 순서로 말하면 '물격·지지 … 국치·천하평'이라는 것이다. 따라서 박세당의 입장에서는 과제의 조목을 소급해 찾아가거나 순서에 따라 내려오거나 달라질 것이 없이 '8조목'은 각각 '명덕'·'신민'에 소속되고, '지어지선'은 '명덕'·'신민'이 실현된 성과로서 조목이 없다고 한 것이다. 그러나 김창협은 실현의 순서를 따라가는 '8조목'(物格·知至 … 國治·天下平)이 '지어지선'의 조목이라는 새로운 주장을 제시하여 '3강령'에 각각 조목이 있음을 주장하였다. 이러한 주장은 박세당이 '3강령설'을 부정한 데 대해 주자학을 옹호하는 논리로서 새롭게 계발되었다고 할 수 있다.

여기서 김창협은 '물격·지지 … 국치·천하평'의 여덟 조목을 '지어지선'에 속한다는 것이 주자의 견해라는 주장이 주목된다. 주자의 『대학장구』에는 " '수신'(修身) 이상은 '명명덕'의 일이요, '제가'(齊家) 이하는 '신민'의 일이다. '물격'·'지지'는 머물 바를 아는 것(知所止)이요, '의성' 이하는 모두 머물 바를 얻는 것(得所止)의 차례이다."[9]라 언급한 구절이 있다.

---

9) 『大學章句』, 經1章, "脩身以上, 明明德之事也. 齊家以下, 新民之事也. 物格知至, 則知所止矣. 意誠以下, 則皆得所止之序也."

주자는 '물격'(物格)·'지지'(知至)를 '머물 바를 아는 것'(知所止)에 속하고, '의성'(意誠)에서 '천하평'(天下平)까지는 '머물 바를 얻는 것'(得所止)에 속하는 것이라 하였다. 주자가 말하는 '머물 바를 아는 것'(知所止)과 '머물 바를 얻는 것'(得所止)이란 『대학』에서 말한 여섯 가지 일(知止·有定·能靜·能安·能慮·能得) 가운데 시작과 끝에 해당하는 '지지'(知止)와 '능득'(能得)의 일인데, '지지'와 '능득'이 '지어지선'과 관련이 깊지만, 꼭 일치하는 것인지 문제가 남는다. 그렇다면 '명덕'·'신민'의 조목인 '격물·치지 … 치국·평천하'는 공부해야 할 과제로서의 조목인데, '지지'·'능득'의 조목으로 들고 있는 '물격·지지 … 국치·천하평'은 성취되어 가는 순서의 조목이라 성격의 차이를 드러내고 있는 점도 문제가 될 수 있다. 그러나 '지어지선'에 조목이 없다는 박세당의 주장과 조목을 열거하고 있는 김창협의 주장은 쟁점을 선명하게 대비시켜 주고 있는 것이 사실이다.

박세당은 『장구』 '경1장 2절'의 원문에서 제시한 여섯 가지 일에 대한 언급(知止·有定·能靜·能安·能慮·能得)을 해석하면서, 이 구절의 취지가 "사람들로 하여금 학문하는 큰 강령과 근본 요령이 이와 같은 것을 알게 한 것"[10]이라 규정하였다. 이 점에서 그는 '대학의 도리'(大學之道)의 강령과 학문하는 방법으로서 '위학'(爲學)의 강령을 구별하고 있는 입장임을 엿볼 수 있다. 이 여섯 가지 일은 바로 사람이 무엇을 하고자 하면 어떤 일을 마땅히 해야 하는지 일을 하는데 마땅히 머물 곳이 어디인지를 반드시 알아야 하는 '지지'(知止)의 일에서 시작하여, '유정'(有定)·'능정'(能靜)·'능안'(能安), '능려'(能慮)를 차례대로 거쳐서, 그 하는 바가 반드시 어떠해야만 함을 살필 수

10) 『思辨錄(1), '大學'(經1章), "所以欲使人知爲學大綱本領之如此者."

있는 '능득'(能得)에 이르게 됨을 확인한다. 따라서 그는 '지지'에서 '능득'까지의 여섯 가지 일이 요구되는 것에 대해, "배우는 사람이 어찌 도리가 있는 곳을 알지 못하고서 나의 표준을 세울 수 있겠는가."11)라 하여, 공부의 과제가 아니라 공부의 과정으로 제시하고 있음을 볼 수 있다.

한걸음 나아가 박세당은 『대학장구』에서 제시한 주자의 '지지'와 '능득'에 대한 주석에 문제점을 제기하고 있다. 주자는 『대학장구』에서, "머문다는 것은 마땅히 머물러야 할 자리이니, 곧 지극한 선이 있는 곳이다. 그것을 안다면 뜻이 정해짐이 있고, 고요하다는 것은 마음이 망령되게 움직이지 않는 것을 말하고, 편안하다는 것은 놓여 있는 자리에 편안한 것을 말하고, 생각한다는 것은 일을 처리함이 정밀하고 상세한 것을 말하고, 얻는다는 것은 그 머물 곳을 얻는 것을 말하는 것이다."12)라 주석하였다.

여기서 박세당은 주자의 주석을 재음미하면서, "주석의 뜻을 자세히 살펴보면, '지지'(知止)를 '머물지 않음이 없음을 아는 것'(知無不止)이라 하고, '능득'(能得)을 '얻지 않음이 없음을 행하는 것'(行無不得)이라 한다."13)고 규정하였다. 그만큼 박세당은 주자의 주석이 지나치게 극치의 경지로 보고 있다는 문제점을 지적한 것이다. 이러한 맥락에서 호위(胡渭)가 "편안한 다음에 생각하게 되는 것은 안자(顔子)가 아니면 할 수가 없으니, 얻는 것[得]에서 비록 매우 가깝지만, 그러나 다만 나아가기가 어려운 것이다."14)라 하거나, 주자가 " '지지'

---

11) 같은 곳, "學者其可以不知道之所在而立爲吾之標準乎."

12) 『大學章句』, 經1章, "止者, 所當止之地, 卽至善之所在也, 知之, 則志有定向, 靜謂心不妄動, 安謂所處而安, 慮謂處事精詳, 得謂得其所止."

13) 같은 곳, "竊詳註意, 以知止爲知無不止, 能得爲行無不得."

(知止)는 활쏘기는 자에게 과녁과 같고, '득지'(得止)는 이미 과녁에 맞은 것과 같다."[15]는 언급을 인용하면서, 이러한 해석에 따르면 안자도 과녁을 못 맞추는 것이 되어, 너무 높고 먼 이상을 제시하였다는 문제점을 지적하고 있다.

따라서 박세당은 "이 책(대학)을 비록 '대인의 학문'이라 하지만, 15세 이상의 처음 배우는 선비에게 가르치는 것이니, 아마 가르치는 시초에 바로 이로써 보여준다면 어찌 혼란스럽고 의혹(疑惑)되어, 그 이르는 말을 알지 못하지 않겠는가. 하물며 정해지면 고요할 수 있고, 고요하면 편안할 수 있고, 편안하면 생각할 수 있는 것은 오늘날 사람이 마음에서 찾아보더라도 젊을 때 잠깐의 일이지, 공부를 점차 쌓아간 다음에야 비로소 가능한 것은 아니다."[16]라 하였다. 곧 박세당의 입장에서는 '지지'(知止)에서 '능득'(能得)까지의 여섯 가지 일이 공부하는 과정에 나아가는 단계이지 공부가 이루어져 얻어지는 '지선'(至善)의 경지가 아니라 보는 것이다. 따라서 '지지'에서 '능득'까지의 여섯 가지 일은 '지어지선'과 직접 연관시켜 보는 주자의 견해를 부정하고 있는 것이다.

14) 胡渭, 『大學翼眞』, "安而后能慮, 非顔子不能, 慮去得字, 雖甚近, 然只是難進."

15) 『朱子語類』, 14: 161, "知止, 如射者之於的, 得止, 是已中其的."

16) 『思辨錄(1), '大學'(經1章), "此書雖曰大人之學, 然乃所以訓十五以上初學之士者, 恐不當於發敎之初, 遽以此詔之, 得無迷亂疑惑而不得其所謂乎, 況定之能靜, 靜之能安, 安而能慮, 自今人驗之於心, 乃少時俄頃之事, 非積漸用功而後始可能者耶"

3. '팔조목'의 해석(1)
—'격물치지'(格物致知)의 해석과 쟁점

1) 사물(物)과 일(事)의 분별

박세당의 『대학』 해석에서 가장 중요한 과제요 핵심적 쟁점이 되었던 것은 '격물치지'(格物致知)에 대한 해석이라 할 수 있다. 그는 먼저 『장구』 '경1장 4절'(欲明明德於天下者, … 先致其知, 致知在格物)의 8조목을 해석하면서 '경1장 3절'(物有本末, 事有終始, 知所先後, 則近道矣)의 '본말'(本末)·'종시'(終始)의 문제와 직접 연결시켜 논의하고 있다. 곧 "사물(物)의 근본과 지말이나, 일(事)의 끝마침과 시작함을 마땅히 알아서, 어느 것은 근본과 시작함으로 삼아 응당 먼저 하고, 어느 것은 지말과 끝마침으로 삼아 응당 뒤에 해야 한다. 그런 다음에야 행함에 차례가 있게 되어 '도'에 어긋나지 않을 것이다. 그렇지 않으면 뒤바뀌어지고 어지러워져 학문하는 방법을 잃게 된다."[17]라 하여, 사물의 근본과 지말이나 일의 끝마침과 시작함을 앎으로써, 차례를 따라 행하여 '도'와 일치할 수 있음을 강조하였다. 바로 '본말'과 '종시'의 인식은 '8조목'에서 실행할 차례를 결정하는 근거가 된다는 것이다.

나아가 그는 '사물'(物)과 '일'은 '8조목'의 각 조목에서 대상과 그 실행에 해당하는 것으로 파악하여, "사물(物)이란 아래의 글(8조목)에서 '천하'(天下)·'국'(國)·'가'(家)·'신'(身)·'심'(心)·'의'(意)·'지'(知)·

17) 『思辨錄』(1), '大學'(經1章), "當知物之本末, 事之終始, 以何者爲本始而宜先, 何者爲末終而宜後, 然後能行之有序, 不倍於道, 不然則顚倒謬亂而失其所以爲學矣."

'물'(物)이라 하는 것이요, 일(事)이란 '평'(平)·'치'(治)·'제'(齊)·'수'(修)·'정'(正)·'성'(誠)·'치'(致)·'격'(格)이라 하는 것이다."[18]라 하였다. 곧 그는 8조목인 '격-물'·'치-지'·'성-의'·'정-심'·'수-신'·'제-가'·'치-국'·'평-천하'에서 뒤의 말은 대상으로 '사물'에 속하는 것이요, 앞의 말은 실행으로 '일'에 속하는 것으로 분석함으로써, 조목마다 사물에 속하는 대상이 있고, 그 대상에 대해 일에 속하는 실행을 하는 것임을 제시하고 있다. 그뿐만 아니라 그는 주자가 '명덕'을 근본으로 '신민'을 지말로 해석한 것에 대해서도 거부하면서, "'명덕'·'신민'에서는 '덕'(德)과 '민'(民)이 사물(物)이 되고, '명'(明)과 '신'(新)은 일(事)이 되니, 혼합하여 하나가 됨을 용납할 수 없는 이치가 있다."[19]고 하여, 사물과 일을 구분하지 않으면 '본말'과 '종시'가 뒤섞여 혼돈에 빠진다는 점을 강조하였다.

따라서 박세당은 사물의 '본말'과 일의 '종시'를 언급한 '경1장 3절'은 위로 '경1장 1절'(明明德·新民·止於至善)과 '경1장 2절'(知止·有定·能靜·能安·能慮·能得)의 뜻에 결합되는 것이라 언급한 주자의 견해를 거부하고, 아래로 '경1장 4절'(古之欲明明德於天下, … 致知在格物)과 '경1장 5절'(物格而后知至, … 國治而后天下平)의 두 절에 연결되는 것이라 해석하였다. 곧 "아래 문장 두 단락(경1장 4~5절)에서 말한 것을 자세히 보면, 그 선후(先後)를 분별하고 차례를 지시하는 것이 배우는 자로 하여금 천천히 하고 빨리 함에서 적절함을 환하게 알아 미혹되지 않게 한 것이다. 자상하고 명백할 뿐 아니라, 바로 이 단락(경1장 3절)을 이어받아 함축하여 드러내지 않은 뜻을 가리켜 말하였

18) 같은 곳, "物者, 如下文曰天下·曰國·曰家·曰身·曰心·曰意·曰知·曰物, 是也, 事者, 如其曰平·曰治·曰齊·曰修·曰正·曰誠·曰致·曰格, 是也."

19) 같은 곳, "蓋在明德新民, 則德與民爲物, 而明與新爲事, 理有不容混而爲一者."

다. 그 아래의 두 단락(경1장 6~7절)도 이 단락을 거듭 되풀이하여 중간의 두 단락(경1장 4~5절)을 끝맺었다."[20]라 하여, 8조목에서 선행(先行) 과제로 소급하는 순서를 제시한 '경1장 4절'과 후속(後屬) 과제로 나아가는 순서를 제시한 '경1장 5절'의 두 절은 모두 '본말'·'선후'에 따른 실행의 순서를 밝힌 '경1상 3절'에 직접 연결된다는 것이다. 나아가 '경1장 6절'(自天子以至於庶人, 壹是皆以修身爲本)과 '경1장 7절'(其本亂而末治者否矣, … 其所薄者厚, 未之有也)도 '경1장 3절'의 뜻을 이어서 되풀이 서술하면서 결론을 맺은 것이라 보았다.

이처럼 '사물'(物)과 '일'(事)을 분명히 갈라서 보기를 요구하는 박세당의 입장은 주자가 『대학장구』에서 "사물은 일과 같다."(物猶事也)라 하여, '격물'의 '물'(物)을 일(事)과 혼합하여 보는 견해와 정면으로 충돌하고 있다. 따라서 김창협은 가장 먼저 박세당의 '격물·치지'에 대한 인식에서 '천하'·'국'·'가' 등을 사물(物)이라 하고, '평'(平)·'치'(治)·'제'(齊) 등을 일(事)이라 하여, '사물'과 '일'을 갈라서 보는 것을 이론적 근거가 빈약한 허점으로 파악하고, 여기서부터 비판을 시작하고 있다. 곧 김창협은 '사물'과 '일'은 나누어 말하는 경우도 있고 합하여 말하는 경우도 있음을 강조하면서, 『시경』의 "사물이 있으면 그에 따른 법칙이 있다."〈大雅: 烝民〉는 구절이나, 『맹자』의 "사물의 이치에 밝다."〈離婁下〉 및 "요·순의 지혜로도 사물을 두루 포괄하지 못한다."〈盡心上〉는 구절 등, 경전에는 '사물'과 '일'을 합해 말한 경우가 많음을 들어서, '사물'과 '일'을 구분하는 박세당의 주장을 비판하였다.[21] 사물과 일을 혼합하여 말하는 경우가 있다는 김창협의

---

20) 같은 곳, "詳下文兩段所言, 其所以辨先後示次第, 使學者曉然不迷緩急之宜者, 不翅丁寧明白, 正承此段而指說含蓄未發之意, 其下兩段, 又申復此段, 以結中間兩段."

21) 『農巖集』, 권15, 24, '與權有道再論思辨錄辨', "物與事, 固有分而言之者矣, 其無合

지적은 분명히 정당성이 있다. 그러나 8조목의 각 조목을 '사물'과 '일'로 나누어 보는 견해가 합당하지 못함을 직접적으로 논증하지 못하였다는 한계를 드러내는 것이 사실이다.

2) '격'(格)·'치'(致) 개념의 인식과 경지

(1) '격'(格)·'치'(致) 개념의 인식

'격물·치지'의 해석에서 핵심문제는 '격'(格)·'치'(致)의 해석에 있는 것이라 하겠다. 주자는『대학장구』에서 '치'를 '극치에까지 미루어 가는 것'(推極)이라 하고, '격'을 '이른다'(至)라 해석하였다. 이와 달리 박세당은 '치'를 '구해서 이르는 것'(求以至)이요, '격'은 '법칙이요, 바로잡는 것'(則也, 正也)이라 정의하여, 기본개념에서 방향을 달리하고 있음을 보여준다. 우선 '격'·'치' 개념에 대한 박세당의 이해는 다음의 언급에서 확인할 수 있다.

> "구해서 이르는 것을 '치'(致)라 하고, '격'(格)은 법칙이요, 바로잡는 것이다. 사물(物)이 있으면 반드시 법칙이 있으니, 사물에 '격'함이 있다는 것은 그 법칙을 구하여 바름을 얻고자 하는 것이다. 나의 앎이 이 일(事)의 마땅함에 이르러 극진하지 않음이 없는데 놓이게 하고자 한다면, 그 요령은 오직 이 사물의 법칙을 찾아내어 그 바름을 얻게 하는 데 있음을 말한다. 앎을 이루고자 하면 먼저 사물을 '격'(格)해야 한다고 말하지 않고, 앎을 이루는 것이 사물을 '격'하는 데 있다고 한 것은, 사물을 '격'하는 것이 앎을 이루는 것

而言之者乎, 如詩之有物有則, 孟子之明於庶物, 堯舜之知而不徧物, 皆合事物而言者也, 其他經傳, 此類甚多."

과 그 일이 한 가지이기 때문이다."[22)]

곧 '격물'(格物)이란 사물에서 법칙을 찾아서 올바름을 얻는 것이고, '치지'는 바로 '격물'을 함으로써 나의 앎이 일의 마땅함에 이르기를 극진하게 하고자 하는 것이라 한다. 여기서 박세당은 주자가 '격'을 '이른다'(至)로 해석하는 데 대해, "'격'자에는 비록 '이른다'(至)는 뜻이 있지만, 다만 '격물'에서 '격'을 '이른다'라고 하여 '사물에 이른다'(至物)라고 한다면 말이 되지 않는다. 만약 고쳐서 '일에 이른다'(至事)라고 하여도 이치가 역시 나타나지 않으니, 끝내 그것이 맞았다고 할 수는 없다."[23)]고 하였다. 박세당은 '격'을 '이른다'고 해석하는 주자의 견해를 거부함으로써, '격'은 '법칙이요, 바로잡는 것'이라 해석하는 자신의 입장을 뒷받침하고 있다. 박세당 자신은 직접 인용하고 있지는 않지만, "'격'이란 바로잡는 것이다. 바르지 않은 것을 바로잡음으로써, 바른 데로 돌이키는 것이다."[24)]라 하여, '격'을 '바로잡는다'(正)라 해석하는 왕양명(王陽明)의 견해와 상통하는 점이 있음을 보여준다.

'격'을 '바로잡는다'라는 박세당의 해석에 대해 김창협은 주자를 옹호하는 입장에서 반박하면서, '격'자가 격식(格式), 격법(格法) 등에서 '바로잡다'는 뜻이 있지만, '격물'의 '격'자에는 사물의 '법칙'(則)

---

22) 『思辨錄』(1), '大學'(經1章), "求以至曰致, 格, 則也, 正也, 有物必有則, 物之有格, 所以求其則而期得乎正也, 蓋言欲使吾之知, 能至乎是事之所當, 而處之無不盡則, 其要唯在乎尋索是物之則而得其正也, 不言欲致知先格物, 而曰致知在格物者, 格物, 所以致知, 其事一故也."

23) 같은 곳, "格雖有以至爲義者, 但若於格物而謂格爲至, 則至物云者, 便不成語, 若易爲至事, 理亦不顯, 終未見其得."

24) 『傳習錄』. 卷上[86], "格者, 正也. 正其不正, 以歸於正也."

이나 '바로잡는다'(正)는 뜻이 적용될 수 없는 것이라 주장하였다. 따라서 김창협은 박세당이 '격물'하는 요령을 '이 사물의 법칙을 찾아내어 그 바름을 얻는 것'(尋索是物之則而得其正)이라 말한 것에 대해, "이것은 '격'자에 '법칙'(則)이라는 뜻과 '바르다'(正)는 뜻만 있는 것이 아니라, 또 '찾는다'(尋索)는 뜻까지 있는 것이다. 하나의 '격'자에 과연 이처럼 많은 의미가 있는 것인지 모르겠다. 저 사람(박세당)은" 주자가 '궁'(窮)자 하나를 덧붙여서 '격'의 풀이를 끌어낸 것을 비난해 놓고, 지금 자신은 '격'자를 풀이하면서 밖에서 오는 잉여 글자를 이처럼 많이 덧붙여 넣음으로써 옛 현인(주자)보다 뛰어나려고 하니, 그 잘못되고 망녕됨이 정말 가소롭다."[25]라 비판하였다. 여기서 김창협의 비판은 '격'자에 대한 주자의 해석과 박세당의 해석이 열어주는 의미의 세계를 검토하는 것이 아니다. 그것은 어떤 글자를 첨부하여 해석하였느냐에 집착하여, 주자와 다른 점을 비난하는 배타적 거부의 입장을 벗어나지 못하고 있는 것으로 보인다.

또한 김창협은 박세당이 '치지'를 '나의 앎을 일의 당연함에 이를 수 있도록 하고자 하는 것'(欲使吾之知, 能至乎是事之當然者)이라 해석하고 있는 데 대해, "이것은 '치'(致)를 이곳으로부터 저곳에 이르는 것으로 여겼다. 그러나 '치'라고만 말하고서 또 어떻게 일의 당연함에 이른다는 뜻으로 볼 수 있겠는가? 이것 또한 말이 되지 않으므로 깊이 논변할 것이 못 된다."[26]라 하였다. 이처럼 김창협은 문맥의 이

25) 『農巖集』, 권15, 6, '與權有道(尙游) 論思辨錄辨', "是則格字, 不但有則義正義, 而又有尋索之義也, 不知一格字上, 果有許多意思耶, 彼譏朱子添一窮字, 以提掇其語, 而今其自解格字, 添入外來剩字, 若是之多, 輒欲以是求多於前賢, 其爲謬妄, 可笑甚矣."

26) 『農巖集』, 권15, 24, '與權有道再論思辨錄辨', "是蓋以致爲自此而至於彼也, 然但曰致, 又何以見其至乎事之當然者耶, 此亦不成說而不足深辨也."

해나 이론적 비판 없이, 주자의 견해와 다른 해석에 대해 엄격한 거부입장을 밝히고 있을 뿐이다.

(2) '격·치'(格致)의 과제로서 극진한 경지(極處)와 단계적 향상

주자는 '치지'(致知)를 해석하면서, "나의 지식을 극진하게 미루어 가서 그 아는 바가 다하지 않음이 없고자 하는 것이다."라 하고, '격물'(格物)을 해석하면서, "사물의 이치를 궁구하여 이르러서, 그 극진한 자리에 도달하지 않음이 없고자 하는 것이다."라 하였다.[27] 그것은 '격·치'의 공부가 극진한 경지(極處)에 이르기를 추구하는 것임을 밝히고 있는 것이다. 이에 대해 박세당은 "만약 이 뜻과 같다면 그 이른바 '성실함'(誠)이란 사람의 성품을 다 실현하고 사물을 다 밝혀내어 천지의 조화와 양육에 참여하게 될 것이다. 이치가 도달하지 않음이 없고, 앎이 다하지 않음이 없어서 '성실함'이 성품을 다 실현하고 사물을 다 밝혀내어 천지의 조화와 양육에 참여하게 된다면, 이것은 성인의 지극한 공적이고 학문의 할 일을 다 마친 것이니, 다시 어찌 마음을 바르게 하고 자신을 닦는 것을 일삼을 필요가 있겠으며, 집안을 다스리고 나라를 다스리는 것을 논할 필요가 있겠는가."[28]라 하였다. 따라서 박세당은 주자의 해석처럼 '격물'·'치지'가 각각 그 극진한 경지에 이르는 것이라면 이미 성인의 경지에 도달한 것이다. 곧 『중용』에서 말하는 것처럼 '먼 곳을 가려면 반드시 가까운

27) 『大學章句』, '經1章', "推極吾之知識, 欲其所知無不盡也…窮至事物之理, 欲其極處無不到也."

28) 『思辨錄』(1), '大學'(經1章), "若如此旨, 其所謂誠者, 乃盡性盡物可以贊化育而與天地參矣, 夫理無不到知無不盡, 而誠能盡性盡物贊化育參天地, 則此聖人之極功而學之能事畢矣, 又何事乎正心修身, 又何論乎齊家治國."

곳에서부터 시작하는 것'(行遠必自邇)이나 '높은 곳에 오르려면 반드시 낮은 곳에서부터 시작하는 것'(登高必自卑)처럼 단계적 향상의 공부를 제시하는 것이 아님을 지적하였다.

여기서 박세당은 주자의 '격물'·'치지'의 해석이 처음부터 성인이 이룬 극진한 경지를 내세우는 것으로 규정하여, 자신이 중시하는 단계적 향상의 방법과 상반되는 것임을 제시하였다.

> "이 『대학』은 처음 배우는 자가 덕(德)에 들어가는 문(門)이 되는 것이니, 그 말한 바가 마땅히 더욱 친절해야 된다. 그런데 지금 그렇지 않고 입을 열어 설명을 하자마자, 처음 가는 만 리 길에 한 발짝 떼어 놓는 자리가 곧 성인의 지극한 공적에 있다고 한다. 이에 자기에게 절실하고 알기 쉬운 이치를 열어 보여서, 한 발짝을 떼어 조심스럽게 한 계단을 밟고, 한 계단을 밟아서 또 한 계단을 오르도록 하여, 끝내 까마득하여 따라가기 어렵다는 탄식이 없게 하거나, 또 차례를 뛰어넘는 실수가 없도록 하지 않은 것은 또 무슨 까닭인가."[29]

우선 『대학』의 기본성격에 대한 인식에서 주자는 '대학'을 '대인의 학문'(大人之學)이라 정의하는 것과 달리, 박세당은 '처음 배우는 자가 덕에 들어가는 문'(初學入德之門)이라 하는 정자(程子)의 말을 따르고 있다. 바로 이 점에서 학문적 극치를 제시하는 주자의 입장과 학문의 단계적 향상을 제시하는 박세당의 입장이 명확한 차이를 드

29) 같은 곳, "此大學, 乃爲初學入德之門, 則其所言, 當有以益加親切, 而今則不然, 開口指說, 以爲萬里初程投足一步之地者, 乃在於聖人之極功, 曾不開示以切已易明之理, 使曳一踵, 謹躡一級, 躡一級, 又進一級, 旣使無邈焉難及之歎, 又使無躐越凌跨之失者, 抑獨何哉."

러내고 있다.

박세당은 '격물·치지'의 의미에 대해 『대학』의 '전'(傳: 전5장)에는 설명이 누락되었지만, '격물·치지'와 바로 다음 단계로 연결된 '성의장'(誠意章: 전6장)과 '정심장'(正心章: 전7장)을 통해 '격물·치지'가 단계적 향상의 뜻임을 확인할 수 있음을 강조하고 있다. 곧 '성의장'에서 언급하고 있는 '자기를 속이지 말라'(毋自欺)거나 '혼자서 있는 때를 삼가라'(愼其獨)는 훈계가 평이하고 절실한 것이지, 주자의 해석처럼 이치에 이르지 않는 것이 없고, 앎을 다하지 않음이 없는 수준 높은 사람에게 말하는 것이 아님을 강조하였다. 여기서 박세당은 "만약 이것(誠意章의 언급)으로 말미암아 그 공부를 이룬다면 비록 성품을 다 실현하고 사물을 다 드러낸다 해도 되겠지만, 만약 이것으로 이미 성품을 다 실현하고 사물을 다 드러낸 자리에 이르렀다고 한다면 아마 옳지 못할 것이다."[30]라 하여, '성의장'도 주자의 해석처럼 극진한 경지를 말하는 것이라면 잘못된 해석임을 밝히고 있다. 따라서 그는 '성의장'이나 '정심장'의 경우처럼 '격물·치지'도 구체적 현실에서 비근하고 절실한 실천공부를 제시하는 것임을 역설하였다.

나아가 박세당은 '격물·치지'의 의미를 단계적 향상의 공부라 해석하는 것이 바로 『대학』의 성격이 극진한 경지의 제시가 아니라 구체적 현실의 공부라는 사실과 일관하게 연결되는 것임을 보여준다. 곧 "『대학』의 뜻은 본래 배우는 사람으로 하여금 일에 따라 혹은 사물에 따라, 그 격물·치지의 공부를 함으로써, 나의 앎이 이 일과 이

---

30) 같은 곳, "若由此而致其功, 雖盡性盡物, 可也, 若以此爲已到盡性盡物之地, 則誠恐不可."

사물을 맞이해서 대처할 바를 살피게 함이다. 그렇게 되면 뜻이 발현되어 그 사이에 실시되는 것이 저절로 성실하지 않음이 없을 것이다."[31]라 하였다. 이처럼 박세당은 주자의 '격물·치지'에 대한 해석의 착오는 『대학』의 기본성격에 대한 인식의 착오로 연결되는 것임을 확인하고 있다.

'격·치'(格致)의 과제에서 박세당이 극진한 경지를 제시한 주자의 견해를 비판하자, 이에 반론을 제기한 인물은 가까운 친우인 윤증(明齋 尹拯)이었다. 윤증은 박세당의 견해를 직접 비판하는 입장이 아니라 주자를 변호하여 박세당에게 주자에 대한 시야를 넓히도록 요구하는 것이었다. 윤증은 먼저 주자의 언급으로, "'격물'에서 '평천하'까지는 성인께서 역시 대략 선후를 나누어서 사람들에게 보여주신 것으로, 한 가지 공부를 말끔하게 남김 없이 다해야 비로소 다음 공부를 할 수 있는 것은 아니다. 이와 같으면 어느 세월에 다 해낼 수 있겠는가?"[32]라는 구절을 끌어들여, 주자가 극진한 경지만 말한 것이 아니라 단계적 향상의 의미도 제시하고 있음을 확인하고 있다. 이에 따라 윤증은 "'격·치·성·정·수·제'는 단지 분수에 따라 힘쓸 수 있는 것이니, 어찌 오늘 '격물'하고 내일 '성의'하는 이치가 있겠는가? 단지 앎이 철저하지 못할 때는 얻음도 철저하지 못하고, 앎이 철저할 때는 얻음도 철저하다는 것을 말한 것일 뿐이다. 이것은 책을 봄이 너무 국한된 병통이다."[33]라 하여, 주자의 글을 폭넓게 읽

---

31) 같은 곳, "蓋大學之意, 本欲學者隨事隨物用其格致之功, 使吾之知, 當是事是物而審其所處, 則意之所發而施於其間者, 自無不實也."

32) 『大學章句』, '經1章'(細註), "自格物至平天下, 聖人亦是略分箇先後與人看, 不是做一件淨盡無餘, 方做一件, 如此何時做得成." 같은 내용의 언급이 『朱子語類』 15:145에 보인다.

33) 『明齋遺稿』, 권10, '與朴季肯'(辛未), "格致誠正修齊, 只可隨分着力, 安有今日格物,

고 종합적으로 이해하기를 강조한 것이다. 이에 대해 박세당은 주자의 언급 가운데서 다른 기회에 광범하게 언급한 것과 『대학장구』에서 언급한 내용이 서로 충돌하여 모순을 일으키고 있음을 지적하여, 『대학장구』에서 주자의 '격물·치지' 개념에 문제점이 있음을 확인하였다.[34]

4. '팔조목'의 해석(2) —'성의'(誠意)에서 '치국'(治國)까지의 해석과 쟁점

1) '성의'(誠意)·'정심'(正心)·'수신'(修身)의 해석

(1) '성의'(誠意)의 해석(傳6章)

주자의 『대학장구』에서는 '8조목'의 해석인 '전'(傳) 5~10장을 '격물치지' 해석(전5장), '성의' 해석(전6장), '정심·수신'의 해석(전7장), '수신·제가'의 해석(전8장), '제가·치국'의 해석(전9장), '치국·평천하'의 해석(전10장)으로 구분하고 있다. 그러나 박세당은 '전' 7~10장에서 두 조목씩을 해당시키는 주자의 견해를 거부하고, '전7장'은 '정심'의 해석, '전8장'은 '수신'의 해석, '전9장'은 '제가'의 해석, '전10장'은 '치국'의 해석으로 각 장은 한 조목을 주제로 삼고 있는 것이라 파악

而明日誠意之理, 只是知得不徹時, 做得亦不徹, 知得徹時, 做得亦徹云耳, 此看書太局之病."

34) 『西溪集』, 권7, 13, '答尹子仁書', "但此似出於異時泛說, 若求之章句, 則微有與此不同者."

하였다.

이에 대해 박세당은 “지금 자신을 닦으려 하면 그 마음을 바르게 하는 도리에 대해 먼저 알지 않으면 안 된다. 그러므로 이 장(전7장) 안에서 말한 것은 단지 사람 마음이 그 바름을 얻지 못하는 단서를 낱낱이 들어서, 성찰하여 바름에 합하도록 한 것이니, 진실로 ‘수신’과 함께 해석한다고 할 수는 없다. 가만히 문장의 뜻을 살펴보면 이로부터 이하의 3장은 모두 같지 않음이 없다.”[35]고 하여, ‘전’ 7~10장의 각 장은 『대학장구』와 달리 두 조목의 해석이 아니라, 한 조목에 대한 해석이라 파악하고 있다.[36] ‘전7장’ 이후 각 장의 대지(大旨) 인식과 관련된 쟁점에 대해서는 박세당이 ‘전10장’에서 별도로 자세히 분석하고 있다.

박세당은 ‘자기를 속이지 않음’(毋自欺)과 ‘홀로 있는 자리를 삼감’(愼其獨: 愼獨)의 중요성을 주목하여, “성실하지 않은 자는 본래 남을 속이는 것인데 지금 ‘자기를 속인다’고 하였다. 남을 속이는 자는 진실로 이치의 부당함이 이러함을 알면서도, 다만 남이 알지 못하여 이치에 당연한 것으로 여긴다고 한다. 이것이 먼저 그 마음의 밝음을 가리는 것이니, ‘자기를 속이는 것’(自欺)이 아니고 무엇이겠는가. … 속이는 것은 반드시 ‘혼자서’(獨) 하게 되는데, 혼자 있을 때 속이지 않는다면 곧 성실하게 되는 것이다.”[37]라 하였다. 그는 남을 속

35) 『思辨錄』(1), ‘大學’(傳7章), “今欲修身則其於正心之道, 不可不先知, 故章內所言, 但歷擧人心不得其正之端, 使之省察而求合於正誠, 不可又謂之並釋修身, 竊詳文義, 自此以下三章, 無不皆同.”

36) 朴世堂의 견해에 따르면, ‘明德’에 속하는 ‘格物致知’·‘誠意’·‘正心’·‘修身’의 해석은 ‘傳’ 5~8장이 해당되고, ‘新民’에 속하는 ‘齊家’·‘治國’의 해석은 ‘傳’ 9~10장이 해당된다. ‘平天下’의 조목을 해석한 章이 따로 없지만, ‘治國’의 해석과 연관된 것으로 본다.

이는 것이 바로 근원적으로 자기를 속이는 것임을 지적하고, 자기 자신 속에서 속임이 없게 하는 것이 바로 성실하게 하는 것이라 해석하였다. 이 점은 주자가 "'자기를 속인다'(自欺)는 것은 선을 함으로써 악을 제거할 줄을 알지만, 마음의 발현에 성실하지 못함이 있는 것이다. … '홀로 있다'(獨)는 것은 남들이 알지 못하지만 자기만이 홀로 아는 자리이다."[38]라고 해석하는 것과 비교하면, 주자가 심성 내면에 관심을 기울이고 있는 것과 달리, 박세당의 『대학』 해석이 얼마나 현실적이고 구체적인 상황에 유의하고 있는지를 엿볼 수 있게 한다.

(2) '정심'(正心)의 해석(傳7章)

박세당은 분노함(忿懥)·두려워함(恐懼)·좋아함(好樂)·근심함(憂患)이 마음을 바로잡음을 방해한다는 언급에 대해, 이 네 가지(忿懥·恐懼·好樂·憂患)를 제시한 것은 '마음이 그 바름을 얻지 못하는 까닭'(心不得其正之故)을 말한 것이라 규정하고, 그 까닭이 바깥에서 오는 자극임을 주목하였다. 따라서 박세당은 "이것은 모두 바깥의 사물이 와서 간섭하면 마음이 따라 움직여서 치우침에 빠지기 쉬운 것이다. 치우치면 그 바름을 얻지 못한다. 비록 앎이 밝음이 있고 뜻이 속이지 않음에 있다 하더라도, 혹 스스로 성찰해 갈 수 없다면, 마음이 바깥 사물에 동요되어 이 네 가지의 치우침이 있게 된다. 다만 부지

---

37) 『思辨錄』(1), '大學'(傳6章), "不誠者, 意本以欺人, 而今云自欺, 夫欺人者, 固知理之不當如此, 只謂人不知, 爲若理當然也, 是先蔽其心之明, 非自欺而何, … 爲欺必於獨, 獨而不欺, 乃爲誠也."

38) 『大學章句』, '傳6章', "自欺云者, 知爲善以去惡, 而心之所發有未實也. … 獨者, 人所不知, 而己所獨知之地也."

런히 성찰해야 이런 폐단이 없게 된다."[39]고 하였다. 곧 인간이 사물과 접촉하며 살아가는 현실에서 바깥의 사물에 간섭받아 마음이 치우치는 폐단을 부지런히 성찰하는 것이 바로 마음을 바로잡는 것이라 제시하고 있다.

이에 비해 주자는 "이 네 가지는 모두 마음의 작용이니, 사람에게 없을 수 없는 것이다. 그러나 한 가지라도 있는데 살피지 못하면, 욕심이 발동하고 감정이 왕성하게 일어나 그 작용의 시행됨이 혹 그 바름을 잃지 않을 수 없게 된다."[40]고 하였다. 이처럼 박세당은 외부의 사물과 접촉하는 현실에서 마음의 성찰을 주목하고 있다면, 주자는 마음 내면에서 마음의 작용을 성찰하는 것으로 바깥 세계와의 관계에 대한 관심이 드러나지 않고 있는 점에서 대조를 이루고 있는 것이다.

또한 『대학』(傳7章)에서 "마음이 간직되어 있지 않으면, 보아도 보이지 않고 들어도 들리지 않고, 먹어도 그 맛을 모른다."(心不在焉, 視而不見, 聽而不聞, 食而不知其味)고 언급한 구절에 대해, 박세당은 '마음이 간직되지 않은 데서 오는 실수'(心不在之失)를 말한 것이라 규정하고, 그 실수가 사람이 행동하는 동안 마음을 성찰하지 않은 데서 오는 것임을 주목하였다. 따라서 박세당은 " '있다'(在)는 간직한다(存)는 것이요, 성찰함을 말한다. 사람이 하는 일이 있으면서도 그 마음을 소홀히 하여 그곳에 간직하고 있지 않으면, 비록 보고 듣고

---

39) 『思辨錄』(1), '大學'(傳7章), "此皆外物之來干而心隨而動, 易過於偏者, 偏則不得其正矣, 蓋雖知有所明意在不欺, 而或不能自加省察, 則心爲外物所動, 有此四者之偏, 唯勤省察, 乃無此蔽矣."

40) 『大學章句』, '傳7章', "蓋是四者, 皆心之用, 而人所不能無者. 然一有之而不能察, 則欲動情勝, 而其用之所行, 或不能不失其正矣."

음식을 먹는 사이에도 그 하는 일을 알지 못한다. … 반드시 감정이 발동하는 데 따라 마음을 간직하여 살펴서 항상 두려워하고 조심하여 스스로 지켜야만, 그런 다음에 마음이 비로소 그 바름을 얻게 된다."[41]고 하여, 행동하는 데 따라 일어나는 감정을 지속해서 성찰할 것을 강조하였다.

이에 대해 김창협은 "이제 저 사람(박세당)은 한 장 전체 처음에서 끝까지의 뜻이 어디에 있는지를 전혀 살피지 않고, 도리어 보고 듣고 마시고 먹는다는 한 단락의 말을 비유로 삼았으니, 그 거칠고 그릇됨이 심하다."[42]고 하여, 박세당이 '전7장'의 전체적 의미를 파악하지 못하고 있음을 지적하여 비판하였다. 김창협은 그 구체적 비판내용을 다시 서술하여, "만약 아무개(박세당)의 설명과 같다면, 단지 이러한 경우를 빌려 분노하고, 두려워하는 등을 성찰하지 못하는 잘못을 밝혀낸 것일 뿐이다. 그렇다면 이 장 안에는 '수신'(修身)에 관한 한 단락의 생각이 빠지게 된다. 그래서 앞머리에 '수신은 그 마음을 바로잡는 데 있다'고 시작하고 끝맺음에 '수신은 그 마음을 바로잡는 데 있다'고 말하는 것은 도대체 배치할 곳이 없다."[43]고 밝혔다.

이것은 '전7장'의 경우 『대학』의 본문에서 "수신은 그 마음을 바르게 하는 데 있다."(修身在正其心)는 언급에 따라 주자는 이 장의 주

41) 『思辨錄』(1), '大學'(傳7章), "在, 存也, 省察之謂, 人有所爲而其心忽焉不存於此, 則雖如視聽飮食之間, 亦莫得其所以爲, … 必隨發存察, 常戰競自持, 然後心始得其正也."

42) 『農巖集』, 권15, 7, '與權有道(尙游) 論思辨錄辨'(癸未), "今彼全不察一章首尾語意之所在, 而却認視聽飮食一段語爲借喩, 其疎謬甚矣."

43) 『農巖集』, 卷15, 25, '與權有道再論思辨錄辨', "若如某說, 只借此而發明忿懥恐懼等不能省察之失而已, 則此章內却闕修身一段意思, 而起頭所謂修身在正其心及結語此謂修身在正其心云者, 都無著落矣."

제를 '정심·수신'의 해석이라 규정하였지만, 박세당은 '수신'의 바탕이 되는 것이 '정심'이므로 '전7장'의 주제를 '정심'의 해석이라 규정하는 입장의 차이에 따른 쟁점이다. 김창협이 여기서 제기한 비판은『대학』편장(篇章)의 주제를 인식하는 관점의 차이에 따른 것이므로, 주자의 견해를 고수하는 것일 뿐이지, 박세당의 관점 자체에 대한 비판은 아닌 것으로 볼 수 있다.

(3) '수신'(修身)의 해석(傳8章)

박세당이 새롭게 제시한 편차에 따르면 '전8장'은 '수신'(修身)에 대한 해석이라 본다. 이에 따라 그는『장구』'전8장'의 중심내용을 전부 '제가'(齊家)에 대한 언급이라 하여, '전9장'으로 옮기고, 단지 '전9장 4절'(堯舜, 帥天下以仁, … 所藏乎身不恕, 而能喩諸人者, 未之有也)을 '수신'(修身)에 대한 언급이라 하여, '전8장'의 중심내용을 삼고 있다.

그는 '전9장'에서 옮겨온 이 구절에 대해, "몸소 이끌어가는 교화는 한결같이 천하에 시행되지만, 좋아하는 것과 상반되는 명령은 집안사람에게도 시행되지 않는다. 공자께서 나에게 바르게 하도록 가르치지만, 공자께서 바르게 행동하지 못한다면 이것이 '자신에게 서(恕)가 아닌 것을 간직하고서 남을 깨우칠 수 없다'고 하는 것이다. 그 집안을 다스리고자 하면 오직 먼저 그 자신을 닦는 데 있다."고 해석하여, 가정을 다스리고 남에게로 나아가는 기반이 자신을 닦는 데 있다는 '수신'의 의미로 강조한다.

여기서 박세당은 '전8장'이 '수신'의 방법을 말하지 않은 이유를 설명하여, "사람의 한 몸은 안으로는 마음이 되고 밖으로는 집안이 된다. 안으로 이미 그 마음의 바름을 얻고 밖으로 또 집안에서 효도(孝)·우애(弟)·자애(慈)를 행하면서, 사랑하고 미워함에 혹시라도 치우침이 없다면 이것이 자신이 닦여진 것이다. 이를 버리고 또 '수신'하는 방법이 없기 때문이다."[44]라 하여, '수신'의 방법이 '정심'과 '제가'의 실현 속에 포함되어 있는 것임을 확인하고 있다. 또한 '수신'이 '제가'의 선행조건임을 강조하는 이유를 해명하면서, "드러나고 숨겨진 것을 결합하고, 밖과 안을 연결시켜 주는 것은 자신이다. '수신'을 말하지 않으면 안과 밖이 연결되지 않아서, 숨겨진 것은 공적(空寂: 佛敎)에 흐르고 드러난 것은 형명(刑名: 法家)에 떨어지니, 이른바 '명덕'과 '신민'의 학문이 아니다."[45]라 하였다. 바로 이 점에서 박세당은 '8조목'의 중심축을 '수신'으로 인식하고, 인간 자신이 내면의 심성과 외면의 세계를 연결시켜 주고 실현시켜 주는 주체가 되고 중추가 되는 의미를 제시하고 있는 것이다.

2) '제가'(齊家)·'치국'(治國)의 해석과 쟁점

(1) '제가'(齊家)의 해석

박세당은 '전9장 1절'의 "그 집안을 가르칠 수 없는데 남을 가르칠 수 있는 자는 없다."(其家不可敎, 而能敎人者無之)는 구절에서 언급된 '가르침'(敎)의 의미를 '본보기'(法)라 풀이하여, "집안에서 시행하는 자가 집안사람에게 본보기가 되지 못한다면, 나라에서 시행하는 데서도 나라 사람에게 본보기가 될 수 없다."[46]고 하여, '제가'의 기

44) 『思辨錄』(1), '大學'(傳8章), "人之一身內則爲心, 外則爲家, 內旣得其心之正, 外又行孝弟慈於家, 而無愛惡之或辟焉, 則是爲身得其修, 捨此而又無修身之方故也."

45) 같은 곳, "合著隱而係外內者, 身也, 不言修身, 則內外無所係, 而隱者流於空寂, 著者墮於刑名, 非所謂明德新民之學矣."

46) 『思辨錄』(1), '大學'(傳9章), "行於家者不可以爲法於家人. 則行於國也亦無以爲法於

본방법이 집안사람들에게 도리를 가르치는 것이 아니라, 자신이 도리의 본보기가 되어 집안사람들이 본받게 하는 것으로 제시하고 있다. 따라서 '교화를 이룬다'(成教)는 것은 '자신이 본보기를 이룬다'는 뜻이고, 그 본보기의 덕목이 바로 '효도'(孝)·'우애'(弟)·'자애'(慈)라 받아들이고 있는 것이다.

박세당은 '전8장 1절'에서 옮겨온 구절(人之其所親愛而辟焉, … 惡而知其美者, 天下鮮矣)에 대해, '친하거나 사랑함'(親愛), '천시하거나 미워함'(賤惡), '두려워하거나 공경함'(畏敬), '애처로워하거나 불쌍히 여김'(哀矜), '거만하거나 태만함'(敖惰)의 태도는 인정상 없을 수 없다는 사실을 인정하면서, "사람은 단지 그 감정이 발동하는 대로 맡겨두고 스스로 단속할 줄 모르니, 드디어 지나쳐서 치우치는 데 이르게 된다. 그러므로 좋아하거나 싫어하는 사이에서, 반드시 그 의로움을 따라야 하는데, 그 마땅함에 합치되는 자가 드물다. 이것이 '효도'·'우애'·'자애'에서 그 도리를 다할 수 없는 까닭이요, 집안이 도리에 어긋나고 어지러워져 고르게 다스려질 수 없는 까닭이다."47)라 해석하였다. 그것은 집안을 다스리는 본보기로서 '효도'·'우애'·'자애'의 규범을 실천할 때에, 그 실천을 위한 조건을 확인하고 있는 것이다. 곧 실천조건은 감정의 발동에 따라 행동하는 자리에서, 자신을 성찰하여 지나치고 치우침이 없도록 단속하는 것으로 제시되고 있다. 그렇게 함으로써 그 행동이 의리에 적합하여 정당성을 확보할 수 있음을 지적한 것이다.

'전9장 3절'(一家仁, 一國興仁, … 此謂一言僨事, 一人定國)의 해석에서

國人矣."

47) 같은 곳, "人但任其情之所發而不知自檢, 遂至於過而辟焉, 故於好惡之間, 必適其義而合其當者, 蓋亦鮮矣, 此孝弟慈之所以不能盡其道, 家之所以乖亂而不得均齊也."

박세당은 "윗사람이 효도와 우애에 돈독하여 좋아하고 싫어함이 치우치지 않으면, 집안이 어짊(仁)과 사양함(讓)의 풍조에 익숙해지고, 그 백성도 교화되어 역시 어진 덕과 사양의 덕에 분발하여 일어난다."48)고 하였다. 곧 윗사람이 집안에서 본보기를 보여 집안이 덕목에 따르는 아름다운 풍조로 다스려지면 나라에서 그 풍조에 감화되어 '백성이 분발하여 일어난다'(民興)는 '제가'(齊家)의 효과를 주목하고 있는 것이다. 여기서 그는 '전9장'의 두 중심주제로서 '교화를 이룬다'(成敎)는 '제가'의 과제와 '백성이 분발하여 일어난다'(民興)는 '제가'의 효과를 주목하고, '전9장 6절'의 시(桃之夭夭, … 宜其家人而後, 可以敎國人)와 '전9장 7절'의 시(宜兄宜弟, 宜兄宜弟而後, 可以敎國人)는 '교화를 이룬다'(成敎)는 뜻을 되풀이한 것이고, '전9장 8절'의 시(其儀不忒, 正是四國, 其爲父子兄弟足法而後, 民法之也)는 '백성이 분발하여 일어난다'(民興)는 뜻을 되풀이한 것이라 하여, '전9장'을 일관된 구조로 제시하고 있다.

(2) '치국'(治國)의 해석

① '전10장'의 장지(章旨)에 대한 논변:

'전10장'의 해석에서 우선 장(章)의 주제로 주자가 제시한 '치국·평천하'로 볼 것인지, 박세당의 견해처럼 '치국'으로 볼 것인지에 대한 논의부터 검토해 볼 필요가 있다. 주자는 '전10장 2절'(所惡於上, 毋以使下, … 所惡於左, 毋以交於右, 此之謂絜矩之道也)을 해석하면서, "이것은 '평천하'의 핵심 도리이다."(此平天下之要道也)라 하고, '전10장'

48) 같은 곳, "上篤孝弟而好惡不偏, 則家習仁讓之風, 其民化之, 亦興於仁讓."

전체가 이 도리로 미루어져 갔다고 언급하였다. 이러한 주자의 견해에 대해 '전10장'을 '치국'(治國)의 해석이라 보는 박세당의 입장에서는 '전10장'의 장지(章旨)가 '치국 · 평천하'의 해석에서 '평천하'를 중심으로 보려는 주자의 견해와 부딪히게 된다.

이에 대해 박세당은 『대학』의 기본원리가 근본을 확립하는 데 있음을 강조하여, "『대학』의 뜻은 무릇 일을 하려면 반드시 먼저 그 근본을 세워야 하니, 근본이 서야만 말단을 다스릴 수 있다."[49]라 하여, 근본이 되는 과제가 그 장의 주제가 되는 것이라 보았다. 따라서 '치국'이 '평천하'의 근본이 되므로 '치국'이 '전10장'의 주제가 되어야 한다는 것이다. 또한 그는 '전10장'의 첫머리에서, " '평천하'는 그 나라를 다스리는 데 있다."(平天下在治其國)는 언급이 그 장의 주제가 '치국'이지 '평천하'가 아님을 강조하고 있다. 여기서 그는 "…에 있다(在)는 말은 그 요령이 여기에 있음을 말한다. 이제 (주자가) '한 장 안에 논한 것이 모두 평천하의 도리이다'라 하였으니, 그렇다면 앞서 이른바 '…에 있다'는 것은 과연 무엇을 말한 것인가? 곧 왜 '평천하'에 있다고 말하지 않고 굳이 '그 나라를 다스리는 데 있다'고 하였는가?"[50]라 반문하여, 주자의 견해가 부당함을 지적하고 있다. 나아가 '전9장'에서 '제가'와 '치국'을 함께 논의하였기 때문에 '전10장'에서는 '평천하'만 논의하고 있다는 주장도 성립할 수 없음을 강조하여, 경전문장을 구체적으로 검토하면서 반증하기도 하였다. 예를 들어 '전10장 3절'에서 언급한 '백성의 부모'라는 말에 대

49) 『思辨錄』(1), '大學'(傳10章), "蓋大學之意, 以爲凡爲是事, 要在先立乎其本, 本得而末可爲也."

50) 같은 곳, "在之爲言也, 謂夫其要之有在於是也, 而今乃曰一章之內所論者皆平天下之道, 然則向所謂在者, 果何謂也, 卽何不曰在平天下, 而必固曰在治其國."

해, “그 나라의 백성이 아니고, 천하의 백성이란 말인가?”[51)]라 반문하여, ‘전10장’의 주제는 ‘평천하’가 아니라 ‘치국’임을 확인하고 있다.

박세당이 ‘전10장’의 주제가 ‘치국’이라 주장하더라도, 이 장 안에서 ‘치국’과 ‘평천하’가 어떤 관계를 맺는 것인지 해명할 필요가 있다. 나라(國)가 천하 속에 포함되는 것이라 볼 수는 없는가의 문제도 제기될 수 있다. 이렇게 넓은 범위에 작은 것을 포함시키면 모든 과제가 ‘평천하’ 속에 포함되고 말아 ‘평천하’ 한 장만 남게 되는 모순에 빠질 것임을 지적하면서, 어떤 학설로서 “『대학』에서는 ‘치국’을 말하지 않는 것이 아니라, ‘평천하’를 말하지 않은 것이요, ‘평천하’를 말하지 않은 것이 아니라 ‘치국’을 말하면 ‘평천하’가 그 가운데 들어있다.”[52)]는 이론이 있음을 소개하였다. 이처럼 그는 ‘평천하’를 ‘치국’의 연장선상에 있는 것으로 보는 입장을 제시하고 있다.

여기서 그는 나라와 천하의 관계를 누에 치는 것에 비유하여, “임금이 백성을 다스리는 것은 비유하면 누에를 치는 것과 같다. 진실로 한 잠박(蠶箔: 누에 치는 채반)의 누에를 쳐서 그 도리를 다하게 되면, 비록 만 잠박이나 많아도 누에 치는 방법은 한 가지이다. … 이른바 나라와 천하란 것은, 곧 한 잠박의 누에와 만 잠박의 누에인 것이다. 저것도 또한 이것이고 이것도 또한 저것이다.”[53)]라 하였다. 그것은 ‘치국’과 ‘평천하’의 법도가 동일하여 단지 범위의 크기에 차이가 있을 뿐이라 보는 것이다. 이 점에서 ‘제가’와 ‘치국’은 차등이

---

51) 같은 곳, “其云民之父母者, 非其國之民而是天下之民乎.”

52) 같은 곳, “此有說焉, 大學非不言治國, 乃不言平天下, 非不言平天下, 言治國而平天下在其中也.”

53) 같은 곳, “夫君之治民, 譬如養蠶, 苟養一箔之蠶而能盡乎其道, 則雖萬箔之多其養之之法一也, … 若所謂國與天下者, 乃一箔蠶與萬箔蠶耳, 彼亦此也此亦彼也.”

있어서 미루어 가야 하는 것이지만, '치국'과 '평천하'는 도리가 완전히 같아서 미루어갈 필요도 없이 '치국'을 온전하게 하면 '평천하'는 저절로 이루어진다는 입장을 밝히고 있다.

② '전10장'에서 '혈구'(絜矩) 개념에 대한 이해:

박세당은 '전10장'의 핵심개념을 '혈구'(絜矩)로 파악하여 집중적 분석을 하고 있다. 먼저 주자는 '혈구'의 개념을 설명하면서, "'혈'(絜)은 '헤아림'(度)이요, '구'(矩)는 '네모진 것으로 만드는 도구'(所以爲方)이다. … 군자는 반드시 그 같은 바에 마땅히 근거하여 미루어 나가 사물을 헤아려서 남과 나의 사이에 각각 본심을 얻게 하면 상하와 사방이 고르고 반듯하여 천하가 화평하게 된다."[54]고 하였다. 여기서 박세당은 주자의 '혈구' 개념을 '자기 마음으로 헤아려서 남에게 미루어 가는 것'(恕己而推彼)이라 규정하고, 이에 대해 "말이 역시 전혀 서로 응하지 않으니, 이것을 보아서도 그것이 그릇된 것임을 단정할 수 있다."[55]고 하여, 단호하게 비판하고 있다. 곧 주자의 '혈구' 개념에서 '미루어 가는 것'(推)이라 하여, 유추과정으로 이해하는 것을 거부하는 것이다.

'혈구'를 '미루어 가는 것'(推)이라 해석하는 것이 부당한 이유로서, 박세당은 "천하의 이치는 하나이다. 만약 극진히 미루어 가고 굴러가서 귀결시키면 이치가 통하지 않는 것이 없게 된다. … 이렇게 미루어 가면, 비록 한 편의 경전에 수록된 말을 모두 가리켜 '혈구'의 뜻이라고 해도 아마 불가함이 없을 것인데, 이치에 절실함이 없

---

54) 『大學章句』, '傳10章', "絜, 度也. 矩, 所以爲方也. … 君子必當因其所同, 推以度物, 使彼我之間各得分願, 則上下四旁均齊方正, 而天下平矣."

55) 『思辨錄』(1), '大學'(傳10章), "絜矩是恕己而推彼, 則語亦全不相應, 卽此可斷其爲誤."

고 말에 연속됨이 없는 것 같음은 무슨 까닭인가."[56]라 하여, '혈구'를 이치에 따라 논리적으로 유추해 가는 것으로 이해하면 현실에서 절실함이 없다는 점을 지적하고 있다.

여기서 박세당은 자신의 '혈구' 개념에 대한 해석을 제시하면서, " '혈구'란 '구'(矩)로써 헤아리는 것으로, '모서리를 들어 보인다'(擧隅)고 말하는 것과 같다. 사물이 네모가 반듯한 것은 네 모서리에 치우침이 없으니, 그 한 모서리에 나아가면 나머지 세 모서리도 같은 것을 볼 수 있다. 내가 싫어하는 것을 미루어 남이 싫어하는 것도 역시 나와 같음을 안다. 이것을 '혈구'라 한다."[57]고 하였다. 이처럼 박세당도 '미루어간다'(推)는 것을 '혈구'의 의미 속에 수용하고 있음을 보여주고 있다. 그렇다면 '혈구'의 개념에서 '미루어간다'는 의미에 대한 주자와 박세당의 견해가 어떻게 다른가의 문제가 남게 된다.

그것은 '전10장 2절'의 "윗사람한테서 싫었던 것을 아랫사람에게 시키지 마라."(所惡於上無以使下)는 구절의 이해에서 분석되고 있다. 곧 박세당은 자신과 주자의 '미루어간다'는 의미를 이해하는 견해의 차이를 밝혀, "모두 '이것에 나아가 저것에 미루어간다'(卽此推彼)는 뜻이다. 주자의 주석에서는 '이것으로 미루어나가 헤아려서 사물과 내가 각각 반듯하고 바름을 얻게 한다는 뜻'이라 하였다. 이것은 '헤아려서 반듯하게 한다'(絜而矩之)는 것이 된다. 이와 같다면 '혈'(絜)에도 뜻이 갖추어지지 않음이 있고 '구'(矩)에도 말에 억지로 끌어붙임이 있으니 아마 본뜻은 아닌 듯하다."[58]라 하였다. 여기서 박세

56) 같은 곳, "天下之理一也, 若推而極之, 宛轉而歸之, 理無不可通者, … 如此推之, 雖一篇之言, 皆指爲絜矩之義, 恐無所不可, 其如理有不切, 語有不屬, 何哉."

57) 같은 곳, "絜矩者絜之以矩也, 猶云擧隅, 蓋物之方者, 四隅無所偏, 卽其一而可見其三之同, 推我所惡知彼所惡之亦同於我, 此謂絜矩."

당은 '이것에 나아가 저것에 미루어 간다'(卽此推彼)고 하여 '미루어 감'을 동일함의 확인과정으로 본다면, 주자의 견해는 '헤아려서 반듯하게 한다'(絜而矩之)는 것으로 미루어나감이 이치에 따라 바로잡는다는 정당화의 실현과정으로 보는 것으로 대비되고 있다.

③ 치도(治道)의 문제에 대한 이해:

박세당은 '전10장'을 '치국'의 해석이라 보면서, '치도'(治道)의 중심과제로 '덕'(德)과 '재'(財)를 두 축으로 중시하고 있다.

먼저 치도의 근본조건으로 '덕'은 '천명'과 연결되어 있음을 주목한다. '천명'(天命)과 국가의 존망에 관해, '전10장 5절'에서 "대중을 얻게 되면 나라를 얻게 되고, 대중을 잃으면 나라를 잃게 된다."(得衆則得國, 失衆則失國)는 언급은 민심이 나라의 존망을 결정한다는 사실을 말한다. 또한 '전10장 11절'에서 "선하면 천명을 얻게 되고, 선하지 않으면 천명을 잃게 된다."(善則得之, 不善則失之)는 언급은 민심을 얻는지 잃는지가 결정되는 까닭은 선한지 선하지 않은지, 곧 좋아하고 싫어함이 치우쳤는지 아닌지에 있음을 말한 것이라 하여,[59] 두 절이 연속된 것이라 확인하고 있다. 여기서 '정심'(正心)에 관련하여 제시되었던 '감정의 치우침이 없는 것'이 선의 기준으로 제시되는 사실이 주목된다.

또한 '전10장 11절'은 임금이 마땅히 그 좋아하고 싫어함을 삼가야 하는 것을 언급한 것이라 하고, '전10장 14절'은 일을 맡기는 신

---

58) 같은 곳, "皆卽此推彼之意, 註以此爲推度, 使物我各得方正之義, 是乃爲絜而矩之也, 如此, 在絜而義有不備, 在矩而語有拘強, 恐非本指也."

59) 같은 곳, "蓋上言得衆則得國, 失衆則失國, 而不及得衆失衆之所以然, 故至是乃發之, 其所謂善不善, 卽好惡之辟與不辟耳."

하로는 좋아하고 싫어함이 치우치지 않은 자를 선택해야 함을 말한 것이라 하여,[60] 그 뒤에 이어붙이고 있다. 이러한 편차의 수정은 문장의 긴밀한 연속성을 확보하기 위해 세심한 주의를 기울이고 있음을 보여준다.

그다음 '덕'(德)과 '재물'(財)의 연결관계를 보여주는 구절이 제시된다. '전10장 6절'은 '덕'에서 백성(人)과 땅(土)과 재물(財)과 쓰임(用)으로 연결되어 나감을 제시하였다. 이어서 '전10장 7절'에서는 "덕이 근본이요, 재물은 말단이다"(德者本也, 財者末也)라 하여, '덕'과 '재물'이 근본과 말단의 관계를 이루는 것임을 밝히고 있다. 그다음에는 '재물'에 관한 언급으로 이어져 가면서도, '재물'에 앞서 '덕'의 소중함을 언급하는 구성체제임을 제시하였다. 여기서 그는 '전10장 6절'에서 "군자는 먼저 덕을 신중하게 행해야 한다."(君子先愼乎德)는 구절에서부터 끝까지 덕을 논의하면서 항상 '재물'의 문제를 언급해 왔음을 주목하여, "그 되풀이하고 자세히 한 바는 위에 있는 이로 하여금 백성이 좋아하고 싫어하는 실정을 살펴서, 조심하고 두려워하게 한 것인데, 처음부터 끝까지 재물에서 벗어나지 않았다. 진실로 나라의 흥망이 바로 이 재물에 매여 있는 것이다."[61]라 하여, '덕'과 '재물'이 근본과 말단의 관계로서 서로 분리되지 않는 것임을 강조하고 있다.

나아가 박세당은 '전10장'에서 제시하는 '치도'의 내용은 크게 '혈구'와 '재리'(財利)의 두 가지 주제로 이루어져 있음을 지적하여, "위

---

60) 같은 곳, "人君, 旣當自愼其好惡, 又當必擇其所任, 苟所任者好惡無偏, 則化流而德降."

61) 같은 곳, "蓋自先愼乎德至此, 其所以反覆覼縷, 使在上者有以察民好惡之情而克自愼畏者, 終始不外乎財, 良以國之興喪, 卽繫於此而."

에서는 '혈구'를 말하여서 사람을 임용하는 데도 '혈구'로써 논의하였고, 아래에서는 '재리'를 말하여서 사람을 임용하는 데도 또한 재리로써 논하였다."[62]고 언급하였다. 이에 대해 김창협은 박세당이 '혈구'와 '재리'를 두 가지로 나누어 놓은 것이 잘못이라 비판하여, "이 장의 대의는 비록 좋아하고 싫어함이나 의로움과 이익의 두 극단을 나누긴 하였지만, 그 모든 것이 '혈구'의 일이 아닌 것이 없다. 그런데 지금 박세당은 '혈구'와 '재리'를 나누어 두 가지로 만들었으니, 그 이론은 잘못된 것이다."[63]라 하였다. 여기서 김창협은 '혈구'의 도리를 근본과제요, '재리'를 말단이라 파악하고, 근본의 '혈구'로 일관하게 인식하기를 요구하는 근본중시의 입장을 보여주고 있는 것이다. 그러나 박세당이 '혈구'와 '재리'를 나누었다고 하여 둘로 완전히 갈라놓은 것이 아니라, '재리'의 현실적 과제가 '혈구'이 도리와 분리되지 않음을 전제로 삼고 있다. 따라서 박세당은 '도덕'을 논의하면서도 '재물'을 떠날 수 없음을 확인하고, '재물'을 논의하면서도 '도덕'이 근본임을 강조하고 있는 것이다. 바로 이 점에서 박세당의 '치도'에 대한 인식이 백성의 현실에 깊은 관심을 기울이는 실학적 성격을 지니는 것임을 확인할 수 있게 한다.

62) 같은 곳, "上言絜矩, 則其任人亦以絜矩論, 下言財利, 則其任人亦以財利論."

63) 『農巖集』, 권15, 25, '與權有道再論思辨錄辨', "此一章大義, 雖分好惡義利兩端, 而無非絜矩之事也, 今以絜矩與財利, 分而爲二, 其說謬矣."

5. 박세당의 『대학』 해석이 지닌 경학적 의미

박세당은 주자학의 견고한 경학체계에서 벗어나 새로운 경학의 가능성을 모색하면서, 가장 먼저 『대학』 해석에서 주자의 해석체계와 다른 독자적 이론의 틀을 세기하였다. 그의 『대학』 해석은 무엇보다 『대학』의 기본구조에서 주자의 '3강령설'을 거부하고 '2강령설'을 제시하는 것으로 시작하고 있다. 또한 그는 '격물·치지'의 해석이나 '사물'(物)과 '일'(事)의 차별화를 비롯하여, '혈구' 개념의 해석 등 『대학』의 핵심문제에서 주자의 해석과 입장을 선명하게 달리하고 있다.

물론 박세당은 주자의 해석과 견해를 달리하는 대목에서는 매우 신중한 자세로 합리적 논증을 제시하고 있지만, 주자의 경전해석이 지닌 핵심적 문제점이 추상적 관념의 사변에 빠진 것임을 지적하는 데 자신의 확고한 입장을 밝히고 있다. 예를 들어 주자의 '혈구' 개념에 대한 견해를 비판하면서도 이론적 유추가 많아 의미가 분명하지 못하고 절실하지도 못한 문제점을 제기함으로써, 주자학이 보여주는 추상적 이론의 관념적 해석과 달리, 현실적 구체성을 중시하는 자신의 입장을 선명하게 대비시키고 있는 것이다.

그는 경전의 기본성격을 규정하여, "옛 성현들이 저술로 훈계를 밝혀준 것은 본래 사람들을 깨우치고자 기약하였던 것이다."라 하고, 성인이 사람들을 깨우치는 자세를 확인하여, "(성인은) 반드시 내 말이 혹시 명백하고 절실하지 않아서, 세상에서 내 글을 읽고 내 도리를 구하는 사람에게 내 뜻이 무엇을 말하려는지 알지 못하게 할까 염려하였을 것이다. 어찌 일부러 이렇게 중복되고 자주 끊어지는 말을 남겨서, 후세 사람의 많은 말을 다시 허비하며 이리저리 굴린 다음에 밝히기를 기다린 뒤에야 그 뜻이 밝아지게 하였겠는가."[64]라 하였다. 여기서 그는 주자의 경학이 보여주는 사변적 이론이 아니라 대중들에게 명백하고 절실하게 훈계하고 있는 성인의 마음을 찾는 것이 그의 경학적 전제임을 분명하게 보여주고 있다.

이러한 지적은 『대학』 해석에서 주자가 제시한 '혈구' 개념에만 적용되는 것이 아니다. 그것은 주자의 경전해석이 관념적 이론의 유추와 사변에 빠져, 직접적 명료성과 절실한 호소력이 부족함에 대한 전반적 비판이기도 하다. 바로 이 점에서 주자와 박세당의 경학이 지향하는 방향이 갈라지는 분기점을 확인할 수 있으며, 주자학의 의리적 경학에서 벗어나 박세당의 실학적 경학이 추구하는 방향을 확인할 수 있을 것이다.

박세당의 『대학』 해석은 주자의 경전해석을 정면으로 비판하기에 앞서 자신의 견해를 조심스럽게 논증해 가는 태도를 보여준다. 바로 이 점에서는 그가 『중용』 해석에서 주자학의 경전해석에 직접적으로 문제점을 지적하여 비판하고 있는 점과는 대조를 이루고 있는 것이 사실이다. 그것은 『대학』이 학문의 방법과 과제를 논의하고 있는 것과 달리, 『중용』은 인간의 심성과 '도'(道)의 근본에 관한 논의를 하고 있기 때문에, 『대학』 해석에서 주자의 견해에 의문을 제기하고 이견을 밝히는 단계와, 『중용』 해석에서 주자의 견해를 직접적으로 비판하는 단계로 달라질 수밖에 없는 것이라 하겠다. 그러나 주자의 해석과 달리하는 견해를 비록 온건하게 제시한다고 하더라도, 박세당은 이미 『대학』 해석에서 주자학의 경학적 기본체계를 이탈

64) 『思辨錄』(1), '大學'(傳10章), "惟古昔聖賢, 立言明訓, 本期曉人, 是必將唯恐吾言之或未能明白痛切, 而使夫世之讀吾書求吾道者, 卽無以識吾意之所謂, 豈應故爲此沓複斷屬之辭, 以俟後人復費許多辭說宛轉推闡而後, 乃得以明耶."

하고 있는 것이고, 주자학에서 벗어난 실학적 경학의 방향을 선명하게 밝히고 있음을 주목할 필요가 있다.

제4장

박세당(朴世堂)의 『중용』 편차수정과 해석

1. 박세당의 『중용』 해석이 지닌 과제

박세당(西溪 朴世堂, 1629-1703)은 40세 때(1668) 양주(楊州)의 수락산(水落山) 서쪽 기슭 석천동(石泉洞)에 은거하면서부터 경전연구에 전념하였다. 그 결실로서 52세 때(1680) 『대학』을 주석하였고, 그 7년 뒤인 59세 때(1687) 『중용』을 주석하였다. 이처럼 『사서』를 중심으로 하는 그의 경전주석은 『사변록』(思辨錄)으로 결집되었다. 윤휴(白湖 尹鑴, 1617-1680)의 『독서기』(讀書記)와 더불어 박세당의 『사변록』은 17세기 후반 조선후기 유학자의 경전해석으로서 주자의 경전주석에 비판적 견해를 제시함으로써, 이 시대 사상사에 깊이 충격을 주고 경학사상의 새로운 방향을 열어주었다는 중요한 의미를 지니는 업적이라 하겠다.

주자는 『대학』과 『중용』이 지닌 경전으로서 위상을 대비시켜, "『대학』은 학문의 시작과 끝마침을 통틀어 말한 것이고, 『중용』은 근원과 극치의 자리를 가리킨 것이다."[1]라 하였다. 『대학』이 학문의 시작에서 끝까지 나아가는 공부의 과정을 제시하는 것이라면, 『중용』은 도리의 근원과 극치를 가리키는 공부의 목표를 제시하는 것이라 보았다. 그만큼 『중용』은 유교가 지향하는 학문의 궁극적 근원과 도달할 수 있는 극치의 경지를 제시하는 가장 높은 단계의 학문적 과제라 할 수 있다.

그러나 박세당은 『중용』의 이해에서 도리의 근원과 극치라는 점에 관심의 초점을 두는 것이 아니라, 『중용』의 도리를 어떻게 현실 속에서 실현의 기준으로 확인할 것인가의 문제에 주의를 기울였던 것이다. 따라서 『중용』을 바라보는 그의 시야는 주자와 다른 새로운 관점을 제시해 주는 것임을 알 수 있다. 바로 이 점은 주자학의 경학이 의리의 근원을 밝히는 관념적 이론체계를 추구하고 있다면, 박세당의 경학적 입장은 의리가 현실에서 어떻게 실현되는지를 주목하는 구체적 현실논리를 중시하고 있는 것이라 하겠다. 바로 이 점이 성리설에 기반을 둔 주자의 관념적 경학과 현실에 관심을 확보하고 있는 박세당의 실학적 경학이 갈라지는 분기점을 『중용』 해석에서 더욱 분명하게 찾아볼 수 있을 것이다.

박세당의 『중용』 해석이 주자의 『중용』 해석과 달라지는 기본적 특징은 크게 보면 세 가지 과제로 점검해 볼 수 있을 것이다. 무엇보다 먼저 『중용』의 편차(編次)를 수정하는 과정에서 주자학의 경학과 차별화를 분명하게 드러내 주고 있다. 주자는 『대학장구』(大學章句)에서 『예기』에 수록된 「대학」편 원문인 고본(古本)의 편차를 상당 부분 수정하였지만, 『중용장구』(中庸章句)에서는 『예기』에 수록된 원문을 그대로 받아들여, 33장으로 나누었다. 이에 비해 박세당은 『사

---

1) 『大學章句』, '讀大學法', "大學是通言學之初終, 中庸是指本原極致處."

변록』에서 『대학』의 편차를 고본과 다를 뿐만 아니라, 『대학장구』와도 현저히 다른 편차의 폭넓은 수정을 하였을 뿐만 아니라, 『중용』의 경우 20장(혹은 21장) 체제로 분장하면서 편차도 전면적으로 수정하였던 사실을 보여준다. 이처럼 『중용』 편차의 수정은 『중용』의 구조를 이해하는 박세당이 자신의 독자적 관점을 뚜렷하게 드러내고 있는 것이라 할 수 있다.

또 하나의 특징은 『중용』의 핵심개념을 이해하는 문제이다. '천명(天命)-성(性)-도(道)'의 개념에 대한 인식과 '중용'(中庸) 개념에 대한 인식에서 주자의 해석과 차이를 보인다는 점이다. 『중용』의 핵심개념에 대한 주자의 해석은 주자학의 형이상학적 체계인 성리설의 기초를 이루고 있는 것이다. 그렇다면 『중용』의 개념 핵심에 대해 주자와 해석을 달리한다는 것은 단지 주자의 『중용』 해석에 부분적인 의문점이나 이견(異見)을 제시하는 것과는 차원을 달리하는 문제가 된다. 그것은 성리학의 기본틀에 문제를 제기하는 것이요, 『중용』 해석의 철학적 기초가 달라지고 있음을 의미한다. 곧 『중용』 해석을 통해 박세당이 제시하는 철학체계의 성격이 무엇인지 확인하는 것이 중요한 과제가 된다.

그다음으로 『중용』 전체에서 '중용'의 '도'(道)를 실현하는 방법과 과제를 어떻게 인식하고 있는지를 확인하는 문제이다. '도'의 실현방법에 대한 이해의 체계가 달라지는 것은 사실상 『중용』 편차에 대한 수정이 일어나고 있는 것과 직접적으로 연결되고 있는 것이다. '도'의 실현방법을 구체적 현실에서 해명하고 있다는 것은 바로 박세당의 경전해석이 지닌 실학적 성격을 엿볼 수 있게 하는 점이기도 하다.

2. 『중용』 편차의 재구성과 관점

1) 『중용』 편차의 재구성

『예기』라는 경전의 성격이 한대(漢代)에 수집·편찬된 것이므로 『중용』의 편차에 착오가 있다는 박세당의 입장은 일찍부터 확고하였던 것 같다.

> "『중용』과 『대학』이 모두 『예기』에서 나왔는데, 『예기』라는 책은 원래 한(漢)나라 유학자들이 진(秦)나라 때 불타다 남은 것을 주워 모아 엮은 것이다. 그래서 뒤바뀐 글줄(錯簡)이 많았으니, 『중용』과 『대학』만 그렇지 않다고 어찌 보증하겠는가? 그래서 『대학』의 뒤바뀐 글줄을 지적한 사람은 주자(朱子) 이전에는 곧 두 정자(程子)가 있었고, 주자 이후에도 여러 사람이 있었으니, 확실히 말뜻이 통달하지 못하거나 문맥이 연결되지 못한 곳을 보았기 때문이다. 『중용』에 이르러서는 옛 유학자들이 끝내 그 편장과 글줄을 바꾼 사람이 없었으니, 『대학』에는 본래 강(綱)과 목(目)이 있어서 문장의 단락을 변별하기 쉽지만, 『중용』에는 이러한 것이 없기 때문이다."[2)]

여기서 박세당은 정자·주자를 비롯하여 여러 사람이 『대학』의 편차에 착오가 있음을 지적하였던 것은 『대학』의 경우 강령과 조목(綱目) 구조가 분명하여 편차의 뒤바뀜을 쉽게 발견할 수 있지만, 『중용』

2) 『西溪集』, 권22, '附錄: 年譜'(59歲條), "庸學同出於禮記, 而禮記一書, 固漢儒拾綴煨燼之餘, 故錯簡居多, 則庸學獨安保其不然乎, 是故大學之指定錯簡者, 朱子之前, 自有兩程, 朱子之後, 亦多有之, 誠見語意之有所不暢, 脈絡之有所不貫故耳, 至於中庸, 先儒卒未嘗變動其章簡者, 大學則自有綱目, 易辨其區段, 而中庸無此故也."

에는 강령과 조목 구조가 없기 때문에 사람들이 편차의 뒤바뀜을 쉽게 찾아내지 못하였던 것이라 확인한다. 그렇다면 『중용』의 편차에 뒤바뀜이 있음을 식별해내고 바로잡는 것은 그 의미가 명쾌하게 소통되고 있는지, 그 문맥이 분명하게 연결되고 있는지를 정밀하게 검토할 수 있는 안목이 있어야 한다는 것을 암시하고 있다. 바로 이 점에서 박세당은 자신이 『중용』의 편차를 전반에 걸쳐 재검토하고 수정하는 지극히 어려운 임무를 최초로 맡고 나섰다는 사실을 밝히고 있다.

주자는 『중용장구』에서 33장의 체제로 구분하였는데, 박세당은 『사변록』의 『중용』 해석에서는 20장의 체제로 구분하였고, 그 끝에 붙인 「중용장구질의」(中庸章句質疑)에서는 21장의 체제로 구분하였다. 『사변록』의 『중용』 해석을 보면 20장으로 구분하였지만, 박세당 자신이 20장 체제의 문제점을 스스로 지적하고 있는 사실을 보면, 『중용』 편차에 대한 그의 최종적 견해는 「중용장구질의」에서 제시한 21장 체제임을 알 수 있다. 주자의 『중용장구』(33장)와 박세당의 『사변록』(2)에 수록된 『중용』(20장)과 「중용장구질의」(21장)의 편차를 다음 표에서처럼 대조시켜 보면 그 차이점을 좀 더 쉽게 확인할 수 있을 것이다.

中庸章句	思辨錄	章句質疑	『中庸』 本文
01:01~05	01:01~05	01:0~05	天命之謂性 … 天地位焉 萬物育焉.
02:01~02	02:01~02	02:01~02	仲尼曰 君子中庸 … 小人而無忌憚也.
03:00	03:01	03:01	子曰 中庸其至矣乎 民鮮能 久矣.
04:01~02	03:02~03	03:02~03	子曰 道之不行也 … 鮮能知味也.
05:00	03:04	03:04	子曰 道其不行矣夫.
06:00	04:01	04:01	子曰 舜其大知也與 … 其斯以爲舜乎.

07:00	03:05*	03:05	子曰 人皆曰予知 … 不能期月守也.
08:00	04:02	04:02	子曰 回之爲人也 … 弗失之矣.
09:00	03:06*	03:06	子曰 天下國家可均也 … 中庸不可能也.
10:0104	04:03	04:03	子路 問强 … 北方之强也 而强者居之.
10:05	04:04	04:04	故君子 和而不流 … 至死不變 强哉矯.
11:01~03	04:05~07	04:05~07	子曰索隱行怪 … 唯聖者能之.
12:01~04	05:01~04	05:01~04	君子之道 費而隱 … 察乎天地.
13:01~04	07:01~04	07:01~04	子曰 道不遠人 … 君子 胡不慥慥爾.
14:01~04	08:01~04	08:01~04	君子素其位而行 … 小人行險以徼幸.
14:05	07:05*	07:05	子曰 射有似乎君子 … 反求諸其身.
15:01	06:01*	06:01	君子之道, 辟如行遠 … 登高必自卑.
15:02~03	06:02*	06:02	詩曰 妻子好合 … 樂爾妻帑.
16:01~05	09:01~05	09:01~05	子曰 鬼神之爲德 … 不可揜 如此夫.
17:01~04	10:01~04	11:01~04	子曰 舜其大孝也與 … 必受命.
18:01~03	11:01~03	12:01~03	子曰 無憂者 … 無貴賤一也.
19:01~06	11:04~09	12:04~09	子曰 武王周公 … 治國其如示諸掌乎.
20:01~02	12:01	13:01	哀公問政 … 其人亡則其政息.
20:03~15	12:02~14	13:02~14	人道敏政 … 有九經 所以行之者一也.
20:16	12:16	13:16	凡事 豫則立 … 道前定則不窮.
20:17	12:05*	13:05	在下位 不獲乎上 … 不誠乎身矣.
20:18	12:15*	13:15	誠者 天之道也 … 擇善而固執之者也.
20:19	12:17	13:17	博學之 審問之 … 篤行之.
20:20~21	12:18~19	13:18~19	有弗學 學之弗能 … 雖柔必强.
21:00	13:01	14:01	自誠明 謂之性 … 明則誠矣.
22:00	13:02	14:02	惟天下至誠 … 可以與天地參矣.
23:00	13:03	14:03	其次 致曲 … 唯天下至誠 爲能化.
24:00	14:00	09:06★	至誠之道 可以前知 … 故至誠 如神.
25:01~03	15:01~03	15:01~03	誠者自成也 … 故時措之宜也.
26:01~06	15:04-09	17:01~06	故至誠無息 … 無爲而成.
26 07~10	15:10~13	16:01~04★	天地之道 可一言而盡也 … 純亦不已.
27:01~06	16:01~06	18:01~06	大哉 聖人之道 … 敦厚以崇禮.

27:07	17:12*	19:12	是故居上不驕 … 其此之謂與.
28:01	17:13*	19:13	子曰 愚而好自用 … 烖及其身者也.
28:02	17:03	19:03	非天子 不議禮 不制度 不考文.
28:03	17:02	19:02	今天下 車同軌 書同文 行同倫.
28:04~05	17:04~05*	19:04~05	雖有其位 苟無其德 … 吾從周.
29:01	17:01*	19:01	王天下 有三重焉.
29:01	17:06	19:06	其寡過矣乎.
29:02~06	17:07~11	19:07~11	上焉者 雖善無徵 … 蚤有譽於天下者.
30:01~03	18:01~03	20:01~03	仲尼祖述 … 此天地之所以爲大也.
31:01	19:01	21:01	唯天下至聖 … 足以有別也.
31:02~04	19:03~05	21:03~05	溥博淵泉 而時出也 … 故曰配天.
32:01	16:07*	18:07	唯天下至誠 … 夫焉有所倚.
32:02	19:02*	21:02	肫肫其仁 淵淵其淵 浩浩其天.
32:03	19:06	21:06	苟不固聰明聖知 … 其孰能知之.
33:01~06	20:01~06	10:01~06★	詩曰 衣錦尙絅 … 無聲無臭 至矣.

* : 『思辨錄』(中庸) 편차의 순서가 『中庸章句』와 달라진 곳.
★ : 「中庸章句質疑」 편차의 순서가 『思辨錄』(中庸)과 달라진 곳.

먼저 『사변록』(중용) 20장과 『중용장구』 33장의 체제를 비교해보면, 그 순서를 바꾸어 놓은 곳이 14절이지만, 장·절의 결합과 분별이 이루어진 곳이 많아 매우 복잡한 변동을 보여주고 있다. 『사변록』(중용)을 기준으로 보면, 『중용장구』의 장·절 편차가 어떻게 결합되고 있는지, 내지 그 순서가 얼마나 여러 곳에서 재배열되고 있는지는 다음의 표와 같이 제시될 수 있다.

『사변록』(중용)	『중용장구』
3장	3·4·5·7·9장
4장	6·8·10·11장
6·7·8·9장	15·14(5)·14(1~4)·16장
11장	18·19장
12(1)장	20(1·2)장
12(5)장	20(6·17)장
12(7·8)장	20(9·8)장
12(15·16)장	20(18·16)장
13장	21·22·23장
15장	25·26장
16장	27(1~6)·32(1)장
17장	29(1a)·28(3·2·4)·29(1b)·29(2~6)·27(7)·28(1)장
19장	31(1)·32(2)·31(2)장

괄호 속 숫자는 절(節)을 표시함.

이처럼 박세당은 『사변록』(중용)에서 20장 체제로 광범하게 편차 수정을 하였지만, 그 후 다시 편차의 재수정을 통해 최종적으로 정리한 것이 「중용장구질의」(中庸章句質疑) 21장 체제이다. 박세당은 『사변록』(중용)을 저술한 다음에 편차를 재수정하고 나서 그 재수정 사실을 다시 『사변록』(중용) 속에도 추가로 기록하여 밝히고 있음을 보여준다. 여기서는 「중용장구질의」가 『사변록』(중용)의 편차를 수정한 경우만 살펴보면 다음의 표와 같이 다섯 곳에서 확인할 수 있다.

思辨錄(中庸)	章句質
14장	9장(6절)
15장(1~3절)	15장
15장(4~9절)	17장
15장(10~13절)	16장
20장	10장

곧 박세당이 재수정 내용을 보면 『사변록』(중용)의 14장을 『장구질의』에서 9장의 끝에 붙여 넣었고, 15장의 1~3절 · 4~9절 · 10~13절을 『장구질의』에서는 세 장(15~17장)으로 나누면서 10~13절을 16장으로 4~9절을 17장으로 순서를 뒤집어 놓았으며, 『사변록』(중용)의 마지막 20장을 『장구질의』에서는 9장(6절)의 다음으로 옮겨 10장으로 삼고 있는 것이다.

나아가 그는 『중용』의 편차를 전면으로 수정하는 유례없이 과감한 『중용』 편차개정 작업을 수행하였고, 『중용』 본문의 글자에 대해서도 『사변록』(중용)의 3장 2절(子曰道之不行也, 我知之矣, 知者過之, 愚者不及也, 道之不明也, 我知之矣, 賢者過之, 不肖者不及也.)에서 '불행'(不行)의 '행'(行)자와 '불명'(不明)의 '명'(明)자가 뒤바뀐 것임을 고증하기도 하였다.[3] 여기서 보여준 박세당의 경전인식은 성인(聖人: 孔子)의 정신을 체득하여 경전의 편차와 글자까지 바꾸어 문맥의 소통과 의리의 선명함을 확보하고자 하는 데 주의를 기울이고 있는 것임을 보여준다.

---

3) 『思辨錄』(2), '中庸'(3장), "行明二字, 當錯, 註所解說, 雖其義略通, 而聖人之言, 本自坦平易知, 不應徒爲此崎嶇以新其辭而卒無益於義理之辨也, 今試以此二字易置而讀之, 其爲義豈不坦易明白而綽有餘味無可疑者乎."

2)『중용』 편차수정의 관점

주자는『중용장구』에서『중용』을 33장으로 나누면서, 그 중심주제에 따라 여섯 대절(六大節)로 나누고 있다. 곧『장구』의 1장(首章)은 '중화'(中和)를 말하고, 2~11장은 '중용'(中庸)을 말하고, 12~19장은 '비은'(費隱)을 말하고, 20~26장은 '성'(誠)을 말하고, 27~32장은 '대덕·소덕'(大德·小德)을 말하고, 33장은 1장의 뜻을 다시 펼친 것이라 하였다.[4)]

주자『중용』6大節	『사변록』(중용)
01장 — 中和	〈01〉 一書之宗旨
02~11장 — 中庸	〈02~04〉 中庸
12~15장 — 費隱	〈05~08〉 道
16장 — 費隱	〈09〉 誠
17~19장 — 費隱	〈10~11〉 中和·中庸之德
20장 — 誠	〈12〉 中和·中庸之德
21~23장 — 誠	〈13〉 中和·位育
24장 — 誠	〈14〉 誠
25~26장 — 誠	〈15〉 中和·位育
27~32장 — 大德·小德	〈16~19〉 中和·位育
33장 — 復申首章之義	〈20〉 誠

이에 비해 박세당은『사변록』(중용)에서 20장으로 나누고 각 장의 요지를 설명하고 있는데, 이를 크게 묶어 보면 1장(一書之宗旨), 2~4

4)『中庸章句』, '讀中庸法', "中庸當作六大節看, 首章是一節, 說中和, 自君子中庸以下十章是一節, 說中庸, 君子之道費而隱以下八章是一節, 說費隱, 哀公問政以下七章是一節, 說誠, 大哉聖人之道以下六章是一節, 說大德小德, 末章是一節, 復申首章之義."

장(中庸), 5~8장(道), 9·14·20장(誠), 10~12장(中和·中庸之德), 13~19장(中和·位育)의 여섯 단락으로 나누어 보고 있다.

바로 앞의 표에서 보면 주자의 6대절 구분에서 제시된 각 장의 요지와 박세당의 『사변록』(중용)에서 제시한 각 장의 요지가 상당 부분에서 서로 일치하지 않는 점은 바로 『중용』을 이해하는 관점의 차이를 드러내는 것이고, 따라서 편차의 수정도 제기될 수밖에 없었던 것이다. 예를 들어 주자는 『중용장구』의 20~26장의 요지를 '성'(誠)으로 제시하였는데, 박세당은 그 가운데 24장의 요지만 '성'으로 제시하였다. 또한 주자가 요지를 '비은'(費隱)으로 제시한 16장과 수장(首章)의 뜻을 다시 펼친 것이라는 33장의 요지를 박세당은 '성'으로 제시하는 차이를 보여주고 있는 것에서도 확인할 수 있다. 박세당은 『사변록』(중용)에서 '성'을 주제로 하는 것이라 파악한 세 장인 〈09〉·〈14〉·〈20〉장을 『중용장구질의』에서는 09장(1~5절)·09장(6절)·10장으로 연결되도록 편차를 이동하고 있음을 보여준다.

주자가 제시한 여섯 가지 요지인 '중화'(中和)·'중용'(中庸)·'비은'(費隱)·'성'(誠)·'대덕·소덕'(大德·小德)과 박세당이 제시한 여섯 가지 요지인 '일서의 종지'(一書之宗旨)·'중용'·'도'(道)·'성'(誠)·'중화·중용의 덕'(中和·中庸之德)·'중화·위육'(中和·位育)을 대비시켜 보면, 그 사이에서 『중용』의 핵심주제를 인식하는 관점의 차이가 드러나고 있는 것이 사실이다.

주자의 경우는 '중화'·'중용'·'비은'·'대덕·소덕'(天道·人道)으로 내려가면서 지속적으로 본체(體)와 작용(用)의 구조를 파악해 가는 것으로 보인다. 그렇다면 중간에 놓여 있는 '성'(誠)은 주자의 『중용』인식에서 본체와 작용의 결합으로 이해되는 것이라 할 수 있다. 이에 비해 박세당의 경우는 '종지'(宗旨)·'중용'·'도'(道)의 앞부분은 원리와 기준을 확인하는 것이라면, 뒷부분의 '중화·중용의 덕'(中和·中庸之德)·'중화·위육'은 원리와 기준을 현실에서 실현하는 양상을 제시하는 것으로 보인다. 여기서 중간에 놓인 '성'(誠)은 원리의 기준이 현실 속에서 실현되는 데 요구되는 조건으로 이해되고 있는 것이라 하겠다.

따라서 『중용』을 인식하는 관점에서 주자는 원리와 현실 사이의 대응구조를 인식하는 데 초점을 두고 있는 것이라면, 박세당은 원리를 현실 속에서 실현시켜 가는 실천과정을 인식하는 데 초점을 두고 있다는 관점의 특성을 드러내 주고 있는 것이다. 그만큼 『중용』 인식에서 관념적 사유구조를 정립하고자 하는 주자학의 성리학적 관심과 현실적 실현방법을 탐색하고자 하는 박세당의 실학적 관심의 차이를 확인할 수 있게 한다.

박세당은 『사변록』(중용)의 19장 요지를 밝히면서, "13장으로부터 여기(19장)에 이르기까지 모두 '중화'(中和)와 '위육'(位育)의 뜻을 밝혀서 수장(首章)의 말을 마쳤으니, '중용'의 도리는 여기서 다하였다. 생각해 보니, 이것은 본래 마지막 장이 되는 것이고, 아래 장(20장)은 글줄의 묶음(簡編)이 빠지고 잘못된 것인 듯하다."[5]라 하였다. 이처럼 그는 13~19장을 묶어서 '중화·위육의 뜻'을 밝힌 것이라 규정하였지만, 실제로 그 자신이 13~19장의 각 장 요지를 밝힌 것을 보면 상당한 차이가 있음을 발견하게 된다.

곧 그는 13장에 대해서, "위의 장(12장 15절)에서 말한 '진실한 것'(誠者)은 '천도'(天道)요, '진실하려는 것'(誠之者)은 '인도'(人道)라는 뜻

---

5) 『思辨錄』(2) '中庸'(19장), "自十三章至此, 皆明中和位育之義, 以終首章之說, 中庸之道, 盡於是矣, 意此本爲卒章, 而下章則乃簡編之脫誤者爾."

을 이어서, 그 각각 이루는 방법을 밝혀, 그 끝마침에 미치면 '인도'의 지극함이 '천도'에 합한다는 것이다. '성'(誠)을 논한 것이 비로소 여기에서 자세해졌고, 아래에서는 모두 같은 뜻을 반복한 것이다."[6]라 하여, '성'(誠)을 말한 것으로 제시하였다. 14장은 9장 아래에 붙여야 할 것이라 하여, '성'(誠)의 뜻으로 연속시키고 있으며, 15장에 대해서는 "이 장은 모두 3절인데, 첫머리에는 자기를 이루고(成己) 사물을 이루는 것(成物)이 반드시 '성'을 기다려야 한다는 것을 말하였고, 중간에서는 '성'의 공효가 지극하여 천지에 짝할 수 있는 것을 말하였으며, 끝에서는 천지란 '성'으로 쌓아올리기를 쉬지 않아서 그 공용(功用)의 성대함이 이와 같은 것이니, 성인의 덕이 천지에 짝할 수 있는 것은 역시 '성'이 지극한 데 불과하다는 것을 말한 것이다."[7]라 하였다. 그렇다면 13~15장은 '성'(誠)에 대한 언급임을 확인하고 있는 것이다.

나아가 16장에 대해서는, "위의 장(15장)을 이어서 성인이 하늘을 짝하는 것은 모두 지극한 '성'을 쌓아올린 공적으로 말미암아 중화(中和)의 덕을 이루어 얻은 것을 말한 것이다."[8]라 하여, '성'(誠)에 기초하여 '덕'(德)을 이루는 것이라 하였고, 17장에서는 "위의 장(16장)을 이어서, 예(禮)는 반드시 사람을 기다려서야 행하여지는 것을 말하고, 또 비록 이러한 '덕'이 있더라도 진실로 그 지위를 얻지 못

---

6) 『思辨錄』(2), '中庸'(13장), "承上章所言誠者天道誠之者人道之意, 各明其致而及其卒也人道之至合乎天道也, 論誠, 始詳於此, 下皆一義而反覆之."

7) 『思辨錄』(2), '中庸'(15장), "此章凡三節, 首言成己成物必待乎誠, 中言誠之效極其至可以配天地, 終言天地所以誠積累不息致其功用之盛如此而聖人之德有以配之則亦不過曰誠之至而已."

8) 『思辨錄』(2), '中庸'(16장), "承上章言聖人所以配天者, 皆由至誠積累之功以致中和之德而得之也."

하면, 감히 망령되게 행동하여 자신에게 재앙이 오게 해서는 안 된다는 것을 밝힌 것이다."[9]라 하여, '덕'의 실현을 위한 조건으로 사회적 지위를 지적하였다. 또한 18장에 대해서는 "15장에서 먼저 '천지의 도'를 말하고 '문왕(文王)의 덕'으로서 끝맺었는데, 이 장(18장)에서는 먼저 '공자의 덕'을 말하고 '천지의 도'로 끝맺었다. 앞과 뒤를 뒤집어서 그 뜻을 이루었으니, 모두 성인의 '지성'(至誠)이 쉼이 없어서, 천지와 함께 그 덕이 합하는 것을 밝힌 것이다."[10]라 하여, '성'(誠)과 '덕'(德)이 일치하여 실현되는 것임을 보여준다.

그렇다면 13~15장에서 말한 '성'(誠)과 16~19장에서 말한 '성'(誠)과 '덕'(德)의 일치가 모두 '중화'(中和)의 '덕'으로 천지와 만물을 '위육'(位育)하는 실현의 과제요, 방법임을 의미하고 있는 것이다. 이처럼 박세당이 지닌 『중용』 해석의 관점은 '중용'의 원리를 현실에서 실현하는 실천과정과 실천방법을 찾아가는 것임을 엿볼 수 있다.

3. '도'(道)의 실행근거로서 '성'(性)

1) '성'(性) 개념의 인식과 쟁점

박세당은 『사변록』(중용) 제1장의 요지를 밝히면서, "한 책(『중용』)의 종지(宗旨)를 집약하였다. 그다음은 모두 이 장(1장)의 뜻을 미루어 말하며 되풀이하여 밝힌 것이다."[11]라 하였다. 그만큼 『중용』 전

---

9) 『思辨錄』(2), '中庸'(17장), "承上章言禮必待人而行, 又明雖有此德而苟不得乎其位, 不敢妄有所作爲以災其身."

10) 『思辨錄』(2), '中庸'(18장), "十五章先言天地之道, 終以文王之德, 此章先述孔子之德, 終以天地之道, 反覆前後以致其意, 皆所以明聖人至誠不息, 與天地合其德也."

체의 기본원리 내지 핵심내용을 집약하고 있는 것임을 강조하고 있다. 『중용』의 제1장은 '천'(天)·'성'(性)·'도'(道)·'교'(敎)의 네 가지를 핵심개념으로 제시하고, 이 핵심개념들이 어떻게 연결되고 있는지를 밝혔다. 여기서 박세당은 이 네 가지 개념 가운데 중심을 '성'과 '도'로 파악하고, '천'은 '성'의 근원으로 주목하며, '교'는 '도'의 구체화된 규범으로 인식하고 있는 것으로 보인다. 따라서 '성'은 '천'에 근거하여 이해되고, '교'는 '도'의 구체적 실현과제로 이해되고 있는 것이라 할 수 있다. 박세당 자신은 『중용』의 핵심개념을 해석하면서 주자와 차이점을 분명하게 밝히고 있으며, 김창협은 주자의 견해를 옹호하는 입장에서 박세당의 이론을 비판하면서, 쟁점이 선명하게 드러나고 있는 사실이 주목된다.

'성' 개념에 대한 인식은 『중용』 첫머리의 "하늘이 명한 것을 '성'이라 한다."(天命之謂性)는 구절을 해석하면서 분명하게 제시되고 있다. 여기서 박세당은 하늘의 이치와 인간의 '성' 사이의 관계를 해명하여, " '명'(命)이란 '주는 것'(授與)을 말한다. '성'(性)이란 마음의 밝음이 받은바 하늘의 이치(天理)로서, 태어나면서 갖추고 있는 것이다. 하늘에는 드러난 이치가 있고, 사물(物)에서는 (이치에) 합당한 것이 법칙이 된다. 이 이치와 법칙이 사람에게 주어져서 그 마음의 밝음이 되는 것이다. 사람이 이미 천리를 받아 그 마음에서 밝아지면, 이에 사물이 마땅한지 아닌지를 고찰할 수 있게 된다."[12]고 하였다.

여기서 먼저 '성'을 하늘이 '명'한 것이라고 언급한 『중용』의 정

---

11) 『思辨錄』, '中庸'(1장), "約一書之宗旨, 此下皆推說此章之義, 反覆以明之."

12) 같은 곳, "命者, 授與之之謂也, 性者, 心明所受之天理與生俱者也, 天有顯理, 物宜之而爲則, 以此理則, 授與於人, 爲其心之明, 人旣受天理, 明於其心, 是可以考察事物之當否矣."

의에서 '명'(命)의 의미를 확인하고 있다. 그것은 하늘과 인간의 사이에 '성'이 성립되는 근거나 방법을 인식하는 것이다. 주자는 『중용장구』에서 "명(命)은 명령(令)과 같다."(命猶令也)고 하였는데, 박세당은 '명'을 '주는 것'(授與)이라 해석하면서, 그 이유를 밝혀, "이제 '명'을 '주는 것'(授與)이라 해석한 것은 무슨 이유인가? '명령한다'(令)는 뜻이 분명하지 않기 때문이다. 벼슬을 주는 것도 또한 벼슬에 '명'한다고 하는 것과 같다."13)고 하였다. 하늘이 인간에게 성품을 '명'하는 것이 '명령'하는 것이라면, 인간을 주재하는 하늘의 지위를 분명히 제시해 주고 있지만, 명령의 내용이 무엇인지, 어떻게 인식되는 것인지 설명이 없다면 '명령'이라는 말의 뜻이 분명하지 않다는 것이다.

이에 비해 박세당이 '명'을 '주는 것'이라 한다면, 하늘이 인간에게 무엇을 주었는지만 설명하면 명쾌하게 이해될 수 있다. 곧 그는 " '성'(性)이란 마음의 밝음이 받은바 '하늘의 이치'(天理)로서 태어나면서 갖추고 있는 것이다."라 하여, 하늘은 '이치'(理)를 인간에게 주었고, 인간은 태어나면서 하늘로부터 '이치'를 받아서 간직하고 있는 것이 바로 '성품'(性)임을 밝히고 있다. 그렇다면 하늘에는 '이치'(理)가 있고, 인간이 하늘로부터 '이치'를 받아서 간직하는 상태로서 '마음의 밝음'이 바로 '성품'이라는 것이다. 다시 말하면 하늘이 인간에게 '이치'를 내려주었는데, 하늘에서 받은 '이치'는 인간의 내면에서 '마음의 밝음'으로 실현되고, 이 '마음의 밝음'을 '성품'이라 일컫는다는 것이다. 그렇다면 '이치'는 인간 속에 주어지자 '마음의 밝음'인 '성'으로 변환되었으니, 더 이상 '성'을 '이치'와 동일시할 수

---

13) 같은 곳, "註, 謂命爲令, 今謂爲授與, 何也, 令之義, 不明故也, 如授之爵, 亦謂命之爵也."

없음을 말해 주고 있다.

여기서 박세당은 하늘의 '이치'가 주어지는 양상을 해명하여, "하늘에는 드러난 '이치'(理)가 있고, 사물에서는 (이치에) 합당한 것이 '법칙'(則)이 된다. 이 이치와 법칙이 사람에게 주어져서 그 마음의 밝음이 되는 것이다."라고 하였다. 그렇다면 하늘에 있는 '이치'와 사물이 하늘의 '이치'에 합당한 것인 '법칙'이 인간에게 주어진다는 사실을 확인하고, 동시에 인간은 하늘의 '이치'와 사물의 '법칙'을 받아서 마음이 밝아진 것이 '성품'이라는 사실을 확인한다. 인간이 위로부터 하늘의 '이치'와 밖으로부터 사물의 '법칙'을 받으면 '마음의 밝음'(心之明)이 된다는 것은 '이치'와 '법칙'이 주어지는 자리는 바로 인간의 마음이요, '이치'와 '법칙'을 받은 상태는 인간의 마음이 밝아지는 것이며, 이 '마음의 밝음'이 바로 '성품'이라는 것이다.

나아가 그가 "사람이 이미 하늘의 '이치'를 받아 그 마음에서 밝아지면, 이에 사물이 마땅한지 아닌지를 고찰할 수 있게 된다."고 언급한 것을 보면, 하늘의 '이치'와 사물의 '법칙'이 동시에 '명'으로 인간에게 주어진다고 보는 것이 아니라 이해된다. 그것은 하늘의 '이치'가 태어나면서 인간에게 주어져 인간의 마음이 밝아지면, 그 밝아짐으로 후천적으로 사물이 '법칙'에 합당한지 아닌지를 판단할 수 있다는 것이다. 그렇다면 박세당이 하늘의 '이치'와 사물의 '법칙'을 받아 '마음의 밝음' 곧 '성'이 된다고 언급한 것은 하늘의 '이치'를 부여받음으로써 그 이치가 사물에서 드러난 '법칙'을 인식할 수 있는 능력이 생겨났다는 의미로 이해된다.

박세당의 '성' 개념에 대한 해석이 주자와 분명하게 달라지면서, 주자학의 입장을 옹호하는 김창협의 비판은 이론적 분석에 앞서 전면적으로 부정하는 입장을 보여주고 있다. 여기서 김창협은 박세당이 ‘성’을 해석한 언급을 인용하면서 ‘마음의 밝음이 받은바 하늘의 이치’(心明所受之天理)를 ‘마음의 밝음이 주는 바의 이치’(心明所授之理)라 잘못 인용하고, 또 ‘하늘에 드러난 이치가 있고’(天有顯理)를 ‘사람에 드러난 이치가 있고’(人有顯理)로 잘못 인용하고 있다. 이에 따라 김창협은 “이 말은 의미가 생경하고 깜깜하니, 전혀 글을 이루지도 못하고 의리를 이루지도 못하였으니, 모름지기 한마디로 논파해야 할 것 같다.”[14]고 하였다. 박세당의 언급이 잘못 인용된 과정은 알 수 없지만, 올바로 인용되었더라도 전면적으로 부정하는 김창협의 입장은 변하지 않았을 것으로 보인다. 당시 주자학의 정통주의적 입장에서는 주자의 해석과 다른 해석을 이론적으로 분석하기보다는 배척의 거부감이 앞서는 태도를 엿볼 수 있게 한다.

박세당의 ‘성’ 개념에 대한 이해에서는 주자의 해석과 충돌하는 지점이 분명하게 드러난다. 그는 주자가 “성품은 이치이다.”(性卽理也)라 해석한 견해를 거부하는 이유를 밝히면서, “이치가 마음에서 밝아진 것이 성품이니, 하늘에 있는 것을 ‘이치’(理)라 하고, 사람에 있는 것을 ‘성품’(性)이라 하는 것은 명칭을 문란하게 할 수가 없기 때문이다. ‘이’(理)니, ‘성’(性)이니, ‘도’(道)니, ‘교’(敎)니 하는 것은 그 이루어짐을 논하거나 귀결을 따진다면, 마지막에야 같지 않음이 없겠지만, 다만 그 명칭을 문란하게 할 수 없다. 명칭이 문란하게 되면, 또한 근본과 말단의 차례가 있는 바를 잃게 되어, 말하는 뜻을 밝힐 수 없게 된다.”[15]고 하였다. 곧 하늘이 인간에게 ‘이치’를 주었

---

14) 『農巖集』, 권15, 8, ‘與權有道(尙游)論思辨錄辨’, “其釋性之說, 有曰, 心明所授之理, 又曰, 人有顯理, 物宜之而爲則, 以此理則, 授與於人, 爲其心之明者, 其語意生受黮味, 全不成文字, 全不成義理, 恐亦須一語辨破.”

15) 『思辨錄』, ‘中庸’(1장), “理明于心爲性, 在天曰理, 在人曰性, 名不可亂故也, 曰理·

지만, 인간이 받아서 간직하고 있는 것은 '성품'으로 구별되어야 한다는 것이다. 하늘에 있는 '이치'와 인간이 간직한 '성품'이 근원적으로야 일치한다는 점을 인정하면서도, '이'(理)·'성'(性)·'도'(道)·'교'(教)의 명칭처럼 그 자리 잡은 위치나 상황이 달라지는 데 따라 명칭의 구별이 중요함을 강조하고 있다. 이 명칭의 분별이 명확하지 않으면 근본과 말단의 관계나 실현의 순서를 밝힐 수 없는 문제점이 발생하게 됨을 엄격하게 지적하는 것이다. 이처럼 하늘에 있는 '이치'와 인간에 있는 '성품'을 구별하는 박세당의 분별적 관점은 '성품이 곧 이치'(性卽理)라는 주자학의 일치적 관점과는 사유방법의 근본적 차이를 드러내고 있음을 보여준다.

주자의 '성' 개념에 대한 인식은 두 갈래로 나누어지고 있음을 볼 수 있다. 곧 『중용』의 해석에서는 인성(人性)과 물성(物性)을 통합시켜 해명하고, 『맹자』의 해석에서는 인성과 물성을 구분하여 해석하였다. 이에 따라 18세기 초부터 조선후기 성리학자들 사이에서 인성과 물성이 같은지 다른지를 논의하는 '인물성동이논쟁'(人物性同異論爭: 湖洛論爭)이 한 시대의 중심적 쟁점으로 떠올랐던 것이 사실이다. 주자는 "성품은 곧 이치이다. 하늘이 음양·오행으로 만물을 조화·생성함에, 기질(氣)로 형체를 이루고 이치(理)도 여기에 부여되었다."[16] 고 하여, 인간과 사물의 생성에 이치가 부여되어 인간과 사물의 '성품'이 같은 '이치'임을 주장하였다.

이에 대해 박세당은 주자와 달리 인성과 물성을 구별하고, 『중용』의 '성' 개념을 인간의 성품(人性)으로 인식하는 입장을 밝히면서, "비

曰性·曰道·曰教, 論其致, 究其歸, 卒未嘗不同, 但不可亂其名, 名亂則或失所在本末之次第, 無以明所言之義也."

16) 『中庸章句』, 1장, "性卽理也, 天以陰陽五行化生萬物, 氣以成形, 而理亦賦焉."

록 사물에도 '성품'이 있지만, 다만 그 성품됨이 사람과 같지 않으니, '오상'(五常)의 덕을 일컬을 수 없다. 사물을 아울러 말하는 것은 『중용』의 뜻이 아니기 때문이다."17)라 하였다. 그는 『중용』의 뜻이 사물의 성품(物性)과 인간의 성품(人性)을 동일시하지 않는 것임을 강조하면서, '오상'(五常: 仁·義·禮·智·信)의 덕은 인간의 성품과 연결되는 것이지, 사물의 성품과는 연관되지 않는 것임을 지적하고 있다.

김창협은 주자의 견해를 변호하는 입장에서 박세당이 『중용』의 '성' 개념은 사람의 성품에 대해 말한 것이라는 견해를 비판하여, "'성'이란 만물의 한 근원이요, 사람만이 얻은 것이 아니다. 그러므로 『중용장구』에서는 '하늘이 명한 성품'을 풀이하면서 반드시 사람과 사물을 아울러 말하였다. 이제 모씨(박세당)가 단지 '사람에게 준 것'이라 말하고 '사물'을 빠뜨렸으니, 이것은 하늘이 명한 '성'을 사람만 간직하고 사물은 참여하지 못한다는 것이다. 이것은 '성'(性)과 '명'(命)의 이치를 전혀 알지 못하는 것이다."18)라 하였다. 김창협의 이 비판에서도 주자의 견해를 되풀이하여 내세운 것이고, 박세당이 주자의 견해를 반박하면서 제시하는 이론적 논증태도는 찾아볼 수 없는 것이 사실이다.

---

17) 『思辨錄』, '中庸'(1장), "雖物亦有性, 但其爲性也, 與人不類, 無以稱乎五常之德, 兼言物, 非中庸之指故也."

18) 『農巖集』, 권15, 25, '與權有道再論思辨錄辨', "性者, 萬物之一源, 非人之所獨得也, 故章句解天命之性, 必兼人物而言, 今某只言授與於人而遺却物字, 是天命之性, 人獨有之而物不得與也, 是全不識性命之理矣."

2) ‘도’의 실행근거로서 ‘성’의 본체

박세당은 『중용』 제1장의 서술구조로, 먼저 1장 1절에서 그 중심 개념인 ‘성’과 ‘도’에서 ‘성’이 기준이 되고 ‘성’을 따르는 실행방법이 ‘도’임을 제시하는 것이라 본다. 이어서 1장 2~3절에서는 그 실행방법인 ‘도’를 떠나지 말아야 함을 강조하고 나서, 그다음에 1장 4~5절에서 다시 돌이켜 ‘도’를 실행하는 근거인 ‘성’의 본체를 확인하고 있음을 밝히고 있다.

여기서 그는 ‘중’(中)과 ‘화’(和)를 천하의 ‘대본’(大本)과 ‘달도’(達道)라 언급한 『중용』의 1장 4절이 바로 ‘도’의 실행근거로서 ‘성’의 본체를 제시하는 것이라 파악하였다. 나아가 그 의미를 해명하여, “배우는 사람으로 하여금, ‘천리’(天理)가 본래 내 마음에서 밝혀지는 것이 이와 같음을 모두 알게 하지 않음이 없다. 이 ‘도’를 행하고자 하면 다른 데서 구하지 말고, 바로 이 마음속에서 돌이켜 찾으면 충분할 것이다.”[19]라 하였다. 곧 ‘도’를 떠나지 않는지, 떠나는지를 판별하는 것은 바로 ‘도’가 ‘성’을 따르고 있는지 따르지 않는지에 따라 결정되는 것이며, ‘성’을 따르는 것인지 따르지 않는 것인지를 판별하는 것은 바로 사람의 마음속에서 발동하는 감정이 ‘천리’의 절도에 맞는지(中節) 절도에 맞지 않는지(不中節)에 따라 결정되는 것임을 밝히고 있다.

그렇다면 ‘도’의 실행을 위해 그 기준으로 따라야 하는 ‘성’은 ‘천리’가 내 마음속에서 밝아져 희·노·애·락(喜怒哀樂)의 온갖 감정이

---

19) 『思辨錄』, ‘中庸’(1장), “使學者莫不皆知天理之素明於吾心者本自如此, 凡欲爲此道, 不待他求, 卽反之此心而已足.”

아직 발동하지 않았을 때(未發時)에 마음을 살펴서 얽매이거나 치우침이 없고 지나침이나 못 미침이 없어 '천리'를 밝히고 있는 '중'(中)을 기준으로 확립해야 하는 것이다. 이 '중'이 곧 천하의 '도'가 기준으로 삼는 '큰 근본'(大本)이다. 나아가 이 '중'을 기준으로 삼아, 온갖 감정이 발동하는 현장에서 절도에 들어맞아 얽매임이나 치우침이 없고 지나침이나 못 미침이 없는 것이 '화'(和)이다. 이 '화'가 곧 천하에 실현되는 '통달한 도'(達道)라는 것이다.

여기서 '성'을 따라 '도'를 실행한다는 것은 감정의 발동에 기준으로서 얽매이거나 치우침이 없고 지나침이나 못 미침이 없는 '중'을 확립하는 것이요, '도'에서 벗어나지 않는다는 것은 '중'을 기준으로 감정의 발동이 절도에 맞게 드러나는 것이 '도'를 실행하는 것임을 말해 준다. 따라서 박세당은 "'중'에 의거하지 않으면 '화'가 될 수 없으며, '대본'을 따르지 않으면 '달도'가 될 수 없다. 이것이 자사(子思)가 후학(後學)에게 밝혀준 지극히 분명하고 지극히 뚜렷하며 지극히 간절한 깊은 뜻이요, 요긴한 취지이다. 온 천하 고금의 사람들이 이(中)를 근본으로 하지 않음이 없으니, '천하의 큰 근본'이라 이르는 것이요, 천하 고금의 사람들이 모두 이(和)를 따라서 '도'로 삼을 수 있으니, '천하의 통달한 도'라 이르는 것이다."[20]라 하여, '성'과 '도'의 관계를 '중'과 '화'의 관계로 제시하고 있다. 그것은 '중화'(中和)의 개념이 감정이 발동하기 전(未發)과 발동한 이후(已發)라는 심성의 양상으로 이해하는 것이 아니라, '성'을 기준으로 '도'를 실행하는 과정에서 실행의 기준과 모범으로 이해하는 사실에서,

---

20) 같은 곳, "夫不依乎中, 無以爲和, 不循乎大本, 無以爲達道, 此子思開示後學至明至著至懇至切之深意要指, 擧天下古今人, 莫不有乎此以爲之本, 所以謂天下之大本也, 通天下古今人皆可循乎此以爲之道, 所以謂天下之達道也."

'성'과 '도'의 관계에 대한 박세당의 관점을 보여주는 것이다.

박세당은 주자의 주석에서, "근독(謹篤: 愼獨)으로부터 이를 정밀하게 하여 사물에 대응하는 자리에서 조금도 잘못됨이 없어서 가는 곳마다 그렇지 않음이 없으면, 그 '화'(和)를 지극히 하여 만물이 양육될 것이다."라는 구절은 받아들이지만, "계신·공구(戒愼恐懼)로부터 이를 집약하여 지극히 고요한 가운데서도 치우침이 없어서 그 지키는 바를 잃지 않는 데 이르면, 그 '중'(中)을 지극히 하여 천지가 제자리를 잡게 될 것이다."[21]라는 구절은 거부하였다.

여기서 그는 주자가 '지극히 고요함'(至靜)에서 본체인 '중'을 확인하는 입장을 거부하였다.

> "'지극히 고요하다'고 말하는 것은 곧 순식간으로 한 가지 생각도 일어나지 않은 때라면, 그 치우침이나 치우치지 않음과, 그 지킴을 잃음이나 잃지 않음이 하나같이 모두 막연하여 형체나 조짐이 나타나지 않는다. 자기 마음으로도 반성해 볼 수 없고, 남들도 관찰할 수 없다. 그러니 과연 치우침이 없는가, 과연 지킴을 잃지 않았는가를 어떻게 알 수 있는지 모르겠다. 그 '중'을 지극히 할 수 있는가를 어떻게 알 수 있는지 모르겠다. 이것만으로도 천지가 자리 잡게 하고, 산천과 귀신도 모두 편안하기에 충분한지 모르겠다."[22]

21) 『中庸章句』, 1장, "自戒懼而約之, 以至於至靜之中, 無所偏倚而其守不失, 則極其中而天地位矣. 自謹獨而精之, 以至於應物之處, 無少差謬而無適不然, 則極其和而萬物育矣."

22) 『思辨錄』, '中庸'(1장), "其所謂至靜者, 乃卽霎然之頃一念未起之時, 則其偏倚與無偏倚, 失其守與不失其守, 一皆漠然而形兆未見, 自心之所不能省, 他人之所莫能察, 不知於何而見其果無偏倚果不失守也, 不知於何而見其能極其中也, 不知只此尙足以使夫天地得位而山川鬼神亦莫不寧耶."

‘고요함’(靜)과 ‘활동함’(動)은 주자학에서 본체(體)와 작용(用)이 드러나는 두 가지 기본형식으로 삼으면서, ‘고요함’은 본체로서 한가지 생각도 일어나지 않는 때라 본다. 그러나 박세당은 아무 생각도 일어나지 않는 ‘고요함’ 자체가 본체인 ‘중’이요, 기준이 될 수 없음을 분명히 지적하며, 감정이 발동하기 이전에 마음을 성찰하여 얽매임과 치우침이 없이 ‘천리’를 인식하는 것이 ‘중’의 기준을 확립하는 것임을 강조하고 있다.

또한 주자가 “천지와 만물은 본래 나와 일체이니, 나의 마음이 바르면 천지의 마음도 바르고, 나의 기운이 순하면 천지의 기운도 순하다.”23)라 하였다. 박세당은 주자의 이러한 ‘천인일체’(天人一體) 내지 ‘물아일체’(物我一體)의 우주론을 정면으로 거부하고 있다. 그는 “이른바 천지의 마음이란 것은 곧 ‘이치’(理)가 아닌가. 사람으로서 하늘을 거스르면 그 바름을 얻지 못하고, 하늘에 순응하면 그 바름을 얻는 것이다. 하늘이 어찌 사람이 거스르는지 순응하는지에 따라 그 자연의 떳떳함을 바꾸어 바르기도 하고 바르지 않기도 함이 있겠는가.”24)라 하여, 사람의 마음이 바른지 바르지 못한지에 따라 하늘의 마음이 바르기도 하고 바르지 못하기도 하는 일이 없음을 강조하였다. 그것은 하늘이 사람의 사유와 행동의 기준이 되는 것임을 확인함으로써, 하늘과 사람이 일체라는 주자학의 우주론을 거부하는 입장을 분명하게 밝히고 있는 것이다.

---

23) 『中庸章句』, 1장, “蓋天地萬物本吾一體, 吾之心正, 則天地之心亦正矣, 吾之氣順, 則天地之氣亦順矣.”

24) 『思辨錄』, ‘中庸’(1장), “夫所謂天地之心者, 非卽理乎, 人有逆於天而不得其正, 順於天而得其正者矣, 天又安有以人之逆之順之而變其自然之常, 或正或不正耶.”

4. ‘도’(道) 개념과 ‘도’의 실상

1) ‘도’(道) 개념의 인식

박세당은 ‘성’(性)의 근원으로 하늘을 확인하고, ‘성’의 실현으로서 ‘도’(道) 개념을 인식하는 입장을 분명하게 밝히고 있다. 그는 『중용』 첫머리의 “성품을 따르는 것을 도리라 한다”(率性之謂道)는 구절을 해석하면서, “진실로 일을 처리하고 사물에 대응함에 반드시 이것(性)에 따를 수 있어서 혹시라도 어김이 없다면, 사물에 시행됨은 통달함이 있고 막힘이 없을 것이니, 비유하자면 네거리의 큰길과 같을 것이기 때문에 ‘도’(道)라고 한다.”[25]라 하였다. 인간이 살아가는 현실에서 온갖 사물에 대응하고 온갖 일을 처리하는 실행의 올바른 근거는 ‘성품’이요, ‘성품’을 따라 실행하는 과정이 ‘도’라는 것이다.

나아가 “‘도’를 닦는 것을 ‘교’(敎)라 한다.”(脩道之謂敎)고 하였으니, ‘교’(敎)는 바로 ‘도’의 실행과정에서 지켜야 할 실행의 과제라 할 수 있다. 박세당은 사물의 온갖 차이와 인간의 기질에 따른 차이로 어려워진 ‘도’의 실행을 순조롭게 하기 위해 성인이 ‘도’의 실행방법을 밝혀준 것이 천하의 큰 법도요 삼강(三綱)·오상(五常)의 ‘교’(敎)임을 지적하였다.

여기서 박세당은 『중용』의 핵심구조를 제시하여, “만약 그 마음에 돌이켜서 이치의 드러난 것으로 살피고, 이것(性)을 행하는 방법이 마땅히 어떻게 해야만 할 것인가를 생각한다면, (道를) 얻는 데 어려

---

25) 같은 곳, “苟處事應物, 能必循乎此, 無或違焉, 則其行於事物也, 有通達而無阻滯, 譬若衢路然, 故謂之道也.”

움이 없을 것이다. 이미 이것(道)을 얻었다면 (성인이) '교'를 베푼 뜻에서 그 표준이 분명히 앞에 있는 것을 살피게 되니, 그 지향할 바에 어둡지 않을 것이다. 이것이 곧 이 책을 지은 까닭이다."[26]라 하였다. 곧 '도'의 실현을 위해서는 그 근거를 확보하는 과제로서 하늘의 '이치'(理)가 드러난 자리에서 '성'을 확인해야 하고, 그 기준을 확립하는 과제로서 성인이 제시한 큰 법도인 '교'를 통해 방향을 잡아가야 한다는 것이다. 결국 『중용』은 '도'(道)의 실현을 위한 체계로서, 그 근거인 '성'(性)을 인식하고, 그 실천기준인 '교'(敎)로 방향을 찾아야 한다는 것이다. 한마디로 박세당은 『중용』의 핵심과제를 '도'의 실현으로 제시하는 실천적 관심을 보여주고 있다.

또한 박세당은 주자의 '도' 개념에 대해 비판적 입장을 명확하게 제시하고 있다. 먼저 주자는 '도' 개념을 정의하면서, "사람과 사물이 각각 그 성품의 자연함을 따르면 일상의 사물 사이에서 각각 그 마땅히 행해야 할 길이 있지 않음이 없으니, 이것이 이른바 '도'이다."[27]라 하였다. 이에 대해 박세당은 주자가 '도'를 말하면서도 사람과 사물을 함께 언급하고 있는 견해를 단호하게 거부하여, "『중용』이라는 책은 사람을 가르치는 것이지, 사물을 가르치는 것이 아니다. 사람은 가르칠 수 있지만, 사물은 가르칠 수 없으며, 사람은 '도'를 알 수 있지만, 사물은 '도'를 알 수 없는 것이다."[28]라고 밝혔다. 주

---

26) 같은 곳, "若反之其心, 而察之以理之顯, 思所以行乎此者, 當如何而可, 則斯無難於得矣, 既得乎此, 其於設敎之意, 審其若準的之在前, 可以不迷乎其所嚮, 卽此書之所爲作."

27) 『中庸章句』, 1장, "人物各循其性之自然, 則其日用事物之間, 莫不各有當行之路, 是則所謂道也."

28) 『思辨錄』, '中庸'(1장), "夫中庸之爲書也, 以敎人而非以敎乎物, 人可敎也, 物不可敎, 人能知道, 物不能知道也."

자가 『중용』의 핵심개념인 ‘성’이나 ‘도’를 해석하면서 인간과 사물을 통합한 보편적 원리를 제시하고자 하였지만, 박세당은 『중용』의 의도가 사람을 가르치는 것이지 사물을 가르치는 것이 아님을 분명하게 선언하고 있는 것이다.

또한 주자는 “‘성’과 ‘도’는 비록 같으나, ‘기품’(氣稟)은 혹 다르다. 그러므로 지나침(過)과 못 미침(不及)의 차이가 없을 수 없다.”[29] 고 하여, ‘성’과 ‘도’의 일치를 제시하였다. 여기서 박세당은 “‘도’는 사람이 ‘성’을 따름으로서 얻게 되는 것이요, 태어나는 처음에 타고 나는 것은 아니다. 만약 ‘성’과 ‘도’는 같으나 ‘기품’은 다르다고 말한다면, 이것은 ‘도’가 또 ‘기품’과 대립하게 되어 하늘에서 받은 것으로 의심하게 될 것이니, 그렇다면 ‘성’과 ‘도’의 구별이 어지러워질 것이다.”[30]라 하였다. 따라서 박세당은 하늘로부터 받아 태어나면서 갖추고 있는 ‘성’이 선천적 존재조건이라는 성격에 대비시켜, 이 ‘성’을 따라 실행함으로써 얻게 되는 ‘도’는 후천적 획득대상이라는 성격을 제시하였다. 그것은 ‘성’과 ‘도’의 개념적 차이를 분명히 확인하고 있는 것이다. 따라서 그는 ‘성’과 ‘도’의 보편적 일치성을 강조하는 주자의 견해를 정면으로 거부하는 입장을 밝히고 있음을 보여준다.

김창협은 박세당이 ‘도’를 ‘성’과 구별하여 후천적으로 얻어지는 것이라 주장하는 견해를 비판하면서, “‘도’는 하늘의 이치(天理)가 자연한 것이지 사람의 힘으로 하는 것이 아니다. … 근본의 자리가 이와 같으니 그 밖의 여러 가지 이치에 어긋난 오류야 어찌 말할 것

29) 『中庸章句』, 1장, “性道雖同, 而氣稟或異, 故不能無過不及之差.”

30) 『思辨錄』, ‘中庸’(1장), “道是率夫性而得, 非有生之初與生俱者也, 若曰性道同而氣稟異, 則是道也又將與氣稟對立, 疑乎受之於天, 然則性與道之辨亂矣.”

이 있겠는가."[31]라 하였다. 주자학의 입장에서는 '도'와 '성'이 모두 하늘의 '이치'로 근원의 보편적 개념임을 전제로 하고 있음을 보여주는 것이니, 박세당의 '도' 개념과 그 전제가 달라지고 있음을 분명하게 드러내어 주는 것이다.

주자는 『중용장구』에서 "사람은 일에 '도'가 있는 줄은 알지만, 그것(道)이 '성'에서 말미암는 것인 줄은 알지 못하며, 성인에게 '교'(敎)가 있는 줄은 알지만, 그것(敎)이 나에게 본래부터 있는 것으로 인하여 만들어진 것인 줄은 알지 못한다."[32]고 언급하였다. 이에 대해 박세당은 "일에 '도'가 있는 것이 아니라, 사람이 일을 행하는 것에 '도'가 있으며, '교'(敎)가 나에게 본래부터 있는 것으로 말미암아 결정된 것이 아니라, 곧 내가 마땅히 행해야 할 바로 결정된 것이다. (주자의 주석에서) '일에 도(道)가 있다'고 하면 '도'가 일에 있고, '성'에서 말미암지 않는 것인가 의심할 것이요, '교'(敎)가 나에게 있는 것으로 결정되었다고 하면 '성'을 닦는 것이지 '도'를 닦는 것이 아니라 의심할 것이다."[33]라 하였다. 여기서 박세당은 주자의 주석에 명확하지 못하여 의심을 불러일으키는 언급이 있음을 지적하여, '도'가 본체로서 일에 내재된 것이 아니라, 당위적 실천의 과정에서 '도'가 인식될 수 있는 것임을 확인하고, '교' 개념도 나의 보편적 본질에 따라 결정되는 것이 아니라, 내가 실천해야 하는 당위적 규범의

31) 『農巖集』, 권15, 25, '與權有道再論思辨錄辨', "道者, 天理之自然而非人力之所爲也, … 本源處如此, 其他種種悖謬, 又何足說也."

32) 『中庸章句』, 1장, "蓋人 … 知事之有道 而不知其由於性 知聖人之有敎 而不知其因吾知之所固有者裁之也."

33) 『思辨錄』, '中庸'(1장), "事非有道, 人之行乎事者有道, 敎非因吾所固有者裁之, 乃裁吾所當行也, 謂事之有道, 則疑於道在事而不由乎性, 謂敎之裁吾所有, 則疑於脩性而非脩道也."

조목으로 결정된 것이라 밝히고 있다. 그것은 '성'·'도'·'교'의 개념을 인식하면서 어디에서도 '이치'와 일치시켜 보편적 원리로 해명하는 것이 아니라, 실천의 당위적 규범 속에서 해명하고 있음을 보여주는 것이다.

2) '도'의 실상

『중용』에서 "'도'는 잠시도 떠날 수 없는 것이다."(道也者, 不可須臾離也)라고 언급한 것은 인간의 현실 속에 '도'의 실상을 가장 간결하게 제시하고 있는 것이라 할 수 있다. 박세당은 '도'와 '성'의 관계를 설명하면서, "'도'는 곧 행위가 그 '성'(性)을 따르는 것이고, '성'은 곧 마음이 '천리'(天理)를 밝히는 것이다. 사람은 진실로 잠깐 사이라도 '이치'에 어긋나서는 안 되니, 잠깐 사이라도 '도'를 떠나서는 안 된다는 것을 안다. 가령 ('도'를) 떠났지만 '이치'에 어긋나지 않았다 할지라도, 이것 역시 '도'라고 할 수 없다."[34]라 하였다. '도'는 '이치'를 밝히는 '성품'을 따르는 행위인 만큼, 인간이 이치에 어긋나서는 안 된다는 것이 당위적 규범이라면, 잠시라도 '도'를 떠나서는 안 되는 것이 마땅하다는 것이다.

그렇다면 "'도'를 떠날 수 없다."는 『중용』의 구절은 떠나서는 안 된다는 당위적 조건을 말하는 것이지 떠나는 일이 없다는 사실의 필연성을 말하는 것이 아님을 강조하고 있다. 곧 떠나서는 안 되는 당위의 조건이 '도'라면, 떠나도 되는 것은 이미 '도'라고 부를 수 없

34) 같은 곳, "道卽行之所循乎其性, 性卽心之所明乎天理, 人固不可於斯須之間, 或悖乎理, 則見其不可於斯須之間, 乍離夫道, 假使離之而無悖於理, 斯亦不足謂之道也."

는 것임을 확인한다. 그만큼 '도'는 보편적 원리를 가리키는 것이 아니라, 인간이 살아가는 현실 속에서 반드시 지켜야 할 당위적 규범을 가리키는 것임을 분명하게 밝히고 있다. 따라서 '도'의 실현을 위해서는 보이지도 들리지도 않는 은미한 곳에서도 삼가고 두려워하여(戒愼·恐懼) '도'를 떠나지 않기 위한 노력이 요구되는 것이다.

주자는 '도'를 떠날 수 없는 이유를 해명하면서, "'도'란 일상의 사물에서 마땅히 행해야 할 '이치'인데, 모두 '성'의 덕으로 마음에 갖추어져서, 사물마다 있지 않음이 없고, 어느 때고 그렇지 않음이 없으니, 잠시도 떠날 수 없는 까닭이다. 만약 떠날 수 있다면 어찌 '성'을 따른다고 할 수 있겠는가. 이 때문에 군자의 마음은 항상 공경하고 두려워함을 간직하여, 비록 (남이) 보고 듣지 않는 데서도 감히 소홀히 하지 않는다. 그래서 천리(天理)의 본연(本然)을 간직하여 잠깐 사이라도 떠나지 않게 한다."[35]고 하여, '도'가 보편적 실재인 '이치'이므로 떠날 수 없음을 강조하였다.

이에 대해 박세당은 주자의 해석에서 '도'를 '이치'로 지적한 점과, '도'가 '성'의 덕으로 마음에 갖추어져 있다고 언급한 점의 두 가지 견해에 대해 비판의 입장을 분명하게 밝혔다. 먼저 박세당은 '도'를 '이치'로 보는 견해를 거부하였다.

> "'성'을 말하면서 '이치'(理)라 하고, '도'를 말하면서도 '이치'라 하니, 이것은 '성'과 '도'의 실정이 같아져서 그것을 구별할 수 없게 된다. … 만약 '도'가 '천리'의 본연이 된다면 마땅히 '마음이 도

35) 『中庸章句』, 1장, "道者, 日用事物當行之理, 皆性之德而具於心, 無物不有, 無時不然, 所以不可須臾離也, 若其可離, 則豈率性之謂哉, 是以君子之心, 常存敬畏, 雖不見聞, 亦不敢忽, 所以存天理之本然, 而不使離於須臾之頃也."

를 갖춘 것을 성이라 이른다.'고 하였을 것이지, '성에 따르는 것을 도라고 이른다.'고 하지 않았을 것이다. 만약 '도'가 '성'의 덕으로서 마음에 갖추어졌다면, 일상생활에서 마땅히 '도'를 따르면 될 일이지, 다시 '성을 따른다.'고 말하지 않았을 것이다."[36)]

박세당은 '성'·'도'를 그 본질에서 모두 '이치'로 일치시키는 주자의 이론이 『중용』의 본래 의도와 모순이 되는 것임을 지적하여 비판하고 있다. 여기서 그는 '이치'와 '도'의 차이를 분명하게 밝혀, "'이치'는 하늘에 근본하고, '도'는 일에 행해지는 것이며, '성'이 밝히는 것은 '이치'요, ('성'이) 발현되는 것은 '도'이다. 위로 하늘에서 부여받아, 아래로 일에 베풀어지니, 근본과 말단의 구분을 문란하게 할 수 없으며, 앞서고 뒤서는 위치를 바꿀 수 없는 것이다."[37)]라 하여, '성'과 '도'의 위치와 실상이 어떻게 다른지를 명확하게 규정하고 있다.

다음으로 박세당은 주자가 '도'를 '성'의 덕으로 마음에 갖추어진 것이라 하는 견해를 거부하면서, "'도'라는 명칭이 성립하는 까닭은 '성'을 따라 행하는 것이 '길'(路)과 같기 때문이다."[38)]라 언급하였다. 곧 그는 '도'를 마음에 내재하는 본체로 보는 주자의 견해에 따르면, '도'를 실행 속에서 인식할 수 없게 된다는 문제점을 비판하였다. 따라서 그는 '도'를 '성'과 일치시키는 주자의 견해에 따르면, 인간이 하늘로부터 부여받은 '성'을 떠날 수 없듯이 '도'를 떠날 수 없는 것

36) 『思辨錄』, '中庸'(1장), "夫言性也, 而曰理, 言道也, 而亦曰理, 是性與道之情同而, 不得其辨也, … 若道爲天理之本然, 則當曰心具道之謂性, 不當曰率性之謂道, 若道爲性之德, 而具於心, 則日用之間當率道而後可也, 不當復言乎率性."

37) 같은 곳, "蓋理根於天, 道行於事, 性之所明者理, 而所發者道, 上以稟於天, 下以施於事, 本末之分不可亂, 而先後之位不可易也.

38) 같은 곳, "夫道之所以爲名, 爲其循性以行猶夫路也."

으로 인식하게 되는 오류에 빠진다는 점을 지적하여, "'도'가 이미 '성'의 덕이 되어 마음에 갖추어졌다면 비록 떠나려고 한들 가능하겠는가."[39]라 하였다. '성'은 하늘에서 부여받은 것으로 인간에 내재한 보편적 실체로 기준이 되는 것이니, 인간이 떠날 수 없지만, '성'을 따르는 실행의 방법인 '도'는 떠날 수 없는 것이 아니라, '성'을 따름으로써 떠나지 않도록 해야 하는 것이 바로 『중용』의 핵심과제임을 강조하고 있다. 따라서 '성'은 본체로서 떠날 수 없는 것이요, '성'을 따르지 않으면, '도'를 떠나게 되는 것이니, '성'을 따름으로써 '도'를 떠나지 말아야 한다는 것이다.

박세당이 '도'의 개념과 실상에 관한 해석에서 주자의 견해를 일일이 비판적으로 검토한 데 대해, 김창협은, "아무개(박세당)는 주자의 주석과 해설을 가지고 구절마다 가려내어 제멋대로 공격하고 배척하기를 빈틈도 남기지 않았으니 그 어긋나 그릇됨이 심하다."[40]라 하여, 박세당을 정면으로 비난하였다. 여기서 김창협은 박세당이 주자를 비판한 주제가 의리의 근원과 학문의 근본에 관계되는 중요한 것임을 지적하면서 세밀하게 반박하며 비판하고 있음을 보여준다. 그는 쟁점을 다섯 가지로 집약하여 반박하고 있는데, 그 다섯 가지 쟁점 가운데 좀 더 뚜렷한 특징적 문제로서 세 가지만 골라 보면 다음과 같다.

그 쟁점의 하나는 주자가 '성'을 이치라 하고 '도' 역시 이치라 하니, 그렇다면 '성'과 '도'의 실정이 같아져서 구분할 수 없다는 박세당의 지적이다. 이에 대한 김창협은 "'도'와 '성'은 본래 하나의 이

---

39) 같은 곳, "道旣爲性之德, 而具於心, 雖欲離之其可得乎."

40) 『農巖集』, 권15, 25 '與權有道再論思辨錄辨', "某將朱子訓說, 逐句抉摘, 恣意攻斥, 無復餘地, 其悖甚矣."

치이다. 다만 그 실체(體)의 본연함이 한마음에 갖추어져 있는 것으로 말하면 '성'이요, 그 작용(用)의 당연함이 모든 일에서 행해지는 것으로 말하면 '도'이다. 이것이 두 가지(性·道)가 나누어지게 된 까닭이다."[41]라 반박하여, 이처럼 김창협은 '성'과 '도'를 주자학의 이론에 따라 체용(體用) 구조로 하나의 전체가 양면으로 드러나는 것임을 지적하였다. 곧 김창협은 박세당이 '도'와 '성'의 일체를 거부하면 '도'가 '천리'의 자연함에서 나오는 것이 아니라 사람이 자기 뜻대로 배열하는 데서 나오게 되는 것이라 비판하였다. 박세당의 실학적 시각은 보편적 기준으로서의 '성'을 구체적 실행에서 드러나는 '도'와 구별하여, 현실적 실현으로 '도'를 인식하려는 것이요, 이에 맞서 작용으로서의 '도' 역시 본체로서의 '성'과 통합되어 있다는 일체성을 강조하는 김창협의 주자학적 시각이 달라지는 계기를 드러내 보여주고 있는 것이다.

그 쟁점의 또 하나는 주자가 '도'를 사물이 마땅히 가야 하는 길(事物當行之路)이라 언급한 것과, '성'의 덕으로서 마음에 갖추어져 있다(性之德而具於心)고 언급한 것이 일치되지 않는 점의 지적이다. 이에 대해 김창협은 자사(子思)가 '성'·'도'·'교'를 열거하면서 '도'의 명칭이 말미암게 된 것을 드러내어 언급한 데 상응하여 주자가 그 의리를 바르게 해석한 것이 바로 '도'를 '길'과 같다고 풀이한 것이요, 자사가 '도'는 잠시도 떠날 수 없다고 언급한 데 상응하여 주자가 그 근본을 미루어간 것이 바로 '성'과 '도'가 지극히 가까워 한 마음을 벗어나지 않음을 말하여 '도'가 잠시도 떠날 수 없는 까닭을

41) 『農巖集』, 권15, 26 '與權有道再論思辨錄辨', "夫道之與性, 本一理也, 但以其體之本然而具於一心者言之, 則曰性, 其用之當然而行於萬事者言之, 則曰道, 此二者之所由分也."

밝힌 것이라 하였다.[42] 그러나 박세당의 해석은 주자가 '도'에 대해 상반되게 서술한 언급이 모순이 아니라, 문맥에 따라 용어의 발생양상을 제시한 것과 용어의 근원을 제시한 것이 달라질 수밖에 없음을 해명한 것이다. 김창협의 지적처럼 박세당은 '도'가 일을 마땅히 행함에 있는 것임을 주목한 점은 분명하다. 여기서 김창협이 박세당에 대해 '도'가 '성'을 따르는 것이라는 '성'과 '도'의 일치점을 간과하였다는 비판과 '도'를 '심'·'성' 바깥의 군더더기로 보고 있다는 비판은 주자학의 인식이 지닌 한계를 드러내는 것이라 볼 수도 있다.

그 쟁점의 다른 하나는 보이지 않을 때 조심하고(戒愼) 들리지 않을 때 두려워한다(恐懼)는 '도'의 실천과제에 대해 박세당은 고요할 때(靜時)의 공부가 아니라 활동할 때(動時)의 공부로 파악한 점이다. 이에 대해 김창협은 "주자의 설도 '조심하고 두려워하는 것'(戒愼恐懼)을 오로지 정(靜)할 때의 공부라고 하지는 않았다. … 이는 전체적인 공부로서 활동함(動)과 고요함(靜)을 통틀어 말한 것이다. … 이제 아무개(박세당)는 보이지 않고 들리지 않는 것을 남이 보지 않고 듣지 않는 것이라 하고, '조심하고 두려워하는 것'을 '신독'(愼獨)이라 하니, 이는 주자 이전의 여러 설의 뜻으로서 주자가 이미 버리고 취하지 않은 것이다. 그의 말뜻을 살펴보면 사람 마음에는 원래 고요하여 아직 '발동하지 않은 때'(未發時)가 없다고 하는 것 같은데, 그렇다면 그 잘못이 더욱 심하다."[43]라 하였다.

---

42) 『農巖集』, 권15, 26-27, '與權有道再論思辨錄辨', "子思首列性道教三者, 而各著其所由名, 則章句之訓道也, 亦正釋其義, … 是乃古今人物之所共由, 猶道路然也, … 子思專言道也者, 不可須臾離, 則章句又推原其本, … 語其至近, 不外乎一心, 此其所以不可須臾離."

43) 『農巖集』, 권15, 28-29, '與權有道再論思辨錄辨', "朱子之說, 亦非以戒愼專作靜時工夫, … 此乃統體工夫, 通動靜而言, … 今某以不覩不聞, 爲人所不覩不聞, 而以戒懼

여기서 김창협은 '도'의 실현방법으로서 보이지 않고 들리지 않는 자리에서 '조심하고 두려워하는 것'(戒愼恐懼)은 주자도 고요할 때(靜時)와 활동할 때(動時)를 전체로 보았는데, 박세당은 고요할 때의 공부를 거부하고 활동할 때의 공부로만 보는 착오에 빠져 고요할 때 곧 감정의 '미발시'(未發時)를 인정하지 않는 중대한 과오를 저지른 것이라 비판하였다. 곧 주자학의 입장은 고요할 때를 본체로 삼고 활동할 때를 작용으로 삼는 체용구조로 파악하여, 고요할 때(靜時)인 '미발시'를 본체로 중시하는 입장을 보여주고 있다. 그러나 박세당은 '도'의 실행은 항상 활동할 때라는 현실에서 이루어지고 있는 사실을 중시하는 입장을 밝힘으로써, 주자학과는 관심의 출발점이나 시각에서부터 달라지고 있음을 확인할 수 있다.

이에 따라 김창협은 박세당의 주장에 대해, "이 마음의 사려와 헤아림은 한순간도 중단될 때가 없게 된다. 그렇다면 마음속이 또 어찌 깨끗하게 텅 비고 고요하여 천리의 본체를 보존하고 수양할 수 있겠는가. 본체가 이미 확립되지 못하면 아무리 일마다 조심하여 멋대로 하지 않으려 한들 무엇을 근본으로 하여 그 도리를 다할 수 있겠는가."[44]라 하여, '고요할 때'(靜時)와 '발동하지 않았을 때'(未發時)의 본체가 확립되지 않으면 '도'를 실행할 수 없다는 '본체' 중시의 입장을 확인하고 있다. 또한 주자가 '사(邪)를 막는다'고 한 말을 비판한 박세당의 언급을 공격하면서 김창협은 "조소하고 우롱하면서 전혀 돌아보거나 거리낌이 없으니, 이것은 더 이상 의리를 논변하기

卽爲愼獨, 此卽朱子以前諸說之意, 而朱子之所已棄而不取也, 且詳其語意, 似以人心爲元無寂然未發之時, 則其誤尤甚."

44) 『農巖集』, 권15, 32, '與權有道再論思辨錄辨', "此心之思慮計較者, 未有一息之暫停也, 如此則方寸之間, 又何能湛然虛靜, 而有以存養其天理之本體哉."

를 일삼지 않고 선현에게 직접 무례를 저지르는 것으로 유쾌하게 여기는 것이다. 유교에 죄를 얻음이 어찌 다만 그 이론의 오류에 그칠 뿐이겠는가."[45]라 하여, 선현에 대해 무례하고 거리낌 없음을 엄격하게 배척하였다. 그것은 박세당에 대한 김창협의 비판이 이미 이론적 토론의 태도가 아니라 적대적 공격임을 보여주는 것이다.

5. '중용'(中庸)의 원리와 '행도'(行道)의 실현

1) '중용'(中庸) 개념의 인식과 쟁점

'중용'은 『중용』의 표제인 만큼, 전체를 대표하는 용어이다. 박세당은 『사변록』(중용)의 첫머리에서 '중용'의 개념을 확인하는 데 세심한 주의를 기울이고 있다. 그는 '중용'의 '중'(中) 개념을 '치우침이 없음'(不偏)이라 해석하는 점에서 정자와 주자가 일치하지만, '용'(庸) 개념의 이해에서 정자는 '변치 않음'(不易)이라 해석하고, 주자는 '평상함'(平常)이라 해석하여 두 가지 해석이 병행하고 있는 점을 지적하였다. 여기서 그는 정자가 '용'을 '바뀌지 않음'이라 해석하고, 주자가 '용'을 '평상함'이라 해석한 것은 '용'으로 '중'의 뜻을 풀이한 것에 머물고 있으며, '용'의 고유한 뜻이 드러나지 않은 점을 지적하면서, " '용'은 항상함이다. '중용'이라 한 것은 이미 일에서 그 '중'을 얻고자 하고, 더욱 '중'을 항구하게 유지하여 잠시라도 잃지 않고

45) 같은 곳, "嘲笑簸弄, 都無顧忌, 是則不復以辨論義理爲事, 而直加無禮於先賢, 以爲快也, 其得罪斯文, 豈但爲說之悖謬而已哉."

자 하는 것이다."[46]라 하여, '용'의 뜻을 '항상함'(恒常)이라 새롭게 해석하였다.

박세당은 '중용'의 '중'은 '치우침이 없는' 기준이요, '용'은 '중'을 '항구하게 지켜가는' 실행의 원칙으로 제시하고 있으며, '중·용'을 이처럼 기준과 실행의 구조로 이해함으로써, "『서경』(書經)의 '정일'(精一)의 뜻은 이것('중용')과 서로 표리(表裏)를 이룬다. '정밀함'(精)은 '중'(中)이 되고, '한결같음'(一)은 '용'(庸)이 된다. 이 책(『중용』)에서 보면, 첫 장(章)에 '도(道)는 잠시도 떠나서는 안 된다.'고 말한 것이 이미 제시되었는데, '도'란 곧 '중'이요, '잠시도 떠나서는 안 된다'는 것이 곧 '용'이다. 학자들이 과연 '중용'의 명칭과 대상을 붙잡아 그 이치를 살피고 그 실상을 구할 수 있다면, 역시 이 한 권에서 말한 것이 '중용'의 뜻 아닌 것이 없음을 알 수 있는데, 거의 틀림이 없을 것이다."[47]라 하였다. 그는 '중용' 개념이 기준과 실행의 구조를 이루고 있다는 사실을 뒷받침하기 위해 '중·용'과 『서경』(大禹謨)의 '정·일'(精一)이 동일한 개념구조임을 확인하고 있으며, 『중용』 안에서도 '도'의 기준과 '잠시도 떠나서는 안 된다'(不可須臾離)는 실행원칙이 제시되고 있다는 사실로 증거를 삼고 있다.

주자의 '중용' 개념 해석을 벗어난 박세당의 견해에 대해, 김창협은 먼저 "주자가 '평상(平常)하여 바꿀 수 없는 것'이라 말한 것은 도리가 당연하다는 것으로 말한 것이다. 저쪽(박세당)이 '항구하게 지

---

46) 『思辨錄』(2), '中庸'(1장), "庸, 恒也, 其曰中庸者, 旣欲事得其中, 尤欲恒持於此, 而無暫時之或失也."

47) 같은 곳, "在於書, 則精一之義, 與此表裏, 精爲中, 一爲庸, 在於此書, 則首章所云道不可離者, 已揭而示之, 道者, 卽中也, 不可離者, 卽庸也, 學者果能執此名物, 以察其理而求其實, 亦可以識夫一篇所設, 無非此義, 其庶幾不失矣."

켜 혹시라도 잃지 않는 것'이라 말한 것은 사람이 '도'를 행한다는 것으로 말한 것이다."[48]라 하여, 주자는 '용'을 도리의 측면에서 말한 것이고, 박세당은 '용'을 실천의 측면에서 말한 것으로 그 인식의 입장이 다른 것임을 확인하고 있다.

어기서 김창협은 『중용』에서 "중용을 가려내어 한 달도 지켜내지 못한다."(擇乎中庸而不能期月守也. 〈『中庸章句』, 7장〉)고 언급한 구절을 근거로 박세당의 견해를 비판하면서, "중용의 뜻은 제7장의 '중용을 가려내어 한 달도 지켜내지 못한다.'는 것으로 살펴보면 그것이 도리로 말한 것임을 알 수 있다. 이는 사람이 사물에 나아가 도리를 변별하여 이른바 '중용'을 찾아내고도 한 달을 지켜내지 못함을 말한 것이다. 만약 저쪽(박세당)의 말처럼 '용'이 항구하게 지켜 잃지 않는다는 뜻이라면 이른바 '중용을 가려낸다'는 것은 말이 되지 않으며, 또 이미 '용'이라고 말하였다면 어떻게 한 달을 지켜내지 못할 수가 있겠는가."[49]라 하였다. '중용을 가려낸다'(擇乎中庸)고 말하는 것은 '중'과 '용'을 기준과 실행으로 구분하는 것이 아님은 분명하고, '중용'을 묶어서 선택의 대상으로 삼고 실행의 주제로 삼고 있으니, '용'을 실행으로 '중'과 상대시켜 말하는 것이라 보기 어려운 점이 있다. 또한 박세당이 이 구절에 대한 해석에서 이 비판에 대응할 만한 설명이 없다는 점도 문제이다. 그러나 '용'의 '항상함'은 실행의 당위성을 말하는 것이요, '한 달을 지켜내지 못한다'는 것은 실행

48) 『農巖集』, 권15, 7, '與權有道(尙游)論思辨錄辨', "蓋朱子所謂平常而不可易者, 以道理之當然者而言也, 彼所謂恒持而無或失者, 以人之行道者而言也."

49) 같은 곳, "中庸之義, 只以第六章擇乎中庸而不能期月守者觀之, 可見其以道理而言, 言人就事物, 辨別道理, 以求所謂中庸者, 而不能持守於期月之間耳, 若如彼說, 庸是恒持不失之義, 則所謂擇乎中庸者, 固已不成語, 而且旣曰庸矣, 又何以不能期月守耶."

의 현실성을 말하는 것이니, 김창협의 비판처럼 단순화시켜 “ ‘용’이 ‘항상함’을 의미하는데 어떻게 한 달을 지켜내지 못하겠는가”라는 지적도 성립하기 어려운 점이 있다. 그렇다면 각각의 시각에 따라 서로 다른 해석이 가능한 것임을 인정하는 것이 순리일 것이다.

『사변록』(중용)에서 2~4장, 곧 『중용장구』에서 2~11장의 내용에 대해, 박세당은 “모두 ‘중용’의 뜻과 지나치거나 못 미침의 경계할 만한 것을 갖추어 말하였으며, 먼저 그 큰 강령(大綱)을 세워서 배우는 자로 하여금 나아가야 할 것과 버려야 할 것을 알도록 제시한 것이다.”50)라 규정하였다. 그것은 『중용』의 표제인 ‘중용’ 개념의 구체적 양상을 여기서 집중적으로 언급하고 있음을 보여준다.

『사변록』 ‘중용’ 2장 1절의 “군자는 ‘중용’을 따르고 소인은 ‘중용’을 어긴다.”(仲尼曰, 君子中庸, 小人反中庸)는 구절에 대해, 박세당은 군자가 ‘중용’을 따르는 실행의 양상을 제시하였다. 곧 군자는 감정이 발동하기 전에 돌이켜보고 성품을 찾아서, 따르며 실행할 수 있다. 그러므로 그 감정의 발동이 절도에 맞게 된다. 또한 은밀하고 미묘함 사이에서 경계하고 두려워하여, 조금도 게을리하지 않을 수 있다. 그러므로 잠시도 ‘도’를 떠나지 않는다고 하였다. 그렇다면 ‘중용’을 실행하는 방법은 바로 ‘성’을 인식하고 따르는 것이며, 항상 경계하고 두려워하는 마음을 지켜 ‘도’를 실천하는 것임을 밝히는 것이다. 따라서 소인이 ‘중용’을 어기는 것은 바로 이에 상반되는 태도에서 일어나는 것임을 보여준다. 그렇다면 ‘중용’의 실행은 마음 속에서 ‘중화’의 실현을 벗어나는 것이 아니다. 여기서 그는 “옛 유

50) 『思辨錄』(2), ‘中庸’(5장). “自第二章至上章, 皆備言中庸之爲義, 與過不及之可戒者, 先立其大綱, 以示學者, 使知所嚮背.”

학자들이 '중화'와 '중용'을 '성정'(性情)과 '덕행'(德行)으로 나누었으니, 그 잘못이 이에 이르렀다. 주자가, '중용의 중은 실지에서 중화의 뜻을 겸하였다.'고 말한 것은 옳다."[51]고 하였다. 그것은 주자를 비롯한 성리학자들이 '중화'와 '중용'을 대비개념으로 나누면서 '중용'을 올바로 인식하거나 실행하지 못하게 되었음을 비판하면서, '중용'의 '중' 속에 '중화'의 뜻을 포함시켜 해석한 주자의 견해를 적극 찬성하는 입장을 밝히고 있다.

『사변록』 '중용' 3장 6절(子曰天下國家可均也, 爵祿可辭也, 白刃可蹈也, 中庸不可能也)에서 세 가지 지극히 어려운 일보다 '중용'을 실행하기 어려움이 더 심함을 언급하였다. 주자는 이 세 가지 지극히 어려운 일은 지(知)·인(仁)·용(勇)의 일이라 언급하였지만, 박세당은 주자의 견해를 거부하면서, "사람은 진실로 지혜로울 수 있고 용맹할 수 있으면서도 어질지 못한 자가 있다. 어질지 못하다면 '중용'을 할 수 없는 것이다. 어찌 어질고도 '중용'을 할 수 없는 자가 있겠는가."[52]라 하여, '어진 덕'(仁)은 바로 '중용'을 실행할 수 있는 덕이며, '중용'이 '어진 덕'을 넘어서 있는 것이 아님을 강조하였다.

『사변록』 '중용' 4장 1절에서는 순(舜)이 크게 지혜로움을 말하면서, "그 양쪽 극단을 붙들어 그 '중'(中)을 백성에게 쓰셨다."(執其兩端, 用其中於民)라 언급하였다. 이 구절에서 '양쪽 극단'(兩端)에 대해, 박세당은 "양쪽 극단(兩端)은 지나침과 못 미침의 실마리를 말한다. 예를 들면 남들과 더불어 이 한 가지 일을 의논할 때 남의 말이 지

51) 같은 곳, "先儒以中和中庸, 分性情德行, 其失至是, 朱子謂中庸之中, 實兼中和之義者, 是矣."

52) 『思辨錄』(2), '中庸'(3장), "人固有能知能勇而不仁者, 其不仁則不得爲中庸矣, 亦安有仁而不得爲中庸者乎."

나친 것도 있고 못 미친 것도 있지만, 순임금은 그 지나침과 못 미침의 실마리를 붙들어 그 '중'(中)에 맞는 '도'(道)를 썼다는 것이다."[53]라 해석하였다. 곧 '중'은 지나침과 못 미침이라는 두 극단이 지향해야 할 표준이 되는 '중'임을 제시한 것이다.

주자는 '양쪽 극단'(兩端)을 해석하여, "양쪽 극단이란 여기서 시작해서 저기에 이르고, 지극히 두터운 데서부터 지극히 엷은 데에 이르고, 지극히 큰 데서부터 지극히 작은 데에 이르고, 지극히 무거운 데서부터 지극히 가벼운 데에 이르는 것이라 말하는 것과 같다. 이 두텁거나 엷고, 크거나 작고, 무겁거나 가벼운 가운데에서 그 말의 옳은 것을 가려서 쓰면 이것이 이른바 '중'(中)이다. 지극히 두터운 말이 옳으면 지극히 두터운 말을 쓰고, 지극히 엷은 말이 옳으면 지극히 엷은 말을 쓰고, 두텁거나 엷은 것의 중간이 옳으면 두텁거나 엷은 것의 중간을 쓰니, 무겁거나 가벼운 것과 크거나 작은 것도 다 그러하지 않은 것이 없다."[54]라 언급하였다.

여기서 박세당은 이러한 주자의 해석에 대해, "이것은 '선'(善)을 선택하는 방법이니 '중'(中)을 실행하는 뜻에서는 진실로 정밀하다고 하겠지만, 양쪽 극단을 붙들어 그 '중'을 쓴다는 뜻으로 해석하기에는 합당하기에 미진하지 않은가 한다. … 두텁거나 엷은 것과, 크거나 작은 것은 물건의 차이이고, 지나치거나 못 미침은 이치의 분별이다. 물건에는 진실로 두텁거나 엷은 것과 크거나 작은 것이 있어

53) 『思辨錄』(2), '中庸'(4장), "兩端, 謂過不及之端, 如與人講此一事, 人之言有過者, 有不及者, 舜就執其過與不及之端而用其適中之道."

54) 『朱子語類』, 63: 25, "兩端 … 猶云起這頭至那頭也, 自極厚以至極薄, 自極大以至極小, 自極重以至極輕, 於此厚薄·大小·輕重之中, 擇其說之是者而用之, 是乃所謂中也, … 蓋或極厚者說得是, 則用極厚之說, 極薄之說是, 則用極薄之說, 厚薄之中者說得是, 則用厚薄之中者之說, 至於輕重大小, 莫不皆然."

서 각각 그 옳은 것에 맞을 수 있다. 그러나 지나치거나 못 미치면서 착한 자가 될 수는 없을 것이다. 이것이 도(道)와 기(器)가 다른 까닭이다."[55]고 지적하였다. 곧 '중용'의 실행은 '도'의 기준으로서 '중'을 확인하는 것에서 출발하지 않을 수 없고, '중'의 기준은 기준의 도리를 벗어나는 양쪽 극단인 '지나침'(過)과 '못 미침'(不及)에 대비되어 확인되는 것임을 강조하고 있다. 따라서 도리(道)가 아니라 형기(器)의 문제인 두텁거나 엷음, 크거나 작음, 무겁거나 가벼움을 들어서 '중'의 도리를 찾으려는 주자의 해석은 정곡에서 빗나간 것임을 지적하여 비판한 것이다.

2) '행도'(行道)의 과제

(1) '비'(費)·'은'(隱)의 해석

'성'을 따르는 것이 '도'이니, '도'의 기준은 '성'이요, '도'는 '성'을 따라 실현되는 실천규범이라 할 수 있다. 여기서 '성'을 따라 '도'가 실현된 상태가 '중'이요, '중'의 지속적 실행을 '용'이라 한다면, '중용'은 바로 '도'의 실상이라 할 수 있다. 따라서 『중용』은 '중용'으로서의 '도'를 실현하는 '행도'(行道)를 기본과제로 삼고 있는 것이다.

『사변록』(중용) 5장 1절(〈『중용장구』, 12: 1〉 君子之道, 費而隱)은 '도'를 '비'(費)와 '은'(隱)의 양면으로 제시하고 있다. 이에 대해 박세당은 "'비'(費)는 얕고 가까운 것이고, '은'(隱)은 깊고 먼 것이다. 넓되 은미하다는 것은 이미 넓고 또 은미하다는 것이다. '비'하면서 '은'

55) 『思辨錄』(2), '中庸'(4장), "此於擇善之方, 爲中之義, 則信爲精且密矣, 而抑以釋執兩端用其中之義, 或恐其未盡合, … 厚薄大小者, 物之差過, 不及者, 理之分, 物誠有厚薄大小各當其可者矣, 亦未有過不及而得爲善者也, 此道與器之所以殊也."

하다(費而隱)는 것은 이미 '비'(얕고 가까움)한 데 또다시 '은'(깊고 멂)하다는 것이다."[56]라 하였다. '비'를 '비근함'의 뜻으로 '은'을 '심원함'의 뜻으로 해석하며, 동시에 '비'와 '은'의 관계도 '도'의 양면적 성격으로 인식하는 것이 아니라, '비'(비근함)에서 '은'(심원함)으로 나아가는 실현과정으로 인식하고 있음을 보여준다. 뒤이어 5장 2절에서 어리석고 못난 필부필부도 알고 행할 수 있는 것은 '비근함'(費)이요, 그 극진함에 미쳐서는 성인도 알지 못하고 행할 수 없는 것은 '심원함'(隱)이라는 것이다. 여기서 그는 '도'에서 '비'와 '은'의 관계를 이해하는 데 주의를 기울여, "그 깊고 먼 것이 되는 까닭은 또한 얕고 가까움을 떠나서 스스로 하나의 '도'가 되는 것이 아니다. 얕고 가까움에 나아가서 그 '도'를 극진하게 하여 이에 이른 것이다. 그러므로 '비근하면서 은미하다'(費而隱)고 말한다."[57]라 하였다. 곧 '도'에서 '비근함'(費)과 '심원함'(隱)은 '도'의 서로 다른 차원이 아니라, 하나의 '도'를 실현하는 과정에서 출발점과 극치의 도달점을 보여주는 것으로 해명하고 있다.

이런 의미에서 그는 『중용』 안에서 '도'의 실행을 설명하는 방법으로, "이른바 '비근하면서 은미하다'(費而隱)는 것은 아래 장에서 '먼 곳을 가려면 반드시 가까운 곳에서 시작하고, 높은 곳에 오르려면 반드시 낮은 곳에서부터 시작한다'고 언급한 것과 서로 발명하고 서로 반복해서 분명하게 하니 가려질 수 없는 것이다. 아래 장에서 멀고 높다는 것은 곧 이곳의 '은'이요, 가깝고 낮다는 것은 곧 '비'이다. 이 장에 말한 바는 군자의 '도'는 처음에는 비근함을 떠나지 않

56) 『思辨錄』(2), '中庸'(5장), "費, 淺近也, 隱, 深遠也, 費而隱者, 旣費而又隱也."

57) 같은 곳, "其所以爲深爲遠者, 亦非離此淺近而自爲一道, 就淺近硏極其道而至於是也, 故曰費而隱."

지만, 그 극치에 이르면 심원함이 이와 같음을 밝힌 것이요, 아래 장에서 말한 바는 높고 먼 곳에 도달하려는 자는 가깝고 낮은 곳에서부터 얻지 않을 수 없음을 밝힌 것이다."[58]라 하였다. 이처럼 박세당은 '중용'의 '도'를 실행하는 것은 비근한 현실에서 심원한 경지로 향상해 나아가야 하는 실현과정으로 제시되고 있음을 강조하였다.

따라서 박세당은 주자가 '비'와 '은'을 본체(體)와 작용(用)의 관계로 해석하며, 『중용』에서는 드러난 작용인 '비'만 말하고 본체의 이치인 '은'은 말하지 않은 것으로 보는 관점을 비판하였다. 곧 "(『중용장구』의) 주석에서 '비'·'은'을 해석한 것은 근본 취지를 잃은 것 같다. '비'를 작용이라 하고, '은'을 본체라 하였다. … 주자의 뜻은 '은'은 이치요, 이치의 본체는 미묘하여 보이지 아니하므로 말할 수 없다는 것이다. … 주자의 이 이론은 (『중용』에서) 이 한 장(章)의 뜻을 해석하는 데 알맞지 않을 뿐만 아니라, 학문을 강론하는 데 방해되는 것이 작지 않을까 매우 두렵다."[59]라 하여, '도'에서 본체인 이치를 알 수 없는 것으로 남겨두는 것이 심각한 문제를 일으킬 수 있음을 지적하고 있다. 그는 『대학』에서 '격물'(格物)한다는 것도 사물의 이치를 추구하는 것이요, '경례'(經禮)와 '곡례'(曲禮)의 모든 예법이 이치에 맞지 않는 것이 없고, 육경(六經)의 가르침과 여러 성인의 말씀이 모두 이치를 밝히는 것이라 하였다. 따라서 이치를 경험할 수 없는 근원적 본체로 보는 것을 거부하고, 구체적 현실 속에서 드

58) 같은 곳, "所謂費而隱者, 與下之行遠自邇登高自卑正相發明, 正相反覆, 有嶄然而不可蔽者, 下之遠與高, 卽此之隱也, 下之邇與卑, 卽此之費也, 此之所言, 明君子之道初不離淺近而極其致則其深遠有如此者, 下之所言, 明欲致高遠者未有不由邇卑而得之."

59) 같은 곳, "註之釋費隱, 恐失本指, 以費爲用而隱爲體, … 朱子之意, 以爲隱者理也, 理之爲體, 微而不見, 所以不得以言, … 朱子此說不止爲此一章釋義之未安而已, 深恐妨於講學不小."

러나는 법칙이나 규범으로 확인하고 있음을 보여준다. 곧 박세당은 ‘도’의 의미를 다시 음미하면서, “이른바 ‘도’란 인사(人事)의 옳은 것으로 나 자신이 마땅히 행해야 할 것이 아니겠는가. 그렇다면 ‘도’의 지극한 것도 또한 여기서 벗어나지 않는다.”[60]고 하여, ‘도’가 현실에서 내가 마땅히 해야 하는 일을 떠나지 않는 것이며, ‘도’의 극치도 결코 추상적 관념의 세계가 아니라, 현실의 당위적 규범 속에 있음을 확인하는 것이다.

박세당이 ‘도’의 ‘비’·‘은’ 개념을 해석하면서 주자를 정면으로 비판한 데 대해, 김창협은 주자를 변호하는 입장에서 반박과 비판을 하고 있다. 곧 김창협은 “『중용장구』에는 단지 ‘이치가 그러한 까닭(所以然)은 은미하여 드러나지 않는 것이다.’라 하였다. … 애초에 어찌 앎이 미치는 것이 아니라고 말한 적이 있는가.”[61]라 하여, 주자는 이치가 보고 듣는 것으로 미칠 수 없다고 하였지, 알 수 없다고 한 일이 없는데, 박세당이 주자의 견해를 잘못 인식하고 비판한 것이라 반박하였다. 또한 김창협은 “ ‘비’(費)자에는 얕고 가깝다는 뜻이 전혀 없는데, 저쪽(박세당)은 자기 생각으로 근거 없이 말하였다. … ‘비’와 ‘은’은 단지 이 이치에 나아가 그 작용이 없는 곳이 없으며, ‘그러한 까닭’(所以然)은 오묘하여 알기가 어렵다는 것을 말한 것일 뿐이다. … 저쪽(박세당)은 이러한 뜻을 모르고 의심하였으니 잘못되었다.”[62]고 하여, 글자의 해석에서부터 잘못된 것이라 비판하였

---

60) 같은 곳, “夫所謂道, 非人事之宜而吾身之所當行者乎, 然則道之至者, 亦不外此.”

61) 『農巖集』, 권15, 9, ‘與權有道(尙游) 論思辨錄辨’, “章句, 但曰, 理之所以然則隱而莫之見, … 初何嘗言非知之所及.”

62) 『農巖集』, 권15, 34-35, ‘與權有道再論思辨錄辨’, “費字, 絶無淺近意思, 而彼乃以己意杜撰, … 若費隱, 則只就此理, 以言其用之無所不在, 而其所以然, 則微而難見而已, … 某不識此意而疑之, 誤矣.”

다. 이 점에서 박세당이 주자의 견해를 자신의 관점에서 규정하였다는 한계는 있지만, 문제는 '비'와 '은'을 작용(현상)과 본체(이치)의 체용(體用)구조로 보는 주자의 관점을 거부하고 비근한 현실에서 심원한 수준까지 향상시켜 가는 실행과정으로 보는 박세당의 관점의 차이가 핵심과제라는 사실을 인식할 필요가 있다.

(2) '지'(知)와 '행'(行)의 병행

『사변록』(중용)의 16장 6절(『중용장구』 27장 6절)에서는 '도'를 실행하는 과제로서 5구(尊德性而道問學/ 致廣大而盡精微/ 極高明而道中庸/ 溫故而知新/ 敦厚以崇禮)에 열 가지 일이 제시되고 있다. 박세당은 이 열 가지 일이 모두 '점점 쌓아올려 지극한 정성의 덕을 채우는 것'이라 규정하고, '덕성을 높임'(尊德性)은 '성품을 따르는 것'(率性)을 말한 것으로 '행'(行)이 되며, '묻고 배우는 길을 따라감'(道問學)은 '도를 닦는 것'(修道)을 말한 것으로 '지'(知)가 된다 하였다. 다음으로 '넓고 큰 것을 파악함'(致廣大)과 '정밀하고 미세한 것을 남김 없이 탐구함'(盡精微) 및 '옛것을 익힘'(溫故)과 '새로운 것을 알아냄'(知新)은 '지'(知)를 이루는 일이요, '높고 밝은 것을 극진히 밝힘'(極高明)과 '중용을 따름'(道中庸) 및 '독실하고 너그럽게 함'(敦厚)과 '예법을 높임'(崇禮)은 '행'(行)을 삼가는 일이라 하여, '지'와 '행'의 두 과제로 분류하였다.[63] 그만큼 '지'와 '행'의 문제는 '도'를 실행하는 두 축으로 삼고 있음을 보여준다.

나아가 박세당은 '지'와 '행'의 연관성을 강조하여, "학문을 하는

63) 『思辨錄』(2), '中庸'(16장), "此十者, 皆所積累以實其至誠之德者, … 尊德性, 率性之謂, 道問學, 脩道之謂, 一爲行, 一爲知, 致廣大·盡精微·溫故·知新, 致知之事也, 極高明·道中庸·敦厚·崇禮, 謹行之事也."

공적은 '지'와 '행'의 어느 한 쪽도 폐지할 수 없다. '행'은 반드시 '지'를 기다려야 하고, '지'는 반드시 '행'하고자 한다. 그러나 '지'(知)를 이루는 것은 '넓고 큰 것을 파악하고(致廣大) 나서 또 반드시 '정밀하고 미세한 것을 남김 없이 탐구하며'(盡精微), '옛것을 익히고'(溫故) 나서 또 반드시 '새로운 것을 알아내야'(知新) 하는 것이다. '행'(行)을 삼가는 것은 '높고 밝은 것을 극진히 밝히고'(極高明) 나서 또 반드시 '중용을 따르고'(道中庸), '독실하고 너그럽게 하고'(敦厚) 나서 또 반드시 '예법을 높여야'(崇禮) 한다. … 이렇게 하면 '지'의 정밀하고 조잡함(精粗)이나 얕고 깊음(淺深)이 이르지 않는 것이 없고, '행'의 안과 밖(內外)이나 근본과 말단(本末)이 온전하지 않은 것이 없어서, 그 덕이 만물을 내어 길러주어 하늘에까지 이르는 것이, 모두 이것으로 말미암아 이루어지는 것이다."64)라 하였다. 곧 '지'와 '행'은 서로 보완적 관계로 떠날 수 없을 뿐만 아니라, '지'의 경우에서도 정밀하고 조잡함(精粗)이나 얕고 깊음(淺深)의 어느 한 쪽도 소홀히 할 수 없고, '행'의 경우에서도 안과 밖(內外)이나 근본과 말단(本末)의 양면을 전체로 실현해야 할 것을 중시하였다.

주자는 『중용장구』에서, "'덕성을 높임'(尊德性)은 마음을 간직하여(存心) '도체'(道體)의 큰 것을 극진히 하는 것이요, '묻고 배우는 길을 따라감'(道問學)은 앎을 이루어(致知) '도체'의 미세함을 다하는 것이다."65)라 하였다. 이에 대해 박세당은 주자가 '대'(大)와 '소'(小:

64) 같은 곳, "蓋爲學之功, 知與行, 不可偏廢, 行之必待乎知, 知之必欲其行, 然其致知也, 旣致廣大而又必盡精微, 溫故而又必知新, 其謹行也, 旣極高明而又必道中庸, 敦厚而又必崇禮,…如是則知之精粗深淺無不到, 而行之內外本末無不全, 其德所以發育萬物而峻極于天者, 皆由此致之也."

65) 『中庸章句』, 27장, "尊德性, 所以存心而極乎道體之大也, 道問學, 所以致知而盡乎道體之細也."

細)로 구분하는 견해를 거부하면서, "'덕성을 높임'(尊德性)이 '마음을 간직하는 것'(存心)이라 말한 것도 이미 의심스러운데, '대'·'소'로 분별하여 갈라서 소속시킨 것에 이르면 더욱 의심스럽다. '마음을 간직함'(存心)에도 '대'·'소'가 있고, '앎을 이룸'(致知)에도 '대'·'소'가 있다는 것은, 이치가 매우 분명하여 보기 쉬운 것이다. 어찌 하나는 '대'요, 하나는 '소'라고 치우치게 나눌 수 있겠는가?"[66]라 하였다. 곧 박세당은 '도'를 행하는 열 가지 일에는 어느 것에나 공부와 성취에서 '대'·'소'의 차이가 있는 것이지, 열 가지 일을 '대'·'소'로 나눌 수 없음을 들어 주자의 견해를 비판하였던 것이다. 또한 '지'와 '행'이 대응하는 관계로 이해되어야지, '존심'(存心)과 '치지'(致知)로 대응되는 관계가 아님을 지적하기도 하였다.

김창협은 이 구절에서 박세당의 주자에 대한 비판을 반박하면서, "『장구』에서는 각 구(句) 안에 나아가 앞의 한 가지 일을 '존심'(存心)에 소속시키고 뒤의 한 가지 일을 '치지'(致知)에 소속시켰다. 이것은 그 머리에서 꼬리까지 조리가 뒤바뀜을 용납하지 않으니, 그 의미의 정밀함은 깊이 체득함에 요령이 있다. 저쪽(박세당)의 고루함으로는 여기에 미치기가 쉽지 않아서, 다만 스스로 이론을 만들어 '존덕성'(尊德性)을 '행'이라 하고 '도문학'(道問學)을 '지'라 하였다. 그 아래의 여덟 가지 일도 이 순서에 따라 '행'이 앞에 있고 '지'가 뒤에 있어야 할 것이다. … 지금 마침내 일체 이와 반대로 하였으니, 선후가 상응하지 않고 조리가 맞지 않는다."[67]고 하였다. 곧 이 5구(句) 열

66) 『思辨錄』(2), '中庸'(16장), "尊德性, 謂爲存心者, 固已可疑, 至其爲大小之辨而分屬之者, 尤爲可疑, 夫存心亦有大小, 致知亦有大小, 此固理之甚明而易見者也, 何可謂一大一小而偏分之也."

67) 『農巖集』, 권15, 11, '與權有道(尙游) 論思辨錄辨', "章句就每句內, 以上一事屬存心,

가지 일을 주자는 ‘존심’(存心)과 ‘치지’(致知)의 순서로 질서정연하게 배열되어 있음을 보여주었는데, 박세당이 ‘지’와 ‘행’으로 나눈 것은 순서가 일정하지 않아 조리가 없다는 것이다. 김창협의 비판은 열 가지 일의 배열순서가 규칙적이냐 아니냐를 기준으로 삼고 있는 수준이다. 그러나 주자의 ‘존심’·‘치지’의 대응구조는 수양과 학문의 범위에 놓여 있다면, 박세당의 ‘지’·‘행’의 대응구조는 ‘도’의 실행으로 나아가고 있다는 사실을 유의할 필요가 있다.

6. 박세당의 『중용』 해석이 지닌 의미

『중용』은 ‘천’(天)·‘성’(性)·‘도’(道)를 중심으로 유교의 근본개념을 제시하고 있다는 점에서 비중이 큰 경전이며, 주자학의 형이상학은 바로 『중용』의 근본개념에 대한 해석에 기초하고 있는 것이라 할 수 있다. 따라서 박세당의 『중용』 해석이 주자학의 형이상학체계인 ‘성리설’의 핵심문제에 대해 비판을 하고 있다는 사실은 바로 주자학의 형이상학에 기초한 경학에서 벗어난 새로운 경학적 시야를 열어가는 것임을 의미한다. 이 점에서 박세당은 『중용』을 해석하는 과정에서 주자학의 기본적 해석을 정면으로 과감하게 비판하는 태도를 보여주고 있다.

무엇보다 먼저 주자도 『중용』의 원문에 손대지 않고 그대로 받아들여 33장의 체제로 ‘장구’(章句)만 나누어 놓았는데, 박세당은 『중용』

下一事屬致知, 此其首尾條理, 不容互換, 而若其意義之精密, 則要在深體而得之, 以彼之陋固, 未易及此, 而第其所自爲說, 旣以尊德性爲行, 道問學爲知, 則其下八事, 亦當依此序, … 今乃一切反是, 則首尾不相照應而條理紊矣.”

의 편차를 전면적으로 고치고 20장(혹은 21장)의 체제로 재편성하고 있는 사실은 『중용』의 경전정신이 원래의 본문 편차로는 살려낼 수 없다는 인식을 보여주는 것이다. 그만큼 박세당은 『중용』의 전체를 일관한 논리로 재정리함으로써, 『중용』의 중심사상을 선명하게 드러내고자 시도하였던 것이라 할 수 있다.

박세당의 『중용』 해석에서 『중용』의 중심개념으로 인식한 것은 '성'(性)과 '도'(道)라 할 수 있다. 그는 '천'을 '이치'(理)라 인정하지만, '명'(命)은 주는 것(授與)이라 하여, 하늘이 인간의 마음에 '이치'를 주고, 인간의 마음이 하늘의 '이치'를 받아서 밝아진 것을 '성'이라 하였다. 바로 이 점에서 주자가 '천'·'성'·'도'를 모두 '이치'의 양상으로 보는 것과 달리, '성'은 마음이 이치를 부여받아 밝아진 것으로 구분하면서 주자의 성리학적 출발점인 '성즉리'(性卽理)설에서 벗어나고 있다. 또한 주자가 '성'을 인간과 사물에 공통되는 개념으로 보는 입장을 거부하고, 『중용』은 사람을 가르치는 것이므로 사람의 '성'(人性)과 사람의 '도'(人道)를 말한 것이라 하여, 인간과 사물의 관계에 대한 인식에서 주자의 해석을 넘어서고 있는 것이다.

나아가 그는 '성'을 실행의 기준으로 확인하고, '도'를 그 기준인 '성'에 따라 실행하는 방법과 규범으로 제시하였다. 그렇다면 '도'는 '성'에 따름으로써 그 정당성을 확보할 수 있고, 현실 속에서 실행함으로써 그 실상을 드러낼 수 있는 것으로 본다. 주자는 '도'를 마땅히 행해야 할 '이치'요, '성'의 덕으로 마음에 갖추어져 있는 심성 내면의 '덕'으로 제시하여 인간이 '도'를 떠날 수 없는 필연적 조건을 강조하고 있다. 그러나 박세당은 '도'를 내면의 '덕'이 아니라 실행의 과정에서 지켜가야 할 규범으로 해석하는 만큼, '도'는 필연적으로 떠날 수 없는 것이 아니라, 당위적으로 떠나서는 안 되는 것임을 강조하고 있다.

'성'과 '덕'의 개념에서 주자와 달라지면서, 이미 박세당의 경학은 주자학과 결별하는 단계에 들어섰음을 말하여 준다. 그는 '중용'의 개념에 대한 이해도 '중'(中)은 주자와 일치하게 '치우침이 없는 것'(不偏)이라 확인하지만, '용'(庸)은 주자가 '평상함'(平常)이라는 당위적 의미로 해석한 것과 달리 '항상함'(恒常)이라 하여 실천적 지속성으로 파악하고 있다. 그만큼 '중용'은 실천의 원리로서 확인하고 있는 것이다. 바로 이 점에서 박세당은 '중용'을 '도'의 실천에서 '성'을 기준으로 하는 의미를 포함하고 있음을 보여준다. 곧 '중'은 '성'에 해당한다면 '용'은 '도'에 해당하는 것임을 의미한다.

그것은 '중용'이 실행의 기준을 확립하고 실행의 정당한 방향을 찾아가는 것임을 확인하는 것으로, '성-도'(性·道), '중-용'(中·庸), '정-일'(精·一)이 동일한 구조를 지닌 것임을 제시하고 있다. 주자학의 '체-용'(體用) 구조와 매우 유사성을 지닌 논리로 보이기도 한다. 그러나 주자학의 '체-용' 구조는 본체로서 이치가 현실의 작용에 드러남을 인식하는 우주론의 구조를 의미하는 것이라면, 박세당의 '중-용'구조는 실행의 과정에서 근원의 기준을 확인하고, 기준의 원리를 현실 속에 실현하는 데 초점을 두는 실천론의 구조라 차별화시킬 수 있을 것이다.

전체적으로 박세당의 『중용』 해석은 주자의 해석이 지닌 형이상학적 체계의 정적(靜的) 사유에서 벗어나 현실의 실천과정에서 정당성의 기준을 확보하고 실현하는 동적(動的) 활력을 끌어내는 실학적 경학의 시도로서 특성을 확인할 수 있다.

제5장

다산(茶山)의 『심경밀험』(心經密驗)과 실학적 심성(心性)-수양론

1. 다산(茶山)사상에서 심성론과 수양론의 위치

18세기 말에서 19세기 초에 활동하였던 다산 정약용(茶山 丁若鏞, 1762-1836)은 한국사상사에서 조선후기 실학의 집대성자로서 확고하게 자리 잡고 있다. 그는 유교전통의 경학에서 한학(漢學: 考證學)과 송학(宋學: 性理學)을 비판적 인식으로 종합하고 지양하면서, 새로 전래해 온 서양사상인 서학(西學: 天主學)까지 폭넓게 섭취하여 자신의 독자적 경학을 통한 실학사상의 체계를 구축하였다. 다산실학의 사상구조는 그가 자신의 저술이 지닌 성격을 규정하면서, "'육경사서'(六經四書)로 자신을 닦고, '일표이서'(一表二書)로 천하·국가를 위하니, 근본과 말단을 갖춘 것이다."[1]라 언급하고 있다. 이처럼 '자기를

1) 『與全』(이하 '『與全』'으로 줄임)[1], 권16, '自撰墓誌銘(集中本)', "六經四書, 以之修己, 一表二書, 以之爲天下國家, 所以備本末也."

닦음'(修己)의 심성-수양론과 '천하·국가를 위함'(治人)의 경세론을 두 축으로 삼고 있음을 보여준다. '수기'(修己)의 심성-수양론은 도학-주자학에서 주력하였던 영역이요, '치인'(治人)의 경세론'은 실학에서 주력하였던 영역이지만, 다산은 이 두 영역을 긴밀한 연결 속에서 전개하고 있으며, 나아가 그는 '사천'(事天)을 정점으로 '수기'와 '치인'의 두 영역을 통어(統御)하고 있는 사상체계로서 삼각형의 구조를 이루고 있다. 바로 이 점에서 그의 사상을 '사천학'(事天學)이라 이름 붙일 수 있을 것으로 본다.

다산은 '육경사서'에 대한 방대한 경전해석의 저술이 기본적으로 '수기'의 영역에 속하는 것이라 지적하였으며, '육경사서'의 주석을 대부분 마무리 짓고 나서, '수기'의 실천방법으로 주자가 편찬한 『소학』(小學)으로 바깥의 행동을 다스리고, 남송 때 진덕수(西山 眞德秀)가 편찬한 『심경』(心經)으로 안의 심성을 다스리면 성현을 바라볼 수 있는 길이 있다고 중시하였다. 따라서 그는 이 두 문헌에 대한 주석인 『소학지언』(小學枝言)과 『심경밀험』(心經密驗)을 1815년 저술하여 자신의 경학체계 속에 포함시켰다.2) 바로 이 점에서 그의 경학체계는 '육경사서'에 한정하지 않고 이 경전들의 정수를 뽑아내어 집약한 경전으로서 『소학』·『심경』을 첨가하고 있는 것이라 할 수 있다.

그는 특히 『소학』과 『심경』을 '수기'의 실천방법으로 겉과 속(表裏)의 관계를 이루고 있음을 지적함으로써, 『심경』이 심성-수양론에서도 내면의 심성을 다스리는 핵심적 주제임을 밝히고 있다. 여기서 그는 자신의 삶과 학문에서 『심경』이 지닌 중요성을 강조하여, "지

2) 『與全』[2], 권2, 25, '心經密驗', "余窮居無事, 六經四書, 旣究索有年, 其有一得, 旣詮錄而藏之矣, 於是求其所以篤行之方, 唯小學心經, 爲諸經之拔英者, 學苟於二書, 潛心力踐, 小學以治其外, 心經以治其內, 則庶幾希賢有路."

금부터 죽는 날까지 마음을 다스리는 방법에 힘을 기울이고자 하며, 경전을 연구하는 과업은 『심경』으로 끝맺고자 한다."[3]고 언급하기도 하였다. 그만큼 『심경』을 통해 마음을 다스리는 심성-수양의 공부를 집중적으로 실천하겠다는 결의를 보여주는 것이다.

『심경』은 도학전통에서 수양론의 기본교과서로 중시되어 왔다. 퇴계도 "평생 이 글(『심경』)을 높이고 믿기를 『사서』와 『근사록』의 아래에 두지 않았다." 하고, 신명처럼 공경하고 부모처럼 존중하였다고 극진히 높였다.[4] 이처럼 도학-주자학의 기본문헌인 『심경』을 통해 도학-주자학의 기본주제인 심성-수양론의 문제를 다루면서도, 다산은 도학-주자학의 입장과는 선명한 차이를 드러내었다. 바로 이 점에서 다산이 실학적 심성-수양론을 제시하고 있다는 사실을 주목할 필요가 있다. 여기서 그는 『심경밀험』을 통해 먼저 주자학과 차별화되는 자신의 '심성' 개념을 제시하고서, 자신의 독자적인 심성-수양론의 과제를 전개하였던 것이다. 따라서 『심경밀험』에서 다산이 제시하는 심성-수양론의 체계를 해명하기 위해서는 먼저 다산의 '심성' 개념을 검토하고, 다음으로 그의 심성개념에 근거한 수양론의 전개양상을 점검하고, 나아가 그의 수양론이 지닌 실학적 성격을 확인하고자 한다.

3) 같은 곳, "從今至死之日, 意欲致力於治心之術, 所以窮經之業, 結之以心經也."

4) 『退溪集』, 권41, 11-16, '心經後論', "平生尊信此書, 亦不在四子·近思錄之下矣, … 許魯齋嘗曰, 吾於小學, 敬之如神明, 尊之如父母, 愚於心經亦云."

2. 다산의 심·성(心性) 개념 인식

1) '신'(神)·'형'(形)의 오묘한 결합인 인간존재의 '심'(心) 개념

수양론은 수양의 주체이면서 동시에 대상이 '심·성'이라는 점에서 심성론과 떠날 수 없다. 따라서 다산은 『심경밀험』의 첫머리에 「심성총의」(心性總義) 한 편을 실어, 자신의 '심·성' 개념에 대한 입장을 밝히고 있다. 그것은 '심·성' 개념의 인식에서 도학-주자학의 견해와 자신의 견해 사이에 놓인 차이점을 명확히 제시함으로써, 도학-주자학의 수양론과 성격을 달리하는 자신의 수양론을 전개하기 위한 기초작업을 하였던 것이라 볼 수 있다.

다산은 '심' 개념을 해명하면서, '심'이라 일컬어지는 실체가 인간 속에 독립적으로 있는 것이 아님을 확인하였다.

> "정신(神)과 형체(形)가 오묘하게 결합하여 사람을 이룬다. 그래서 옛 경전에는 총체로 '몸'(身)이라 이름 붙이거나 '자기'(己)라 이름 붙였다. 이른바 '비어서 영명하고 지각한다'(虛靈知覺)는 것은 한 글자로 오로지 일컫는 것이 없다. 후세에 나누어서 말하고자 하는 자는 혹 다른 글자를 빌려다 쓰기도 하고, 혹 몇 글자로 이어서 소속시키기도 하였다. '심'(心)이라 하고, '신'(神)이라 하고, '영'(靈)이라 하고, '혼'(魂)이라 하는 것은 모두 빌려 온 말이요, 맹자가 형체 없는 것을 '대체'(大體)라 하고, 형체 있는 것을 '소체'(小體)라 한 것이나, 불교에서 형체 없는 것을 '법신'(法身)이라 하고, 형체 있는 것을 '색신'(色身)이라 하는 것은 모두 (두 글자를) 이어서 소속시킨 말이다."[5)]

그는 인간이란 정신과 신체가 오묘하게 결합된 존재이므로 분리되지 않는 일체의 존재임을 강조한다. 따라서 인간존재가 통합된 일체이므로 인간에서 영명하며 지각능력이 발현되는 정신적 측면을 분리시켜 말하려고 할 때, 그 정신적 측면이 독립된 실체가 아니기 때문에 고유한 명칭도 없다는 것이다. 그렇다면 인간존재의 정신적 측면을 분리시켜 일컫고자 할 때에 다른 명칭을 빌어다가 일컫는 경우의 명칭이 '심'·'신'(神)·'영'·'혼' 등이요, 두 글자로 서술하여 일컫는 명칭이 '대체'·'법신' 등이라는 것이다. 이처럼 그는 살아있는 인간존재에서 마음과 육신은 결합되어 분리되지 않는 것이요, 그 명칭은 빌려 오거나 설명한 것으로 불완전한 것임을 밝히고 있다.

나아가 그는 마음을 가리키는 용어로서 가장 일반적으로 사용되고 있는 '심'(心)에 대해서도 그 용어의 사용배경을 설명하고 있다.

> "옛 경전에서 '심'이라 말한 것은 '대체'(大體: 인간존재의 형체가 없는 측면)를 오로지 일컫는 명칭이 아니다. 오직 내면에 함축되어서 바깥으로 운용되는 것을 '심'이라 하였다. 진실로 오장(五臟)의 가운데 혈기를 주관하는 것이 '심'(心臟)이요, 정신과 형체가 오묘하게 결합되었지만, 그 발용하는 자리는 모두 혈기와 반드시 서로 연결되어 있으니, 이에 혈기를 주장하는 것(心臟)을 빌어다가 '속안'(內衷)을 가리키는 통칭으로 삼은 것이요, 칠규(七竅: 耳·目·口·鼻)를 뚫고 들어가면 감처럼 매달려 있는 것이 곧 나의 '속안'이라 말하는 것이 아니다."[6]

5) 『與全』[2], 권2, 25, '心經密驗: 心性總義', "神形妙合, 乃成爲人, 故其在古經, 總名曰身, 亦名曰己, 而其所謂虛靈知覺者, 未有一字之專稱, 後世欲分而言之者, 或假借他字, 或連屬數字, 曰心曰神, 曰靈曰魂, 皆假借之言也, 孟子以無形者爲大體, 有形者爲小體, 佛氏以無形者爲法身, 有形者爲色身, 皆連屬之言也."

‘심’이란 생명의 활동에 혈액순환이 중요하므로, 심장의 ‘심’자를 빌어다 인간의 마음으로 ‘속안’(內衷)을 가리키는 것일 뿐이지, 인간의 ‘속안’으로서 ‘심’이 감나무에 감이 매달려 있듯이 인간의 내면에 독립된 실체로 존재하는 것이 아님을 확인하고 있다.

따라서 다산은 마음을 가리키는 여러 명칭으로 ‘내심’(內心)·‘외심’(外心)이나 ‘우심’(憂心)·‘환심’(歡心)·‘인심’(仁心)·‘혜심’(惠心)·‘쟁심’(爭心)·‘기심’(機心) 등이나 ‘인심’(人心)·‘도심’(道心)도 마음에 두 가지가 있다거나 여러 가지가 있다고 볼 수 없으며, 마음은 하나일 뿐이라 한다. 이처럼 다산은 ‘심’(마음)과 ‘신’(신체)이 서로 분리되지 않는 일체임을 전제로 하면서, 이 통합체 안에서도 ‘내면에 함축되어서 바깥으로 운용되는 것’으로서 기능적 측면을 ‘심’으로 인식하고 있다. 이와 달리 소강절(邵康節)의 언급에서 보면, “‘성’(性)은 ‘도’(道)의 형체이니, ‘성’이 손상되면 ‘도’ 역시 따라간다. ‘심’은 ‘성’의 성곽이니, ‘심’이 손상되면 ‘성’도 따라간다. ‘신’(身)은 ‘심’의 집이니, ‘신’이 손상되면 ‘심’도 따라간다. ‘물’(物)은 ‘신’(身)의 수레이니, ‘물’이 손상되면 ‘신’도 따라간다.”[7]는 설명이 있다. 그것은 ‘물’(物) 속에 ‘신’(身)이 들어있고, ‘신’ 속에 ‘심’이 들어있고, ‘심’ 속에 ‘성’이 들어있고, ‘성’은 ‘도’를 형체로 표출하고 있어서, 핵심에서부터 보면 ‘도’-‘성’-‘심’-‘신’-‘물’로 층층이 둘러싸고 있는 구조를 보여주는 것

---

6) 같은 곳, “若古經言心, 非大體之專名, 惟其含蓄在內, 運用向外者謂之心, 誠以五臟之中, 其主管血氣者心也, 神形妙合, 其發用處, 皆與血氣相須, 於是假借血氣之所主, 以爲內衷之通稱, 非謂此鑿七竅而懸如柿者, 卽吾內衷也.”

7) 邵康節의 「伊川擊壤集序」(『宋文鑑』, 권87)에서는 “性者, 道之形體也, 性傷則道亦從之矣, 心者, 性之郛郭也, 心傷則性亦從之矣, 身者, 心之區宇也, 身傷則心亦從之矣, 物者, 身之舟車也, 物傷則身亦從之矣.” 邵康節의 이 언급은 주자도 『朱子語類』와 『朱熹集』에서 즐겨 인용하고 있다.

이다. 이러한 도학의 관점은 '심'·'신'을 통합된 일체로 보는 다산의 관점과 분명한 차이를 드러내고 있는 것이다.

정자가 "마음은 본래 선하지만 선하지 않음으로 흘러가니, 이른바 '풀어놓는다'(放)는 것이다."(『二程遺書』, 18: 105)라고 언급한 것에 대해, 다산은 "마음이 발동하여 작용함은 선을 할 수도 있고 악을 할 수도 있으니, '성'과 다르다. 그러므로 옛 경전에 마음이 본래 선하다는 이론은 없다."[8]고 하여, 마음이 본래 선하다는 정자의 견해를 정면으로 거부하였다. 또한 주자가 "몸은 하나의 집과 같고 마음은 한 사람의 집주인과 같다. 만약 주인이 없다면 이 집은 한낱 황폐한 집에 불과할 뿐이다."(『朱子語類』, 59: 147)라는 언급에 대해, 다산은 "집주인이 어리석고 몽매하면 집안의 모든 일이 황폐해지겠지만 그렇다고 주인이 없다고 말할 수는 없다. 주자가 곧바로 주인이 없다는 이론을 지은 것은 경계하는 것이다."[9]라 하여, 몸과 마음이 분리될 수 없다는 입장에서 몸과 마음을 둘로 갈라놓고 주인이 없는 집에 비유하여 말하는 것은 옳지 않음을 지적하였다. 그는 주자의 견해를 거부하면서도 비판하기보다는 경계하는 데 의도가 있는 비유적 표현으로 수용하는 태도를 보여주었던 것이다.

다산은 '심'과 '성'의 어느 쪽이 큰지에 대한 주자학의 쟁점에 대해서는 " '심'이 '성'과 '정'을 통섭한다."(心統性情)고 말하면 '심'이 큰 것이 되고, " '성'은 이치요 '심'은 기질이다."(性是理而心是氣)라 말하면 '성'이 큰 것이 된다고 간결하게 정리하였다. 여기서 그는 '심'을 크다고 여기는 견해에 대해서는, "정신과 형체가 오묘하게 결

---

8) 『與全』[2], 권2, 37, '心經密驗', "心之發用, 可善可惡, 與性不同, 故古經無心本善之說."

9) 같은 곳, "家主昏荒, 則家中百事蕪廢, 然不可曰無主, 朱子直作無主說, 所以戒也."

합함을 주장하여 단지 한 '심'이 있음을 말한 것이다."[10]라 하여, 자신의 '심' 개념과 통하는 견해라 보았다. 그러나 '성'을 크다고 여기는 견해에 대해서는, "'성'자를 가지고 '대체'(大體)나 '법신'(法身)을 오로지 가리키는 호칭으로 삼는 것이지만, 만약 한 글자를 빌어다가 '대체'를 오로지 가리키는 명칭으로 삼고자 한다면, '심'이 오히려 가깝고 '성'이라 하면 옳지 않다."[11]고 하여, 거부하는 입장을 밝혔다. 곧 '심' 개념 속에 '성'을 포함시킬 수는 있지만, '성' 개념 속에 '심'을 포함시킬 수는 없다는 것이요, 인간 내면의 주체를 전체로 가리키는 명칭으로는 '심'이 오히려 적합하다는 입장을 제시하고 있다.

2) '기호'(嗜好)로서의 '성'(性) 개념

'성' 개념의 인식에서 다산은 주자학의 견해와 차별화되는 자신의 입장을 선명하게 밝히고 있다. 곧 그는 "'성'이라는 글자는 마땅히 꿩의 '성', 사슴의 '성', 풀의 '성', 나무의 '성'과 같이 읽어야 한다. 본래 '기호'로 명목을 세운 것이니, 고원하고 광대한 이론을 내세워서는 안 된다."[12]고 주장하였다. 여기서 다산은 '성'이란 사물이 지닌 속성을 가리키는 말이요, 곧 '성'이라는 말은 그 주체가 무엇을 좋아하는지의 '기호'를 뜻하는 말임을 확인하였다. 따라서 그는 주자

---

10) 『與全』[2], 권2, 25, '心經密驗: 心性總義', "以心爲大者, 主神形妙合, 只有一心而言之也."

11) 같은 곳, "以性爲大者, 把此性字, 以爲大體法身之專稱也, 然若必欲假借一字, 以爲大體之專名, 則心猶近之, 性則不可."

12) 『與全』[2], 권2, 25-26, '心經密驗: 心性總義', "性之爲字, 當讀之如雉性·鹿性·草性·木性, 本以嗜好立名, 不可作高遠廣大說也."

학의 성리설에서 '성'을 이치로 규정하여 고원하고 광대하게 설명하는 것은 잘못된 것이라 거부하는 입장을 분명하게 밝히고 있다.

다산은 " '성'은 이치이다."(性卽理)라고 주장하는 주자학의 기본명제를 부정하고, " '성'은 기호이다."(性卽嗜好)라는 다산학의 새로운 독자적 '성' 개념을 제기하는 중대한 전환점을 보여준다. '성' 개념을 '이치'라 정의하는 데서 '기호'라 정의하는 발상의 전환이 일어나면, 이에 따라 심성론은 물론이요, 인간 이해 전반이 달라질 수밖에 없고, 수양론의 전환도 필연적이라 할 수 있다.

다산은 '기호'의 의미도 꿩의 성질이 산을 좋아하고 사슴의 성질이 들을 좋아하는 것과 같은 '눈앞의 즐거워함'(目下之耽樂)과, 벼의 성질이 물을 좋아하고 기장의 성질이 마른 땅을 좋아하는 것과 같은 '반드시 그렇게 이루어짐'(畢竟之生成)의 두 가지가 있음을 지적하였다.[13] 곧 '눈앞의 즐거워함'이란 감각적으로 즐거워하는 '기호'를 가리키는 것이라면, '반드시 그렇게 이루어짐'이란 천성에 따라 살아가는 '기호'를 가리키는 것이라 할 수 있다.

따라서 선을 즐거워하고 악을 부끄러워하지 않음이 없는 것을 인간의 '성'(人性)으로 말하였다.

> "한 가지 선을 행하면 그 마음이 충족하여 기뻐하고, 한 가지 악을 행하면 그 마음이 서운하여 꺾인다. 이것은 '기호'가 눈앞에서 드러나는 것이다. 선을 쌓아가고 의로움을 모아가는 사람은 그 처음에야 굽어보고 우러러보아 부끄러움이 없고, 안으로 성찰하여 꺼림칙함이 없다. 이렇게 선을 쌓아가기를 오래도록 실행하면, 마음

13) 『與全』[2], 권2, 26, '心經密驗: 心性總義', "嗜好有兩端, 一以目下之耽樂爲嗜好, 如云雉性好山, 鹿性好野, … 一以畢竟之生成爲嗜好, 如云稻性好水, 黍性好燥."

> 이 넓어지고 몸이 편안해지며, 맑고 윤택함이 얼굴에 나타나고 등에 넘쳐 흐른다. 이렇게 쌓아가기를 오래 하면 '호연지기'(浩然之氣)가 충만하여 지극히 크고 지극히 굳세어 하늘과 땅 사이에 꽉 차게 된다. … 이것은 '기호'가 반드시 그렇게 됨이 징험되는 것이다."[14)]

그렇다면 다산은 '성'을 '기호'로 정의하면서, 『중용』에서 말하는 '성명'(性命)이나 맹자가 말하는 '성선'(性善)으로서 인간의 '성'은 반드시 그렇게 이루어지는 '기호'로서의 '성'을 말하는 것임을 확인한다. 인간의 '성'을 '반드시 그렇게 이루어짐'이라 해석하는 것은 바로 '인성'이 필연적으로 '수양'을 통해 실현되는 것임을 보여주고 있는 것이다.

다산은 '성'을 '기호'로 해석하는 자신의 인성론을 확립함으로써 도학-주자학의 인성론을 정면으로 비판하고 있다.

> "오늘날 사람들이 '성'자를 높여서 하늘과 같은 모습의 큰 물건으로 받들고 태극·음양의 학설로 혼합하며, 본연·기질의 이론으로 뒤섞으니, 모호하고 아득하며 황홀하고 허망하다. 스스로 털끝까지 나누고 실낱까지 갈라서 하늘과 인간이 발현하지 못한 비밀을 궁구한다고 하지만, 마침내 일상의 쓰이고 행해지는 법칙에 아무런 도움이 없으니, 무슨 이익이 있겠는가?"[15)]

---

14) 같은 곳, "行一善則其心充然以悅, 行一惡則其心欿然以沮, … 凡此皆嗜好之顯於目下者也, 積善集義之人, 其始也俯仰無怍, 內省不疚, 積之彌久, 則心廣體胖, 睟然見乎面而盎乎背, 積之彌久, 則充充然有浩然之氣, 至大至剛, 塞乎天地之間, … 凡此將嗜好之驗於畢竟者也."

15) 같은 곳, "今人推尊性字, 奉之爲天樣大物, 混之以太極陰陽之說, 雜之以本然氣質之論, 眇芒幽遠, 恍忽夸誕, 自以爲毫分縷析, 窮天人不發之秘, 而卒之無補於日用常行

그것은 주자학-성리학에서 '성' 개념을 이기론(理氣論)으로 해석하고, '본연지성'(本然之性)과 '기질지성'(氣質之性)으로 해명하면서, 비록 세밀하게 분석하고 심오하게 설명하지만, 일용의 법칙과 상관없으며 무익하여 아무 쓸모 없는 것이라 지적함으로써, 성리학의 기본 주제인 '성' 개념 인식을 폐기시켜야 할 이론으로 보고 있는 것이다.

특히 그는 성리학에서 '성'을 순수하게 선하고 악함이 없는 '본연지성'과 선할 수도 있고 악할 수도 있는 '기질지성'의 두 가지로 나누어 설명하는 '성' 개념의 해석체계를 전면적으로 거부하고 있다. 그는 '본연'이라는 용어가 경전과 중국고전에 없으며 불교의 『수능엄경』(首楞嚴經)에서 나오는 것임을 지적하면서, "유교에서는 우리 인간이 하늘에서 명령을 받았다고 하는데, 불교에서는 '본연지성'이 명령을 받은 바도 없고 처음 생겨나는 바도 없으며 천지 사이에 스스로 존재하여 끝없이 굴러가는 것이라 한다. … 하늘에 거역하고 천명을 모역하고, 이치에 어긋나며 선을 손상시킴이 '본연'이라는 이론보다 더 심한 것이 없다."[16]고 하였다. 성리학의 '본연지성' 개념을 전면적으로 거부함으로써, 성리학의 인성론적 기본체계를 허물고 있는 것이라 할 수 있다.

다산은 인간의 '영체'(靈體)에 대해 '성'과 '권형'(權衡)과 '행사'(行事)로 말하는 데 따라 세 가지 이치가 있음을 들어서 제시하였다.

之則, 亦何益之有矣."

16) 『與全』[2], 권2, 28, '心經密驗: 心性總義', "儒家謂吾人稟命於天, 佛氏謂本然之性, 無所稟命, 無所始生, 自在天地之間, 輪轉不窮, … 逆天慢命, 悖理傷善, 未有甚於本然之說."

> "(인간의 '영체'는) 그 '성'을 말하면 선을 즐거워하고 악을 부끄러워하니, 이것은 맹자가 말하는 '성선'(性善)이다. 그 '권형'을 말하면 선을 할 수도 있고 악을 할 수도 있으니, 이것은 고자(告子)에서 '소용돌이치는 물의 비유'나 양웅(揚雄)의 '선악혼설'(善惡渾說)이 말미암아 나오게 되는 것이다. 그 '행사'를 말하면 선을 하기는 어렵고 악을 하기는 쉬우니, 이것은 순경(荀卿)의 '성악설'(性惡說)이 말미암아 나오게 되는 것이다."[17)]

여기서 그는 인간의 '성'에 대한 고전적 견해로서, 맹자의 '성선설'과 양웅의 '선악혼설'과 순자의 '성악설'의 세 가지 유형을 제시하고, 이들이 인간의 '영체' 안에서 각각 '기호'와 '권형'(의지)과 '행사'의 영역에서 말하는 것으로 보고, 그 가운데 '성'의 올바른 인식은 오직 '성'을 '기호'로 인식하는 맹자의 성선설임을 확인하고 있다. 그만큼 다산은 맹자의 '성선설'을 '성'의 올바른 인식으로 보고 있지만, 고자·양웅·순자 등은 '권형'이나 '행사'를 '성'과 혼동한 것으로 한정시켜 파악함으로써, 인성론의 독자적 인식을 체계화하였던 것이다.

17) 같은 곳, "靈體之內, 厥有三理, 言乎其性, 則樂善而恥惡, 此孟子所謂性善也, 言乎其權衡, 則可善而可惡, 此告子湍水之喩, 揚雄善惡渾之說所由作也, 言乎其行事, 則難善而易惡, 此荀卿性惡之說所由作也."

3. '심성'(心性) 개념의 새로운 인식에 근거한 수양론의 전개

1) 실천주체인 '심'(心)과 선천적 조건인 '성'(性)

『심경』의 첫 편에서는 『서경』, 「대우모」(大禹謨)편의 '인심도심장'(人心道心章)을 끌어왔다. 이에 대해 다산은 이 장이 매색(梅賾: 東晋)이 지은 『위고문상서』(僞古文尙書)요, 첫째 구절과 둘째 구절은 『순자』(荀子: 解蔽)에서 끌어오고, 셋째 구절은 『논어』(堯曰)에서 끌어와 만들어낸 것임을 고증하였다.[18]

여기서 다산은 매색이 이 세 구절을 결합시켜 놓았기 때문에 세 구절의 뜻이 서로 어긋나서 상응되지 않음을 지적하였다. 곧 첫째 구절(人心惟危, 道心惟微)에서 말한 '인심'과 '도심'은 그 가운데 어느 하나를 선택하여 지킬 수 있는 것이 아니므로, 둘째 구절(惟精惟一)의 '정밀하게 하고 한결같이 함'(精·一)과 상응되지 않는 것임을 밝혔다. 또한 셋째 구절(允執厥中)의 '중'(中)은 '두 단서를 잡아서 그 중도를 백성에게 쓴다'(執其兩端, 用其中於民)는 뜻이므로, 사물에나 일에 적용되는 심법이지만 '인심'과 '도심'은 그 두 단서를 잡아서 중도를 쓸 수 있는 것이 아님을 지적하여 서로 뜻이 상응되지 않음을

---

18) 다산은 『心經』에서 인용한 『서경』 「大禹謨」의 3구절(① 人心惟危, 道心惟微, ② 惟精惟一, ③ 允執厥中)에 대해, 그 첫 구절(人心惟危, 道心惟微)을 荀子가 『道經』에서 인용한 "人心之危, 道心之微, 危微之幾, 唯明君子而後能知之."(『荀子』, 解蔽)의 구절을 梅賾이 끌어온 것이요, 그 둘째 구절(惟精惟一)은 역시 순자의 말인 "… 自古及今, 未有兩而能精者也."(『荀子』, 解蔽)를 梅賾이 끌어온 것이요, 그 셋째 구절(允執厥中)은 『논어』(堯曰)에서 堯가 舜에게 "允執其中"이라 말한 구절을 梅賾이 끌어온 것임을 고증하고 있다.(『與全』[2], 권2, 28-29, '心經密驗')

확인하였다.[19)]

곧 첫째 구절은 인간 마음에서 '인심'과 '도심'의 두 가지 양상을 인식함으로써 이에 기초하여 수양론의 기본과제를 정립하는 것이라면, 둘째 구절의 '정'(精)과 '일'(一)에 대한 순자의 본래 의미는 하나에 집중하면 정밀할 수 있고 두 갈래로 하면 정밀하기 어렵다는 수양론의 실천방법을 제시한 것이라 하고, 셋째 구절에서 '집중'(執中)은 구체적 실행에서 중도를 실현하기 위한 조건과 방법을 제시하는 것이라 하며, 각각 다른 관심을 둔 것이라 보았다. 따라서 『서경』「대우모」편의 '인심도심장' 3구절은 도학-주자학 전통에서 수양론의 근본방법으로 중시해 왔지만, 다산은 이 3구절이 수양방법에서 서로 연관성이 없는 별개의 명제들인데 매색이 이어 붙여 만들어낸 '위고문'(僞古文)의 조작된 것임을 밝히고 있다. 다산은 첫째 구절(人心惟危, 道心惟微)의 수양론적 의미를 특히 중시하였다.

> "'인심'이 오직 위태롭다는 것은 나의 이른바 '권형'(權衡: 의지)이다. 마음의 '권형'은 선을 할 수도 있고 악을 할 수도 있으니 천하에 위태롭고 불안함이 이보다 심한 것이 없다. '도심'이 오직 은미하다는 것은 나의 이른바 '성'이 좋아하는 것이다. 하늘이 명령한 것을 '성'이라 하고, '성'을 따르는 것을 '도'라고 하니, 이것을 '도심'이라 한다."[20)]

---

19) 『與全』[2], 권2, 29, '心經密驗', "人心道心, 不可以擇執其一, 將何以惟精惟一乎, … 若就人心道心, 求其中而執之, 則必天理人欲, 相雜相糅, 爲半是非之義, 然後乃爲執中, … 人心道心, 自一至言, 允執厥中, 自一炯戒, 各觀其旨."

20) 같은 곳, "人心惟危者, 吾之所謂權衡也, 心之權衡, 可善可惡, 天下之危殆不安, 未有甚於是者, 道心惟微者, 吾之所謂性好也, 天命之謂性, 率性之謂道, 斯之謂道心也."

그것은 마음의 양상으로서 '인심'·'도심'의 수양론적 과제가 '인성'에 대한 인식과 연결되어 있음을 보여준다. 특히 선을 좋아하는 '기호'를 '성'이라 해석하는 다산의 '성' 개념은 '도심'을 근거로 확인하고 있다. 그만큼 그의 수양론은 바로 '인심'·'도심'의 심성론에 근거하여 실현되는 것임을 보여주고 있다.

나아가 다산은 순자가 『도경』(道經)에서 인용한 "인심은 위태롭고, 도심은 미약하다."(人心之危, 道心之微)라는 두 구절을 심성-수양론의 핵심적 명제로 지극히 중시하였다.

> "이 두 구절은 지극한 이치가 깃들어 있는 바요, 정밀하고 확실함이 견줄 것이 없다. 하물며 도가(道家)에서 말하는 것은 복희·신농·황제의 남긴 글에 관계된 것이 많았다. … 이제 이 두 구절은 만세에 심학의 기준이 되니, 어찌 순자에게서 나왔다고 하여 받들어 믿는 정성을 조금이라도 소홀히 할 수 있겠는가?"[21]

이처럼 그는 유가의 경전이 아니라 도가의 경전에서 나왔다고 하더라도 그 말이 이치에 맞으면 받아들일 수 있다는 열린 자세를 보여주며, 또한 유교전통에서 정통으로 인정받지 못하는 순자에서 인용된 말이라도 그 말의 진실함을 믿음에는 변함이 없음을 확인하고 있다. 그만큼 수양론의 출발점에서도 다산은 정통의 확립이 아니라, 진실성의 확인이 중요함을 밝히고 있는 것이다.

마음의 존재와 작용을 인식하는 것은 수양론의 기본전제라 할 수

---

21) 같은 곳, "人心之危·道心之微, 此二句, 乃是至理所寓, 精確無比, 況道家所言, 多係羲農黃帝之遺文, … 今此二句, 爲萬世心學之宗, 豈可以出於荀氏, 而少忽其尊信之誠哉."

있다. 먼저 정자가 "마음은 몸속에 있어야 한다."(心要在腔子裏. 〈『二程遺書』, 7-10〉)고 말한 데 대해, 다산은 "마음이란 것은 활동이 신묘하다. … 이제 반드시 이 '심'을 속박하여 몸속에 붙잡아 두고자 하며, 또 한 가지 일도 생각하지 않게 하려 하니, 후학이 어찌 의혹됨이 없겠는가? 정자가 경계하는 바는 재물의 유혹과 작록의 욕심이 바깥으로 달리는 것일 뿐이다. 이것은 공자와 안자의 '사물'(四勿: 非禮勿視·非禮勿聽·非禮勿言·非禮勿動)과 뜻이 같다."22)고 하였다. 그는 정자의 이 말은 마음이 밖으로 달아나지 못하게 몸속에 간직해야 한다는 주장이라면, 우주와 만물의 끝까지 궁구하고 만고의 역사도 파고들며 활동이 신묘한 '심' 개념에 어긋나는 것임을 분명하게 지적하고 있다. 그는 다만 정자의 말은 마음이 바깥의 사물에 유혹되거나 욕심에 빠지는 것을 경계하는 수양론적 의미로 한정시켜 인정할 뿐이다. 그것은 성리학의 심성 개념이 잘못된 것임을 지적하면서도 그 수양론적 의도에서는 받아들일 수 있다는 입장을 보여주고 있는 것이다.

또한 마음의 작용이 스스로를 관조할 수 있는 신묘한 능력이 있음을 지적하였다. 따라서 그는 주자가 "마음으로 마음을 부린다는 것은 마치 입으로 입을 깨물고 눈으로 눈을 본다는 것과 같다."(『朱熹集』, 67-22, '觀心說')고 하여, 불교의 '관심설'(觀心說)이 그릇됨을 비판하는 견해에 대해, 문제점이 있음을 제기하였다. 여기서 다산은 "마음의 실체는 형상이 없으니 입이나 눈의 형상 있는 것과는 다르다. 스스로 자기 마음을 관조하는 데도 그 방법이 있다. … 마음의 오묘

22) 『與全』[2], 권2, 37, '心經密驗', "心之爲物, 活動神妙, … 今必使桎梏此心, 捉住腔子裏, 又勿令思念一事, 後學安得無惑, 程子所戒, 蓋財色之誘, 爵祿之慾, 馳走向外者耳, 此與孔顔四勿意同."

한 작용은 옛 유학자들도 자주 말하였는데, 만약 돌이켜보아 관조할 수 없다면 어찌 마음의 오묘한 작용이 이러한 줄을 알겠는가?"[23]라 하였다. 주자가 불교의 '관심설'을 비판하면서 마음이 스스로 마음을 관조할 수 없다고 주장한 것에 대해, 다산은 형체가 없는 '심'의 오묘한 작용을 인정하지 않는 것이라 하여 비판하는 입장을 밝히고 있다. 곧 수양방법에서 불교의 '면벽관심'(面壁觀心)을 그릇된 것으로 비판하지만, '심' 개념에서는 주자학의 불교비판이론에 잘못이 있음을 지적한 것이다.

다산의 수양론에서 '심'은 수양의 실천주체라면 '성'(性)은 수양의 선천적 조건으로서 중요한 의미가 있는 것이다. 그는『중용』에서 제시한 '존덕성'(尊德性)의 수양론적 의미를 해명하였다.

> "원래 '성'이란 선을 즐거워하고 악을 부끄러워함이 말미암는 것이다. 이 본성을 따르면 '인'(仁)에 머물 수 있고, '의'(義)에 말미암을 수 있어서, '인'과 '의'가 말미암아 이루어지는 것이다. 그래서 '덕성'이라 이름 붙였다. … 만약 여기에 선을 즐거워하고 악을 부끄러워하는 '성'을 부여하지 않고서, 선을 좋아하게 하고 '의'를 살찌게 하도록 시킨다면, 평생토록 힘을 다해 미미한 작은 선을 하려고 하더라도 그 과감한 시행이 어려울 것이다."[24]

그는 하늘에서 부여받은 선을 즐거워하고 악을 부끄러워하는 마

23)『與全』[2], 권2, 40, '心經密驗', "心體無形, 與口目之有形者不同, 自觀自心, 亦有其道, … 心之妙用, 先儒亟言之, 若不能反觀, 安知妙用如是."

24)『與全』[2], 권2, 40-41, '心經密驗', "原夫性者, 樂善恥惡之所由然也, 率此本性, 可以居仁, 可以由義, 仁義之所由成, 故名之曰德性也, … 若于是不予之以樂善恥惡之性, 使之嗜於善而肥於義, 則畢世盡力, 求爲些微之小善, 亦難乎其果行."

음의 '기호'(嗜好)로서 '성'(性)을 수양의 실천을 위한 선천적 전제조건으로 확인하였다. 따라서 주자학에서 '존덕성'을 '행'(行)의 문제요 '도문학'(道問學)을 '지'(知)의 문제로 상대시켜 인식하는 입장을 거부하며, 육상산(陸象山)이 "육경은 모두 찌꺼기이다."(六經皆糟粕)라고 큰소리치며 '존덕성' 세 글자를 법문(法門)으로 세우고 있는 사실에 대해서도, "앎이 밝지 못하면 행함도 힘을 쓸 수 없는데, 어찌 경전을 찌꺼기라 말할 수 있는가?"[25]라 하여, '지'와 '행'의 어느 한 쪽에 치우쳐서는 수양의 실현이 불가능한 것임을 밝히고 있다.

『중용』에서 "희·노·애·락의 감정이 아직 발동하지 않은 것을 '중'(中)이라 한다."(喜怒哀樂之未發, 謂之中)고 하였다. 다산은 "희·노·애·락이 아직 발동하지 않았다는 것은 마음의 지각과 사려가 아직 발동하지 않았다는 것이 아니다. … 막약 고요하여 움직임이 없고 생각함과 염려함이 없는 것을 아직 발동하지 않은 광경이라 한다면, 소림사(少林寺)에서 벽을 바라보고 앉은 것이니, 천지를 자리 잡게 하고 만물을 육성하게 하는 것이 여기에 있겠는가?"[26]라 하여, 감정이 아직 발동하지 않은 '미발'(未發)에도 사려분별(思慮分別)이 일어나고 있음을 주장하였다. 곧 '미발'에는 사려분별의 작용이 일어나지 않는 것이라 보는 주자학의 입장을 거부하고 있는 것이다. 따라서 그는 사려분별이 없는 '미발'을 수양론의 기준으로 삼으면 그것은 불교에서 면벽(面壁)하여 좌선(坐禪)하는 것과 다를 바가 없는 것이라 비판하는 입장을 밝히고 있다.

또한 다산은 주렴계(周濂溪)가 '미발'의 본체를 '성'(誠)이라 일컫는

---

25) 『與全』[2], 권2, 41, '心經密驗', "知不明則行不力, 安得經謂之糟粕乎."

26) 『與全』[2], 권2, 33-34, '心經密驗', "喜怒哀樂之未發, 非心知思慮之未發,…若寂然不動, 無思無慮, 爲未發之光景, 則少林面壁, 方可以位天地而育萬物, 其有是乎."

견해를 거부하여, “‘성’(誠)이란 신독(愼獨)의 극진한 공부이다. 어찌 고요하여 움직임이 없고 생각함과 염려함이 없는 것을 가리켜 ‘성’이라 하겠는가? 또한 ‘성’이란 그 의사(意)를 정성스럽게 하는 것이니, 의사가 있을 때는 그 발동함이 이미 오래되었는데, 또 어찌 행함이 없다고 말하는가?”[27]라 하였다. ‘미발’의 때에 이미 마음에 지각과 사려의 작용이 있음을 확인할 뿐만 아니다. 이와 더불어 진실하고 정성스러움의 ‘성’(誠)은 ‘미발’의 상태가 아니라 의사(意)가 작용하는 발동 이후의 상태임을 확인하고 있다. 이러한 다산의 ‘미발’과 ‘성’에 대한 해석은 주자학의 정적(靜的) 수양론에서 벗어나 사려분별에 기초하는 주체적 각성과 마음의 활동을 중시하는 동적(動的) 수양론으로 차별화될 수 있을 것이다.

2) 욕망(欲)의 동력과 ‘뉘우침’(悔)의 역동적 수양론

다산의 수양론에서 ‘욕망’(欲)의 문제에 대한 인식은 중요한 의미가 있다. 맹자는 “마음을 배양하는 데는 욕심을 적게 하는 것보다 좋은 것이 없다.”(養心, 莫善於寡欲. 〈『맹자』, 14-35: 1〉)고 하여, ‘과욕’(寡欲), 곧 욕심을 적게 할 것을 수양의 기본방법으로 제시하였다. 이에 대해 다산은 맹자가 말하는 욕심이란 이익과 녹봉을 탐내는 욕심(利祿之慾)일 뿐이라 하고, 인간에게는 욕망이 없을 수 없음을 주장하여, “우리 인간의 ‘영체’(靈體) 안에는 본래 욕망이 있으니, 만약 이 욕망이 없다면 천하의 모든 일은 도대체 일어날 수가 없다. … 내가

27) 『與全』[2], 권2, 34-35, ‘心經密驗’, “誠者愼獨之極工, 豈可以寂然不動, 無思無慮者, 指之爲誠乎, 且誠者, 誠其意也, 有意之時, 其發已久, 又何云無爲乎.”

일찍이 한 종류의 사람을 보았는데, 그 마음이 담박하여 욕망이 없어서 선을 할 수도 없고 악을 할 수도 없고, 문장을 지을 수도 없고 산업에 종사할 수도 없어서, 바로 천지 사이에 하나의 버려진 물건이었다. 사람이 욕망이 없을 수 있겠는가?"[28]라 하였다. 다산은 욕망이란 인간에게 선을 행하거나 악을 행하는 어느 경우에나 동력이 되는 것이므로, 욕망이 없다면 선을 행할 수도 없으며, 아무 일도 능동적으로 행할 수 없는 폐기물이 되고 마는 것이라 하였다.

다산이 마음의 수양에서 욕망이 필수적 조건임을 강조하는 것은 주렴계(周濂溪)가 『통서』(通書: 聖可學章)에서 성인을 실현하는 수양의 기본방법으로 '무욕'(無欲)을 제시하는 것을 정면으로 거부하는 입장을 보여주는 것이다. 그는 정자(程子)가 "가슴 속에는 언제나 두 사람이 있는 것과 같다. 선을 하고자 하면 악이 있어서 그 사이에 끼어드는 것과 같고, 선하지 않은 것을 하고자 하면 또한 부끄러워하고 미워하는 마음이 있는 것과 같으니, 이것이 바로 서로 싸우는(交戰) 증거이다."(『二程遺書』, 2下-18)라 언급한 것을 적극적으로 동의하고 있다. 곧 인간 마음에서 선을 하고자 하는 마음과 악을 하고자 하는 마음이 교전(交戰)하고 있다는 것이다. 그 사례로 『단서』(丹書)에서 말하는 '공경함'(敬)과 '나태함'(怠)의 싸움과, 자하(子夏)가 말하는 '의리'(義)와 '욕심'(欲)의 싸움 및 정자가 말하는 '천리'(天理)와 '인욕'(人欲)의 싸움을 열거함으로써, 인심(人心)의 위태로움을 지적하였다.[29] 이처럼 다산의 수양론은 인간의 마음을 '인심'과 '도심'이

---

28) 『與全』[2], 권2, 39, '心經密驗', "吾人靈體之內, 本有願欲一端, 若無此欲心, 卽天下萬事, 都無可做, … 余嘗見一種人, 其心泊然無欲, 不能爲善, 不能爲惡, 不能爲文詞, 不能爲産業, 直一天地間棄物, 人可以無慾哉."

29) 『與全』[2], 권2, 34, '心經密驗', "丹書所謂敬怠之戰, 子夏所謂義欲之戰, 程子所謂天

서로 싸우는 위태로운 현실 속에서 선을 향한 자신의 선택과 실천을 중시하는 의지의 자율성을 전제로 하는 것임을 보여준다.

또한 다산은 정이천(程伊川)의 수양론에서 마음이 티끌 한 점 없는 명경지수(明鏡止水)처럼 맑기를 추구하는 견해에 대해 분명하게 비판적 입장을 밝히고 있다.

> "정이천의 학문은 오로지 마음 속이 맑아서 아무것도 없게 할 것을 요구한다. 그래서 죄를 뉘우침이나 욕심이 모두 가슴 속에 머물지 않게 하고자 한다. 그러나 지난날의 허물에 눈물을 흘리며 후회하면서 일생 잊지 않는다면 반듯이 새로운 허물을 짓지 않을 것이니, 마음의 맑음이 이것을 넘어설 수 있겠는가? 『주역』은 오로지 뉘우침(悔)과 주저함(吝)을 살핀다. 뉘우침은 허물을 고칠 수 있는 것이요, 주저함은 허물을 고치지 않는 것이니, 뉘우치면 끝내 길(吉)하고, 주저하면 끝내 흉(凶)하다는 것이 성인의 경계함이다."[30]

마음에 아무 욕심도 후회도 남기지 않는 맑은 상태가 선을 이루는 수양이 아님을 확인한다. 곧 뉘우침을 잊지 않음으로써 다시 허물을 짓지 않는 것이 『주역』에서 성인이 제시한 올바른 수양의 방법임을 강조하고 있다. 따라서 그는 "마음을 씻는 데 방법이 있으니, '뉘우침'(悔)이라는 한 글자에 불과하다."[31]라 하여, 수양의 방법으로 '뉘우침'의 중요함을 역설하고 있다. 그만큼 다산의 수양론은 마음

理人欲之戰, 懍乎危哉."

30) 『與全』[2], 권2, 32, '心經密驗', "伊川之學, 專要心中瀓澈無物, 故並與罪悔欲不留胸中, 然能泣悔往愆, 一生不忘, 則必不再作新愆, 心之瀓澈, 有踰於是者乎, 周易專觀悔吝, 悔者能改過也, 吝者不改過也, 悔則終吉, 吝則終凶, 聖人之戒也."

31) 『與全』[2], 권2, 38, '心經密驗', "洗心有法, 不過一悔字."

속에 끊임없는 '교전'이 일어나고 있는 인간존재의 일상적 현실에 입각하여, 인간의 욕심이 저지르는 온갖 허물을 자각하고, '죄의식'과 '뉘우침'으로 허물을 고쳐가는 '회개'(悔改)를 통한 '역동적' 수양론의 성격을 잘 보여주고 있다. 바로 이 점에서 그는 주자학에서 마음의 맑음과 고요함을 중시하는 '정적' 수양론에서 선명하게 벗어나는 것이다. 그것은 바로 다산의 수양론이 마음의 성찰을 통해 욕심을 제거하고 평정을 추구하는 '안으로 향한 방향'이 아니라, 밖에서 행한 행동에 대해 마음속에서 '뉘우침'으로 각성하고, 마음속에서 '뉘우침'이 밖으로 현실 속에서 자신의 행동을 고쳐가는 '밖으로 향한' 실천적 수양론의 성격을 제시하고 있음을 말해 준다.

4. 다산 수양론의 실학적 과제

1) '사천'(事天)의 수양론과 '경'(敬)

다산은 주자학의 '심·성' 개념 인식에서 벗어나 독자적 '심·성' 개념을 제기함에 따라 심성수양의 방법에 있어서도 주자학의 수양론에서 벗어난 자신의 독자적 수양론을 정립하였다. 이에 따라 그는 수양론의 실학적 세계를 열어갔던 것이다. 여기서 그는 도학-주자학의 수양론이 지닌 근본적 문제점을 세 가지로 제시하였다.

> "오늘날 사람들이 성인을 이루고자 하지만 이룰 수 없는 것은 세 가지 단초가 있다. 첫째는 하늘이 이치라 인식하는 것이요, 둘째는 '인'(仁)이 만물을 낳는 이치라 인식하는 것이요, 셋째는 '용'(庸)

이 평상함이라 인식하는 것이다. 만약 '신독'(愼獨)하여 하늘을 섬기고, 힘써 '서'(恕)를 행하여 '인'을 추구하며, 나아가 항구하여 쉬지 않을 수 있다면, 이것이 성인이다."32)

그것은 도학-주자학의 수양론에 대한 근본적 비판이면서, 동시에 다산의 실학적 수양론이 지닌 두 가지 기본과제로서 '사천'(事天)의 신앙적 수양론과 '서'(恕)를 통한 '인'(仁)의 실현으로서 실천적 수양론을 제시하고 있는 것이다.

『심경』에서 인용하고 있는 『시경』의 구절로서, "상제께서 너에게 임하시니, 네 마음을 두 갈래로 하지 마라."(上帝臨女, 無貳爾心. 〈大雅: 大明〉)는 구절과, "마음을 두 갈래로 하지 말며, 편히 즐기지 마라. 상제께서 너에게 임하셨다."(無貳無虞, 上帝臨女. 〈魯頌: 閟宮〉)는 구절에 대해, 다산은 "옛사람은 한결같은 마음으로 하늘을 섬기니, 감히 마음을 두 갈래로 함이 없고, 감히 기뻐서 즐거워함이 없다."33)고 하였다. 마음을 한결같이 하고 두 갈래로 하지 않는다는 것은 의심함이 없는 확고한 신앙을 말하는 것이다. 또한 기뻐서 즐거워함이 없다는 것은 두려워하고 삼가는 경건한 신앙태도를 말하는 것이다. 따라서 다산은 도학에서 하늘을 이치의 당위적 준칙으로 확인하는 '천리'(天理)의 인식에 근거하는 이성적 수양론과 달리, 의심 없는 확고한 믿음과 두려워하는 경건한 마음가짐으로 하늘을 섬겨야 하는 대상으로 인식하는 '사천'(事天)의 신앙적 수양론을 기본과제로 받아

32) 『與全』[2], 권2, 40, '心經密驗', "今人欲成聖而不能者, 厥有三端, 一認天爲理, 二認仁爲生物之理, 三認庸爲平常, 若愼獨以事天, 强恕以求仁, 又能恒久而不息, 斯聖人矣."

33) 『與全』[2], 권2, 29, '心經密驗', "古人一心事天, 無敢岐貳, 無敢歡娛也."

들이고 있음을 보여준다. '천리'의 인식에서 '사천'의 신앙으로 전환하는 것은 도학적 수양론을 넘어서 다산의 실학적 수양론이 지향하는 기본방향이라 할 수 있다.

『심경』에서 인용하고 있는 『시경』(大雅: 抑)의 "네가 방안에 있음을 살펴볼 때, 행여 방구석에 부끄럽지 않아야 하네. 드러난 곳이 아니어서, 아무도 나를 볼 수 없다고 하지 말게. 신께서 이르심은 예측할 수 없으니, 하물며 싫증 낼 수 있겠는가."(相在爾室, 尙不愧于屋漏, 無曰不顯, 莫予云覯, 神之格思, 不可度思, 矧可射思.)라고 한 구절에 대해, 다산은 『중용』의 '드러남'(顯)과 '은미함'(微) 및 '신독'(愼獨) 개념에 연결시켜 해석하고 있다. 여기서 그는 "'드러나지 않는다'(不顯)는 것은 귀신이 형체가 없어서 그 자취가 은미하여 드러나지 않는 것을 말한다. 『중용』에서 '드러남'과 '은미함'의 설명은 모두 귀신의 실체가 은미한 듯하지만, 실제는 드러남을 밝힌 것인데, 옛 유학자들(주자학자들)이 무리지어 사는 것을 드러남이라 하고 홀로 있는 곳을 은미함이라 하니, 아마 본래의 뜻이 아닐 것이다."[34]라 하였다. 곧 그는 주자학에서 '드러남'과 '은미함'을 남들과 함께 있는 자리인지, 혼자 있는 자리인지로 구분하는 견해를 거부하고, 형체가 없는 귀신의 존재가 내려와 감시하고 있는 자리로 해석하고 있다. 여기서 그는 귀신을 상제로 인식함으로써 상제-귀신-신과 마주하는 신앙적 각성을 인간이 자신을 수양하는 기본조건으로 삼고 있음을 보여준다.

다산은 "'드러남과 은미함'이란 귀신의 실체를 논의한 것인데, 옛 유학자들이 머무르는 방으로 해석하였고, '신독'이란 자기만이 홀로

---

34) 『與全』[2], 권2, 30, '心經密驗', "不顯者, 謂鬼神無形, 其跡隱微而不顯也, 中庸顯微之說, 皆論鬼神之體似微而實顯, 先儒以群居爲顯, 獨處爲微, 恐非本旨."

아는 일을 경계하는 것인데, 옛 유학자들이 홀로 있는 곳으로 해석하였으니, 그 어긋남이 작지 않다."[35]라 하였다. 여기서 그는 '은·미'와 '신독'에 대한 주자학의 해석에서 장소로 이해하기만 하고, 인간이 상제-귀신-신과 만나는 것을 가리키는 의미를 잃고 있는 것이라 비판하였다. 나아가 그는 '신독'의 본래 의미는 상제-귀신이 내려다보고 있음을 각성함으로써, 남들은 몰라도 자기만이 홀로 아는 일을 삼가는 것임을 역설하고 있다. 따라서 그는 도학-주자학에서 '신독'을 자기 홀로 있는 곳을 삼간다고 인식하게 되면, 어두운 방에서 홀로 있을 때는 옷깃을 여미고 꿇어앉았다가도, 남들과 만난 자리에서는 비열하게 속이고 음흉하게 모략하면서 남들은 모를 것이고 하늘도 모를 것이라 말하게 되니, '신독'의 뜻에 일치될 수 없음을 강조하였다. 이처럼 다산은 상제-귀신의 존재를 각성하여 두려워하고 삼가는 신앙적 자세를 수양의 기본원리로 제시하였던 것이요, 주자학의 수양론에서 자기 각성을 중시하는 합리적 이론이 현실에서 한계가 있음을 지적하고 있는 것이다.

도학-주자학의 수양론에서 '경'(敬)은 심성수양의 기본방법으로 강조되어 왔다. 다산은 먼저 경전에서 제시된 '경'의 의미를 해석하고 있다. 곧 『주역』(坤卦: 文言)에서 " '경'으로 안을 곧게 하고, '의'로 밖을 반듯하게 한다."(敬以直內, 義以方外)라는 구절을 해석하면서도, " '경'의 덕은 안을 단속하여 바깥에 베푸는 것이요, '의'의 덕은 바깥을 제어하여 안을 선하게 하는 것이니, 겉과 속이 서로 의존하고, 저쪽과 이쪽이 도와서 발현한다."[36]고 하였다. 여기서 다산은 '경'과 '의'

35) 『與全』[2], 권2, 34, '心經密驗', "顯微者所以論鬼神之體, 而先儒解之爲所處之室, 愼獨者所以戒獨知之事, 而先儒解之爲獨處之地, 其所差不小."

36) 『與全』[2], 권2, 30, '心經密驗', "敬之爲德, 束於內而施諸外, 義之爲德, 制於外而善

를 안과 밖에 각각 배속시키는 것이 아니라, 수양의 방법에서는 안과 밖이 서로 연결되어 서로 작용하고 있음을 강조하고 있다. 인격은 통합된 존재로서 안과 밖으로 분리하여 이해될 것이 아니라, 언제나 안과 밖이 상응하여 연결되고 있음을 강조한 것이다.

따라서 다산은 "'경'의 덕은 반드시 일에 대응하고 사물에 접한 다음에 시행될 수 있다."[37]고 하여, '경'이 '안을 곧게 하는' 마음의 내면을 닦는 것에 그치는 것이 아니라, 밖으로 사물에 접하고 일에 대응하면서 실현되는 것으로서 안과 밖이 동시에 이루어지는 것임을 제시하였다. 여기서 다산은 『예기』의 첫머리인 「곡례」(曲禮)편에서 말하는 '무불경'(毋不敬)에 대해서도, "「곡례」편의 첫머리에서 말한 '무불경' 세 글자와 그 아래 나오는 '무'(毋)자 수십 곳도 모두 일에 대응하고 사물에 접하는 데에서 경계한 것이다."[38]라 하였다. 곧 '경'의 수양공부가 일과 사물을 만나는 현실에서 실현되는 것이지, 내면의 고요함을 실현하는 공부가 아님을 밝히고 있다. 또한 그는 "'무불경'이란 공경하지 않는 일이 없다는 것을 말하는 것이 아니요, 공경하지 않는 일을 금지하여 못하게 하는 말이다."[39]라 하였다. 그것은 '공경하지 않음이 없다'는 마음의 상태를 가리키는 것이 아니라, 무슨 일에서나 '공경하지 않음이 없어야 한다'는 현실에서 실천을 요구하는 명령이요, 경계임을 강조하기도 하였다.

其內, 表裏相須, 彼此胥發."

37) 같은 곳, "敬之爲德, 必應事接物而後, 乃得施行."

38) 『與全』[2], 권2, 31, '心經密驗', "曲禮首言毋不敬三字, 其下毋字數十, 皆於應事接物上存戒."

39) 『與全』[2], 권2, 29, '心經密驗', "毋不敬者, 非謂無事不敬也, 謂凡不敬之事, 禁之勿爲也."

도학의 수양론에서 '경'의 실천방법으로 고요히 앉아 마음의 평정을 이루는 '정좌'(靜坐)를 중시하는 것에 대해서도 다산은 거부의 입장을 분명하게 제시하고 있다. 곧 "'경'을 하면서 고요히 앉아 아무 일이 없고 어디로 가는 바도 없다면 어찌 '경'을 쓸 수 있겠는가? … 만약 생각을 끊고 염려를 끊으며, 경계하지도 않고 두려워하지도 않으며, 오직 연못 수면이 고요하여 물결이 없는 것처럼 하기를 힘쓴다면, 이것은 고요함(靜)이지 '경'이 아니다."40)라 하였다. 이처럼 다산은 마음이 사려분별을 일으키지 않고 물결이 일어나지 않는 수면처럼 고요함을 실현하는 것이 '경'의 수양이 아님을 역설하고 있다. 그것은 무념무상의 마음을 추구하는 내면적이고 정적인 '경'의 수양론과 일을 처리하는 생활 속에서 마음의 안과 현실의 밖이 일관하여 공경함을 실현하는 활동적인 '경'의 수양론을 엄격히 차별화시키고 있는 것이다.

다산의 수양론은 하늘을 섬기는 '사천'(事天)에서 '경'의 성격을 가장 선명하게 드러내고 있다. 그는 "오직 하늘을 공경하고(敬天) 신을 공경함(敬神)에서는 '정좌'공부를 할 수 있지만, 그러나 역시 반드시 묵묵히 마음을 운용하여, 혹은 하늘의 도리를 생각하고, 혹은 신의 이치를 궁구하고, 혹은 지난 허물을 성찰하고, 혹은 새로운 의리를 끌어내기도 한다. 이것이 바로 진실한 마음으로 하늘을 공경하는 것이다."41)라 하였다. 곧 하늘이나 신을 공경하는 '경천'(敬天)·'경신'(敬神)에서 '정좌'를 하더라도 결코 무념무상한 마음의 평정을 추구

40) 『與全』[2], 권2, 31, '心經密驗', "致其敬也, 靜坐無事, 無所嚮往, 何以用敬,…絶思絶慮, 不戒不懼, 惟務方塘一面, 湛然不波, 則此靜也, 非敬也."

41) 같은 곳, "惟敬天敬神, 可爲靜坐之工, 然亦必默運心思, 或想天道, 或窮神理, 或省舊愆, 或紬新義, 方爲實心敬天."

하는 것이 아니라, 끊임없이 하늘의 도리(天道)와 신의 이치(神理)를 연구하는 사색과 허물을 반성하는 성찰의 마음이 활발하게 일어날 때라야 진실한 마음으로 하늘을 공경하는 '실심경천'(實心敬天)의 수양공부가 이루어지는 것이라 한다. 이것이 바로 다산의 실학적 사유체계에서 '수기'의 심성수양론과 '치인'의 경세론을 통합하는 근본원리로서 '실심사천'(實心事天)의 공부요, 그것은 수양론이면서 경세론의 기준이 되고 있는 것이다.

정이천은 '경'을 수양론적 실천방법으로 '하나를 주장하여 적응함이 없다'는 뜻으로 '주일무적'(主一無適)을 제시하면서, "하나를 주장한다는 것은 '경'을 말하며, 적응함이 없다는 것은 '하나'를 말한다."(主一之謂敬, 無適之謂一. 〈『二程遺書』, 15-177〉)라 하였다.[42] 이에 대해 다산은 "정이천의 '경'을 주장하는 공부는 번번이 마음속에 도대체 한 가지 일도 없기를 요구하여, 한 가지 일을 오로지 생각하는 것을 '주일'에 상응시키지 않는다. 또한 '적응함이 없다'(無適)는 것도 도대체 가는 곳이 없으니, 만약 한 가지 일을 오로지 생각한다면 어찌 '적응함이 없다'고 말할 수 있겠는가?"[43]라 하였다. 곧 다산은 주자가 '주일'을 한 가지 일만을 생각하는 것으로 해석하는 견해를 받아들이면서, 정이천이 '주일'을 한 가지 일도 생각함이 없는 것이

42) 다산은 『논어』에서 "一以貫之."의 '一'은 '恕'요, 『중용』에서 "所以行之者一也."의 '一'은 '誠'인데, 伊川의 "主一."에서 '一'은 무엇인지 분명한 설명이 없다고 지적하며, "'一'이 무엇인지 이미 인식할 수 없다면 장차 어떻게 '一'을 주장하겠는가?"(一之爲何物, 旣不可認, 將如何主一耶. 〈『與全』[2], 권2, 31, '心經密驗'〉)라 하여, 문제점을 제시하였다. 그러나 伊川은 "主一者謂之敬, 一者謂之誠, 主則有意在."(『二程遺書』 24-43)라 하여, '一'을 '誠'으로 밝힌 바가 있다.

43) 『與全』[2], 권2, 31, '心經密驗', "伊川主敬之工, 每要心中都無一事, 不應以專想一事爲主一, 且無適者, 謂都無所適, 若專想一事, 則豈可曰無適."

하는 '서'의 실천방법을 제기하는 것은 도학-주자학의 보편적 이치를 추구하는 관념적 세계에서 벗어나, 현실적 실천방법을 확보하는 다산의 실학적 수양론의 면모를 잘 드러내고 있는 대목이다.

맹자가 "측은히 여기는 마음은 '인'의 '단'(端)이다."(惻隱之心, 仁之端也. 〈『맹자』, 3-6: 1〉)라고 언급한 구절에서 '단'의 해석은 조선시대 성리학의 중요한 쟁점인 '사단칠정론'(四端七情論)의 근원적 문제이다. 주자는 '인'(仁)을 비롯한 '사덕'(四德: 仁·義·禮·智)을 인간의 마음속에 선천적으로 내재한 이치로 인식하기 때문에, '사단'(四端: 惻隱之心·羞惡之心·辭讓之心·是非之心)의 감정은 '사덕'을 알 수 있는 실마리인 '단서'(端緖)로 해석하였다. 그러나 다산은 "'측은'은 '인'의 시작이다. … '측은'을 넓히고 채워서 정성스러움에 이르면 '인'이 천하를 덮는다. '단'이란 시작이다. 안에서 나온 실마리가 아니다."50)라 하였다. 그는 '단'을 마음 안에 내재한 '인'에서 나와 감정에 나타난 실마리로서 '단서'가 아니라, 이 감정에서부터 실천하여 '인'을 실현하는 데까지 나가는 출발점으로서 '단시'(端始: 端初)라 파악하고 있다. 이처럼 '인'의 덕이 마음속에 선천적으로 내재한 것이 아니요, 수양을 통해 실현하여 얻어지는 결과로서 덕이라 보는 것이 다산의 관점이다. 그것은 형이상학적 본체를 찾아가는 '깨달음'의 주자학적 수양론에서 벗어나, 현실에서 실천을 통해 성취하는 '실현'의 실학적 수양론임을 보여주는 것이라 할 수 있다.

다산의 수양론은 이치의 깨달음을 강조하는 입장이 아니라, 현실에서 실천을 강조하는 입장이다. 따라서 그의 수양론은 실천을 위한

50) 『與全』[2], 권2, 36, '心經密驗', "惻隱者, 仁之始也, … 惻隱者, 擴而充之, 至於肫肫則仁覆天下也, 端者始也, 非內出之緖."

라는 견해를 거부하였다. 바로 이 점에서 다산은 한 물건도 받아들이지 않는 것을 '주일'(主一)이라 하는 정이천의 입장은 선(禪)불교의 입장에 가까운 것이라 비판하였던 것이다.44)

2) '서'(恕)와 수양론의 실행과제

수양이 인격의 실현이라면 그것은 바로 '인'(仁)을 실현하는 것이다. 장횡거(張橫渠)가 "예법의 절도(禮儀) 3백 가지와 거동의 절도(威儀) 3천 가지가 한 가지도 '인'이 아닌 것이 없다."(禮儀三百, 威儀三千, 無一物之非仁. 〈『正蒙』: 天道篇〉)라고 언급한 말에 대해, 다산은 장횡거의 이 말이 절실하게 체득한 것이라 하여 극진하게 높이 평가하였다. 이에 따라 그는 "'인'이란 사람이다. 사람과 사람의 본분을 다하는 것이다. … 무릇 그 예절이 모두 사람과 사람이 서로 더불어 사는 법도이다. 예법을 회복함으로써 '인'을 한다는 것은 이것을 말하는 것이 아니겠는가?"45)라 하였다. 주자학에서 '인'(仁)을 인간의 내면에 주어진 선천적 덕이라 보는 견해를 거부하고, '인'을 두 사람(二人) 사이에서 본분을 다하는 것이라 하여, 사회적 인간관계 속에서 실현되어야 하는 실천의 결과로 얻어지는 덕이라 보았다. 따라서 부모·자식 사이나 임금·신하 사이나 형·아우 사이 등 모든 인간관계에서 그 본분을 다하는 것이 인격실현의 근본과제요, 바로 수양론의 기본적 실천과제임을 확인하고 있다.

또한 다산은 '인'의 실천방법으로서 나를 미루어 남에게 이르는

44) 같은 곳, "不容一物, 何謂主一, … 若都無一物, 恐近坐禪."

45) 『與全』[2], 권2, 32, '心經密驗', "蓋仁者人也, 人與人之盡分也, … 凡其禮節, 皆人與人相與之法也, 復禮爲仁, 非謂是乎."

‘서’(恕)를 특히 중시하고 있음을 보여준다. 공자가 “나의 도는 하나로 꿰뚫었다.”(吾道一以貫之. 〈『논어』, 4-15〉)라 하였고, 증자가 이를 ‘충서’(忠恕)라 밝혔다. 여기서 정이천과 주자에 의해 ‘충’(忠)은 ‘자기를 다하는 것’(盡己)이요, ‘서’(恕)는 ‘자기를 미루어 가는 것’(推己: 推己及物·推己及人)으로 해석된 것이 도학-주자학의 정설로 확립되었다. 이에 대해 다산은 “만약 ‘자기를 다하는 것’(盡己)과 ‘자기를 미루어 가는 것’(推己)이라면 반드시 양쪽의 공부가 될 것이니, 공자의 ‘도’는 두 가지로 꿰뚫어진 것이지 하나로 꿰뚫어진 것이 못 된다. 만약 ‘자기를 다하는 것’으로 근본을 세워서 이로부터 미루어 간다면 양쪽 공부는 아니지만, 이것은 ‘충’을 주인으로 삼고 ‘서’를 손님으로 삼는 것이요, ‘충’이 근본이 되고, ‘서’가 말단이 된다. 이른바 ‘하나로 꿰뚫었다’는 것은 ‘충’으로 꿰뚫은 것이지, ‘서’로 꿰뚫은 것이 아니다.”[46]라 하였다. 따라서 다산은 도학-주자학의 ‘충서’에 대한 해석은 ‘충’과 ‘서’를 둘로 갈라놓는 문제를 일으키거나 ‘충’을 근본으로 삼고 ‘서’를 말단으로 다룬다면, 공자가 제자 자공(子貢)에게 ‘서’로 일관함을 밝힌 언급(『논어』, 15-24)과 모순되는 것임을 지적하여 비판한 것이다.

여기서 다산은 “이른바 ‘충서’란 진실한 마음으로 ‘서’를 행한다고 말하는 데 불과할 뿐이다.”[47]라 하여, 인간관계 속에서 실천의 방법으로 ‘서’의 의미와 중요성을 분명하게 밝히고 있다. 그는 ‘충’이란 ‘서’를 행하는 마음의 자세로 ‘진실한 마음’을 뜻하는 것이지, ‘인’을

46) 『與全』[2], 권2, 33, ‘心經密驗’, “若盡己推己, 必當兩下工夫, 則是夫子之道, 二以貫之, 非一貫也, 若云盡己以立根本, 自此推去, 無兩下工夫, 則是忠爲主, 恕爲客, 忠爲本, 恕爲末, 所謂一貫, 是忠以貫之, 非恕以貫之也.”

47) 같은 곳, “所謂忠恕者, 不過曰實心以行恕耳.”

실행하는 방법은 ‘서’임을 강조하였다. 나아가 그는 ‘서’의 의미를 해석하면서, 자기를 미루어 남에게 행하는 방법으로서 ‘추서’(推恕)와 자기의 너그러운 아량으로 남의 허물을 용납하는 ‘용서’(容恕)의 두 가지가 있음을 지적하면서, 옛 경전에 말하는 ‘서’는 모두 ‘추서’임을 지적하고 있다. 나아가 그는 인간과 인간의 사이에서 ‘서’의 방법을 행하는 것이란 바로 헤아려 법도로 삼는 ‘혈구지도’(絜矩之道)임을 확인하고 있다.[48]

다산은 성인을 이루고 현인을 이루는 수양의 방법이 바로 ‘하나로 꿰뚫었다’는 ‘일관’(一貫)을 벗어나지 않는 것임을 지적하면서, “옛사람이 말하는 ‘일관’은 하나의 ‘서’(恕)로 육친(六親)과 오륜(五倫)과 경례(經禮) 3백 가지와 곡례(曲禮) 3천 가지를 꿰뚫었으니, 그 말은 간략하면서 넓게 펼쳐지며, 그 뜻은 긴요하면서 멀리 뻗어있다. ‘서’로 부모를 섬기면 ‘효’(孝)요, ‘서’로 임금을 섬기면 ‘충’이요, ‘서’로 백성을 다스리면 ‘자’(慈)이니, 이른바 ‘인’을 하는 방법이다.”[49]라 하였다. 그는 사회적 인간관계의 모든 경우에서 ‘인’을 실현하는 방법이 바로 ‘서’로 인식하는 것이 경전의 정신임을 지적하고 있다. 이에 비해 당시의 도학에서는 우주의 이치라는 추상적 원리로 ‘일관’을 이해하는 것은 유교의 정신이 아니라 노자나 불교의 영향을 받은 그릇된 인식임을 비판하였던 것이다. 사람과 사람 사이의 인간관계 속에서 본분을 실현하는 것을 ‘인’으로 해석하고, 나를 미루어 남에게 행

48) 같은 곳, “恕有二義, 一曰推恕, 一曰容恕, 古經所言, 皆是推恕, … 凡人與人相與之際, 皆用此道, 所謂絜矩之道也.”

49) 『與全』[2], 권2, 41, ‘心經密驗’, “成聖成賢之法, 不外乎一貫, … 古之所謂一貫者, 以一恕字, 貫六親貫五倫貫經禮三百貫曲禮三千, 其言約而博, 其志要而遠, 以恕事父則孝, 以恕事君則忠, 以恕牧民則慈, 所謂仁之方也.”

구체적 과제에 관심을 기울이고 있다. 먼저 그는 "옛 성현이 배움을 시작하는 곳을 논함은 의관을 바르게 하고, 용모를 엄숙하게 하는 것을 앞세우지 않음이 없다."(古聖賢論下學處, 莫不以正衣冠肅容貌爲先)고 언급한 장식(南軒 張栻, 南宋)의 말을 중시하면서, "바깥을 제약함으로써 그 안을 배양하니, 이것은 옛사람이 마음을 다스리는 긴요한 방법이다."[51]라 하였다. 마음의 수양에서 항상 안과 밖이 상응하여 함께 작용하는 것임을 강조하면서도, 구체적 실천에서는 바깥에서 몸을 단속하여 안으로 마음을 바로잡는 공부의 수양방법이 실천적 효과에서 중요한 의미가 있음을 인정하는 것이다.

또한 '중용'(中庸)의 '용'(庸)을 해석하면서, 주자가 '용'을 '평상'(平常)이라 하여 일상적 현실의 의미로 제시하고 있는 데 반대하여, 다산은 '용'을 '항상'(恒常)이라 하여, 실천의 항구적 지속성을 강조하였다. 여기서 그는 " '중'(中)이란 지극한 선이요, '용'(庸)이란 오래 할 수 있는 것이다. 지극한 선이면서 오래 할 수 있다면 '중용'이다. 사람이 잠깐 사이에 눈물을 흘리며 후회하여 선을 향한다면, 이때에는 그 마음이 맑아서 성인을 이룰 수 있는 기틀이 있지만, 오래도록 지속할 수 없는 것은 언제나 악인이 되는 까닭이다."[52]라 하였다. '용'을 '평상'으로 해석하는 것은 '중'과 '용'이 원리와 현실로서 결합해야 한다는 '체용'구조로 파악하는 것이다. 그러나 '용'을 '항상'으로 해석하는 것은 '중'의 도덕적 기준이 지속적으로 실천함(庸)을 통해 실현될 수 있다는 것으로, 실천적 성격을 철저하게 요구하고 있는 것이다. 이러한 수양론의 실천적 성격이 다산의 수양론이 지닌

51) 같은 곳, "制之於外, 以養其中, 此是古人治心之要法."

52) 『與全』[2], 권2, 38, '心經密驗', "中者, 至善也, 庸者, 能久也, 至善而能久則中庸也, 人於霎刻泣悔向善, 此時其心淸澈, 有作聖之機, 惟其不能持久, 所以常爲惡人."

실학적 면모를 선명하게 드러내 주는 것임을 확인할 수 있다.

5. 다산의 심성-수양론이 지닌 특성

다산은 '육경사서'의 경학을 '수기'(修己)를 위한 것으로 심성-수양론의 영역을 삼고 있지만, 『심경밀험』을 저술하여 자신의 경학체계에 포함시킨 것은 『심경밀험』을 통해 자신의 경학에서 제기한 심성-수양론의 기본문제들을 집약시키기 위한 것으로 보인다. 곧 그는 광범한 경전에서 제시된 다양한 문제에 대해 세밀하게 분석하고 정밀하게 주석하면서 자신의 입장을 명확하게 논증해 왔지만, 『심경밀험』은 다산경학의 핵심주제로서 심성-수양론의 문제를 집중적으로 논의하고 집약하여 제시한 것이다. 바로 이 점에서 『심경밀험』은 사실상 그의 경학체계 전반의 요약판이요, 결론이라는 성격을 지니고 있는 것이라 생각된다.

다산경학의 실학적 사유체계는 노학-주사학의 심성-수양론을 정면으로 비판하고 평가함으로써 다산실학의 철학적 세계를 열어주고 있다. 그는 『심경밀험』의 첫머리에 「심성총의」(心性總義)편을 수록하여 자신의 '심성' 개념을 간명하게 집약하여 제시함으로써, 주자학의 성리설과 차별화되는 자신의 심성론을 수양론의 전제로 밝히고 있는 것이다.

그의 '심' 개념은 주자학에서 '심'과 '신'(身)을 주종관계로 상대시켜 파악하는 '심신이원론'(心身二元論)의 입장이 아니라, 정신과 육신이 오묘하게 결합되어 있다는 '신형묘합론'(神形妙合論)의 인간 실상을 제기하였다. 그것은 수양의 주체로서 '심'이 인간 내면의 영역에 한정되는 것이 아니라, 언제나 마음과 신체가 안과 밖으로 상응하고 겉과 속으로 연결되어 작용하는 인간존재의 현실적 조건을 분명하게 확인하고 있는 것이다. 또한 그의 '성' 개념은 주자학에서 마음속에 선천적으로 부여된 본체요, 이치로 인식하는 '성즉리설'(性卽理說)을 정면으로 거부하고, 선을 즐거워하고 악을 부끄러워하는 마음의 '기호'로 인식하는 '성기호설'(性嗜好說)을 제기하였다. 그것은 인간의 본체로서 '성'이 본래적으로 선한 덕이라 인식하여 '성'의 각성과 회복을 추구하는 주자학의 복원적(復原的) 수양론에서 벗어나, 선을 좋아하는 경향성으로 '성'에 따라 현실의 상황 속에서 선을 실행함으로써 그 결실로서 덕을 이루어 나가야 한다는 생성적(生成的) 수양론을 제시하는 것이다.

진덕수의 『심경』은 도학전통에서 수양론의 기본교과서로 존숭되었던 저술이지만, 다산은 『심경』의 주석을 통해 도학의 수양론적 저술을 자료로 자신의 심성-수양론을 체계화하였다. 여기서 그는 도학-주자학의 이기설(理氣說)에 기반을 두어 욕심을 억제하고 마음의 평정을 추구하는 관념적이고 정적(靜的)인 수양론에 맞서서 하늘을 두려워하고 하늘을 섬기는 사천학(事天學)을 정립하였다. 또한 인간의 욕망을 선의 실천을 위한 동력으로 긍정하고, 자신의 허물을 뉘우치는 죄(罪)의식의 각성을 강조하는 실천적이고 동적(動的)인 수양론의 체계를 제시하였던 것이다.

다산의 사천학적 수양론은 인간의 모든 행동을 내려와 감시하는 하늘(上帝)의 존재와 마주하여 자기만이 홀로 아는 상제의 존재 앞에서 두려워하고 삼가는 '신독'(愼獨)의 개념에 대한 해석을 통해 신앙적 수양론의 성격을 뚜렷하게 밝히고 있다. 하늘을 두려워하고 죄를 뉘우치며 하늘을 섬기는 '사천'(事天)의 신앙적 인식 속에서 인간과 인간 사이에 인간의 본분을 실행하여 '인'(仁)을 이루는 수양론의 사회적 실현과정을 제시한다. 또한 그는 '인'을 이루는 방법으로서 나를 미루어 남에게 행해야 할 자신의 본분을 찾아가는 '서'(恕) 개념을 재해석하였던 것이다.

다산은 성리학의 수양론으로서는 성인을 이루고자 하지만 이룰 수 없는 세 가지 문제점으로, '천'(天)과 '인'(仁)과 '용'(庸)의 개념에 대한 인식이 잘못된 데 있음을 지적하면서, "만약 '신독'하여 하늘을 섬기고, 힘써 '서'를 행하여 '인'을 구하고, 또 항구하여 쉬지 않을 수 있다면, 이것이 성인이다."[53]라 언급한 것은 수양론의 근본전제와 기본과제와 방법을 제시하는 것이다. 이것이 바로 다산수양론의 결론적 선언이라 할 수 있다. 하늘을 섬김(事天)은 수양론의 근본전제요, '인'을 추구함(求仁)은 수양론의 사회적 실현과제요, 항구하여 쉬지 않음(能恒久而不息)은 수양론의 실천방법이다. 여기서 하늘을 섬기는 방법이 '신독'이요, '인'을 추구하는 방법이 '서'이며, 양쪽 모두 항구하여 쉬지 않고 실천하도록 요구하구하는 것이다. 이와 더불어 다산은 하늘을 섬김이나 부모를 섬김이나 '서'를 행함이니 선을 행함이나, 수양론적 실천의 모든 행위에서 '진실한 마음'(實心)을 요구하고 있다. 그것은 다산의 학문이 '실심'(實心)의 수양론이요, '실심'(實心)의 실학임을 말해 주는 것이기도 하다.[54]

53) 『與全』[2], 권2, 40, '心經密驗', "若愼獨以事天, 强恕以求仁, 又能恒久而不息, 斯聖人矣."

54) 다산이 '實心'을 강조한 사실은, 그의 경전주석에서 '實心敬天', '實心事天', '實心事神', '實心行恕', '實心去惡', '實心爲善', '實心事父', '實心事長', '實心字幼', '實心奉公' 등으로 거듭 언급하는 데서 확인할 수 있다.

제6장

[附] 신라사회의 경전이해와 실천정신

1. 신라문화 속에서 국학의 위치

'국학'(國學)은 '태학'(太學)의 다른 명칭이다. 『주례』에서는 "악사(樂師)가 국학의 직무를 관장하여 국자(國子)에게 소무(小舞)를 가르친다."[1]고 하였다. 백성의 자제를 가르치는 교육기관인 '향학'(鄕學)과 구별되어 국자(國子), 곧 제왕과 귀족의 자제를 가르쳐 국가통치를 위한 인재를 배양하는 교육기관이 '국학'이다. 그래서 '국학'은 '국자학'(國子學)·'국자감'(國子監)이라고도 일컬어졌다.[2] 그렇다면 '국학'의 설립은 그 나라의 교학(敎學)체제를 수립하는 것이요, 그 나라의 통치원리와 이념의 기준을 정립하는 것으로서 중요한 의미를 지닌다.

---

1) 『周禮』, 春官, '樂師', "掌國學之政以敎國子小舞."

2) 丁若鏞은 "太學은 國學이다. 胄子를 머물게 하여 가르친다."(大學者, 國學也, 居胄子以敎. 〈『與猶堂全書』[2], 권1, 1, 「大學公議」〉)고 하여, 國學과 太學이 동일한 최고의 교육기관을 가리키는 것이라 확인하고, 또 『周禮』(春官·樂師)에서 말하는 '國子'는 『書經』(堯典)에서 말하는 '胄子'와 같은 것으로, 天子의 子와 卿·大夫의 嫡子를 가리키는 것이라 해석한다.(『與猶堂全書』[2], 권1, 3-4, 「大學公議」)

중국에서도 한(漢)나라 이후 통일왕조가 성립하면서 국학(태학)의 제도가 정비되었고, 특히 당(唐)나라 때는 국학이 가장 융성하였던 시기였다.[3] 고구려가 건국된 이후 백제와 신라가 차례로 일어나, 중국의 영향을 받으며 국가의 체제를 정비하는 과정에서 국학이 설립되었다는 것은 바로 중국문화와 제도의 도입이 정착되어 가는 수준을 보여주는 것이라 할 수 있다. 고구려는 372년(小獸林王 2년)에 전진(前秦)의 왕 부견(符堅)이 승려와 불상을 고구려에 보내 불교가 전래하였고, 바로 그해에 고구려에 '태학'이 설립되었던 사실을 보면, 전진의 영향을 받았던 것으로 보인다.[4] 이에 비해 신라에서 '국학'의 설립은 삼국통일(668)을 이룬 이후인 682년(神文王 2년)으로 당나라 고종(高宗) 때이다. 고구려에 비해 310년이나 뒤처졌던 사실은 그만큼 중국문화의 수용과정이 고구려에 비해 늦어졌고, 또한 국가체제의 운영방법에서 독자적 전통을 유지하면서 중국의 제도를 점진적으로 수용하다가 최종적으로 전반적 채택이 뒤늦게 이루어졌음을 의미하는 것으로 볼 수 있다.

'국학'의 교육은 유교경선을 기초로 하고 있으며, 그만큼 유교적 교화체제를 국가의 통치원리로 받아들이는 것을 의미한다. 그렇다면 신라문화에서 '국학'의 위치와 성격을 이해하는 것은 '국학'이 설립되기 이전인 삼국시대의 신라와 국학이 설립된 다음인 통일 이후의 신라를 대비시켜 이해하는 문제이기도 하다. 그러나 현실적으로는

3) 朴趾源의 『熱河日記』(謁聖退述·學舍)에서는 宋의 慶曆 年間에 王拱辰이 國子監을 맡고 있을 때, "漢의 太學이 1,800칸에 생도가 3만 명이나 되었고, 唐에 이르러서는 6,200칸이나 되었다."고 말하여, 漢·唐시대 國學-太學의 성대함을 언급한 사실을 인용하고 있다.(明, 鎦績, 『霏雪錄』, 卷上 및 淸 孫承澤, 『春明夢餘錄』, 卷54, '國子監'에도 같은 내용이 수록되어 있음)

4) 李東歡, 「韓國文敎風俗史」, 『韓國文化史大系』(8), 고려대민족문화연구소, 1971, 772쪽.

사료의 한계 때문에 국학의 설립 이전과 이후의 구분을 명확히 특징짓기는 어렵다. 또한 국학을 통해 교육이 집중적으로 강화되었지만, 유교경전에 대한 이해는 이미 삼국시대의 신라에서도 상당 수준 광범하게 확산되고 있었다. 따라서 신라사회의 통치원리와 도덕규범에서 유교경전이해가 어떻게 나타나는지를 살펴본다면, 여기에 국학설립 이전의 유교경전이해와 국학설립 이후의 유교경전이해가 드러날 수 있을 것이다.

이와 더불어 신라사회를 이끌어가는 정신적 중심세력을 이루고 문화적 기반을 이루었던 화랑(花郞) 내지 풍류도(風流徒)의 고유한 전통이나 인간과 세계의 본질을 심오하고 세련된 논리로 해명해 온 불교의 사유가 유교경전의 가르침이나 '국학'교육과 어떻게 연관되는지를 해명하는 것도 신라문화 속에서 '국학'의 성격을 이해하는 데 간과할 수 없는 필수적 조건이 될 것이다.

신라의 '국학'과 신라문화를 해명하는 문제는 크게 세 가지 과제로 접근할 필요가 있을 것으로 생각한다. 첫째는 '국학'의 교육을 통해 제시되는 유교이념적 가치가 신라의 국가적 통치원리로서 어떻게 제시되고 있는지를 확인하는 과제이다. 둘째는 '국학'의 유교적 규범질서가 어떻게 신라사회의 저변에서 실현되고 있는지를 확인하는 과제이다. 셋째는 '국학'의 유교이념적 교육이 예법(禮)과 음악(樂)의 제도적 정비를 통해 신라사회의 교화체제로서 어떻게 정립되어 가는지를 이해하는 과제이다. 이러한 세 가지 과제를 통해 '국학'의 유교이념이 신라사회를 이끌어가는 기능을 어느 수준에서 기능하고 있었는지 제한된 사료를 통해 확인해 보고자 한다.

2. 신라 국학의 경전교육과 제도

신라의 '국학'(國學)은 삼국통일 이후인 신문왕(神文王) 2년(682)에 처음 설치되었고, 예부(禮部)에 속하는 교육기관이었다. 경덕왕(景德王, 742-764 재위) 때인 747년 '국학'의 명칭을 '태학감'(大學監)으로 고쳤다가 혜공왕(惠恭王, 765-779 재위) 때 다시 본래대로 '국학'이라 되돌렸다 한다.[5] '국학'의 명칭이 기준이었지만, '국학'과 '태학'을 같은 의미의 명칭으로 사용하고 있었음을 말해 주는 것이다.

신라의 국학은 당나라의 제도를 받아들인 것이다. 신라에 국학이 설치되기 이전인 진덕왕(眞德王) 2년(648)에는 사신으로 갔던 김춘추(金春秋)가 당 태종의 허락을 받아 당나라 국학에 가서 석전(釋奠)의 례와 경전 강론(講論)을 참관하였던 일이 있었다.[6] 이러한 사실은 신라의 사신으로서 국학의 유교경전교육이 바로 국가통치의 이념을 확립하는 기본과제라는 인식을 하고 있었으므로, 당나라 문물 가운데서도 국학의 교육제도와 의례에 깊은 관심을 보여주고 있었던 것이다. 또한 신라에 국학이 설립된 이후인 성덕왕(聖德王) 16년(717)에는 당나라에 사신으로 갔던 김수충(金守忠)이 돌아오면서 문선왕(文宣王: 孔子)과 10철(十哲: 공자의 대표적 제자로 顔淵·閔子騫·冉伯牛·仲弓·宰我·子貢·冉有·季路·子游·子夏)과 72제자(弟子)의 초상(肖像)을 가져와 이를 태학(太學: 國學)에 두었다.[7] 공자와 제자들의 초상화를 국

---

5) 『三國史記』, 권38, 雜志, 職官(上), "國學, 屬禮部, 神文王二年置, 景德王改爲大學監, 惠恭王復故."

6) 『三國史記』, 권5, 新羅本紀 '眞德王'(2年), "春秋請詣國學, 觀釋尊及講論, 太宗許之."

7) 『三國史記』, 권8, 新羅本紀, '聖德王'(16年), "入唐大監守忠廻, 獻文宣·王十哲·七十二弟子圖, 卽置於大學."

학에 간직하였다는 사실은 국학에서 공자와 제자들에게 제사를 드리는 문묘(文廟)의례의 제도를 갖추게 되었다는 것을 말해 준다.

통일신라 이후는 국학에서 경전교육을 실행함과 더불어 더욱 경전교육의 수준을 높이기 위해 청년들을 당나라 국학에 유학 보내기도 하였다. 곧 성덕왕 27년(728)에는 임금의 아우 김사종(金嗣宗)을 당나라에 사신으로 보내는 기회에 신라의 자제들을 당나라 국학에 입학할 수 있도록 청하는 표문(表文)을 올려 허락을 받았던 일이 있다.[8) 이때부터 통일신라의 말기까지 상당수의 입당유학생(入唐留學生)들이 당나라 국학에 입학하였고, 최치원(崔致遠) 등은 당나라 국학에 유학하고 그곳에서 과거에 급제하여 당나라의 관료로 활동하기도 하였으니, 입당유학생이 귀국하면서 당나라의 학술과 문물이 매우 높은 수준으로 신라에 도입될 수 있는 길을 열었던 것이다.

'국학'에 소속된 관직으로는 경(卿: 司業)이 1명, 박사(博士) 약간명, 조교(助教) 약간명이 있었다.[9) 경(卿)이 국학의 책임자요, 박사와 조교는 교수를 담당한 직책이며, 대사(大舍)나 사(史)는 행정직책으로 보인다. 그만큼 국학은 직제(職制)가 잘 갖추어진 기관임을 보여주는 것이다. 경전에 따른 학업의 과정별로 박사와 조교를 설치한 것은 경덕왕 6년(747)이었다고 하니,[10) 국학의 직제로 특히 교수직은 경전에 따라 전공을 구별하면서 더욱 잘 정비되어 갔던 사실을 알 수 있다.

또한 신라의 국학에서 교수(教授)하는 방법은 『주역』(周易)·『상서』

---

8) 『三國史記』, 권8, 新羅本紀, '聖德王'(27年), "遣王弟金嗣宗入唐獻方物, 兼表請子弟入國學, 詔許之."

9) 『三國史記』, 권38, 雜志, 職官(上), "卿一人, 景德王改爲司業, 惠恭王復稱卿, … 博士(若干人, 數不定), 助教(若干人, 數不定)."

10) 『三國史記』, 권9, 新羅本紀, '景德王'(6年), "置國學諸業博士·助教."

(尙書)·『모시』(毛詩)·『예기』(禮記)·『춘추좌전』(春秋左傳)·『문선』(文選)을 나누어 수업하고 있음을 보여준다.[11] 그것은 오경(五經)이 국학교육의 중심이 되고 있지만, 이와 더불어 『문선』을 통해 한문의 세련된 문장을 학습하는 것도 국학교육의 기본내용으로 포함되었던 사실을 엿볼 수 있다. 이 점에서 국학의 교육은 오경의 경전교육을 근본과제로 하면서 문장의 연마를 기초적 소양으로 중시하였다는 말이다.

국학의 학업과정은 세분화되고 있음을 보여준다. 곧 박사나 조교(助敎) 1명씩 각각 (1) 『예기』·『주역』·『논어』·『효경』을 가르치기도 하고, (2) 『춘추좌전』·『모시』·『논어』·『효경』을 가르치기도 하고, (3) 『상서』·『논어』·『효경』·『문선』을 가르치기도 하였다 한다.[12] 이 세 과정은 학생들의 능력이나 관심에 따라 그 가운데 하나를 선택하여 수업을 받을 수 있었던 것으로 보인다. 그렇다면 이 세 가지 교육과정에서는 등급이 있음을 엿볼 수 있다. 『논어』와 『효경』은 공통의 필수과목이 되며, (3) 『상서』와 『문선』을 선택과목으로 하는 과정이 가장 기초단계라면, (2) 『좌전』과 『모시』를 선택과목으로 삼는 과정이 중간단계요, (1) 『예기』와 『주역』을 선택과목으로 하는 과정이 가장 고급단계라 볼 수 있을 것 같다.

이 세 가지 교육과정은 경전으로 보면 '(3) 『상서』→ (2) 『좌전』·『모시』→(1) 『예기』·『주역』'으로 상승해 가는 과정을 보여주는 것이다. 『장자』 천하(天下)편에서 유교의 6경(六經)에 대해 "『시경』은 뜻(志)을

---

11) 『三國史記』, 권38, 雜志, 職官(上), "敎授之法以周易·尙書·毛詩·禮記·春秋左氏傳·文選, 分而爲."

12) 같은 곳, "博士若助敎一人, 或以禮記·周易·論語·孝經, 或以 春秋左傳·毛詩·論語·孝經, 或以尙書·論語·孝經·文選敎授之."

말하고, 『서경』은 일(事)을 말하고, 『예경』은 행위(行)를 말하고, 『악경』은 조화(和)를 말하고, 『역경』은 음양(陰陽)을 말하고, 『춘추』는 명분(名分)을 말한다."[13]라 하여, 경전의 각각이 지닌 기본취지를 언급한 것이 있다. 『장자』의 언급에 따라 국학교육의 세 과정을 규정해 보면, '일(事) → 명분(名分)·뜻(志) → 행위(行)·음양(陰陽)'을 말하는 단계로 나아가고 있음을 의미한다. 『서경』은 정치가 시행되었던 '일'(事)을 역사적 사실로서 제시해 준다. 이에 비해 『춘추』의 '명분'과 『시경』의 '뜻'(志)이란 자신의 판단에 가치기준을 제공해 주는 것이다. 나아가 『예기』의 '행위'(行)나 『주역』의 '음양'은 자신이 실천해 가는데 행동의 절차나 환경적 변화조건을 규정하고 있다. 그만큼 세 가지 교육과정의 단계는 구체적인 과제에서 근원적 과제로 나아가고, 역사적 사실의 이해에서 스스로 판단하고 실행하는 문제로 나아가는 것이라 할 수 있다. 곧 국학의 경전교육은 '오경'을 중심으로 경전의 각각이 지닌 기능적 특성에 깊은 관심을 두고 오경을 단계로 나누어 교육이 이루어졌던 사실을 엿볼 수 있게 한다.

학업의 세 가지 과정에서 『논어』와 『효경』이 공통과목이 되는 사실을 주목할 필요가 있다. 『논어』와 『효경』은 '13경'의 경전체제에는 받아들여지고 있지만, 오경의 차원과는 구별될 수 있다. 그렇다면 『논어』와 『효경』은 오경의 기초단계를 이루는 경전으로 인정되고 있음을 말해 준다. 『효경』의 가르침에서 중심주제가 '효'(孝)의 문제라면 『논어』의 가르침에서 여러 가지 도덕규범 가운데 하나로 '충'(忠)이 중요한 주제를 이루고 있으니, 『논어』와 『효경』의 가르침

13) 『莊子』, '天下', "詩以道志, 書以道事, 禮以道行, 樂以道和, 易以道陰陽, 春秋以道名分."

에서 제시하는 기본적 도덕규범을 '충'과 '효'로 대비시켜 볼 수 있다. 그렇다면 국학의 교육에서 『논어』와 『효경』이 필수의 기초과목으로 중시되는 것은 바로 신라사회가 요구하는 도덕규범으로서 '충·효'가 핵심개념으로 확인될 수 있음을 말해 준다. 그런데 『논어』는 '충'의 규범 이외에도 다양한 문제를 논의하고 있으며, 특히 '인'(仁)이나 '예'(禮)가 『논어』에서 한층 더 근본적 규범으로 제시되고 있다는 사실도 유의할 필요가 있을 것이다. 여기서 확인할 수 있는 사실은 신라의 국학교육에서 제시되는 경전은 오경에 『논어』와 『효경』을 합친 '7경'(七經)의 체제를 이루고 있다는 것이다. '7경'의 체제는 당시 신라가 전면적 영향을 받고 있던 당나라 때의 경학체제를 따른 것으로 보인다.[14]

나아가 국학에서 교육을 받은 학생들을 선발하여 관직에 임명하기 위해 인재의 역량을 평가하는 3단계의 평가제도로서 '독서삼품과'(讀書三品科)가 있었음을 주목할 필요가 있다. 이 제도는 원성왕(元聖王) 4년(788)에 설치되었으니 신라에 국학이 설립되고 나서도 100년 이상이 지난 뒤의 일이다. 그러나 '독서삼품과'의 설치로 국학의 교육이 국가의 인재선발에 직접 연결되고 있음을 보여준다. '독서삼품과'의 제도에 따르면, ① 상품(上品)은 『춘추좌씨전』·『예기』·『문선』을 읽고 능히 그 뜻에 통달하고 겸하여 『논어』·『효경』에 밝

---

14) '七經'은 '易·書·詩·三禮·春秋'를 가리키는 경우도 있고, '詩·書·春秋·周禮·儀禮·禮記·論語'를 가리키는 경우도 있다고 한다.(宋 王應麟, 『小學紺珠』, 권4) 그러나 일본학자 山井鼎이 편찬한 『七經孟子考文補遺』에서는 '七經'을 '易·書·詩·春秋·禮記·論語·孝經'을 제시하여 新羅 國學의 七經체제와 동일함을 보여주는데, 『七經孟子考文補遺』에 붙인 『四庫全書』의 提要에서는 "別孟子於七經之外者, 考日本自唐始通中國, 殆猶用唐制歟."(『四庫全書總目』, 권33, 275쪽)라 하여, 이러한 七經의 체제를 唐나라 때의 제도로 보고 있다.

은 자요, ② 중품(中品)은 「곡례」(曲禮)·『논어』·『효경』을 읽은 자요, ③ 하품(下品)은 「곡례」(曲禮)·『효경』을 읽은 자는 하급으로 삼았다. 이와 별도로 5경 (五經)·3사(三史)·제자백가(諸子百家)의 글을 아울러 능통한 자는 등급을 뛰어넘어 발탁하여 임용하였다 한다.[15] 여기서 '독서삼품과'의 ① 상품(上品)의 『좌전』·『예기』·『문선』은 학업과정의 3단계를 모두 포함하는 것임을 보여준다. 따라서 학업과정의 3단계는 전공과정으로 차별화된 것이 아니라, 학업과정에서 향상하여 나가는 과정임을 이해할 수 있다.

또한 ② 중품(中品)과 ③ 하품(下品)은 「곡례」를 공통의 경전으로 삼고 있는데, 「곡례」가 『예기』 49편 가운데 가장 첫머리를 이루는 편명이라는 사실을 고려하면 사실상 '독서삼품과'에서는 『예기』 전체이거나 『예기』의 「곡례」편을 필수적 조건으로 요구했다는 사실이 눈에 띈다. 그만큼 신라사회에서 요구되는 인재라면 의례의 절차와 제도에 밝아야 함을 전제로 한다는 사실을 말해 주고 있다. '예'(禮)가 국학의 교육에서나 국가의 인재선발에서 얼마나 중시되고 있는지를 유의할 필요가 있다. 『예기』 49편에서 다음 시대의 송대 도학자들은 「대학」편과 「중용」편을 표출시켰고, 「악기」(樂記)편을 중시하였지만, 신라의 국학에서는 「곡례」편을 중시하였던 것은 그만큼 신라사회가 『예기』를 통한 의례의 실천원리와 실천절도를 요구하고 있음을 말해 주는 것이다.

이와 더불어 신라의 국학에서는 산학박사(筭學博士)와 조교(助教) 1명이 『철경』(綴經)·『삼개』(三開)·『구장』(九章)·『육장』(六章)의 산학서(算

---

15) 『三國史記』, 권38, 雜志, 職官(上), "諸生讀書 以三品出身 讀春秋左氏傳 若禮記 若文選 而能通基義 兼明論語·孝經者爲上, 讀曲禮·論語·孝經者爲中, 讀曲禮·孝經者爲下. 若能兼通五經·三史·諸子百家書者 超擢用之."

學書)를 가르쳤다고 한다. 그것은 국학의 교육이 경전의 교육을 중심으로 하고 있지만, 문장의 교육이나 산학의 교육을 통해 실용적 기능을 갖춘 인재를 배양하고 있다는 사실을 보여준다. 특히 산학(算學)은 천문관측이나 역법(曆法)의 정립에도 중요할 뿐만 아니라, 건축이나 축성(築城) 등에도 유용한 실용적 기초지식임을 인정하고 있는 것이다.16)

나아가 신라의 국학에서 수업을 받는 학생은 17관등 제도에서 보면 12등급인 대사(大舍) 이하로부터 관등이 없는 자까지 포함하고 있다. 하위의 관료들도 국학에서 학생으로 교육을 받고 있음을 말한다. 따라서 학생의 관직 위계가 10등급의 대나마(大奈麻)나 11등급의 나마(奈麻)에 오르면 국학에서 내보냈다고 한다. 관직에 따른 복색제도에 의하면 17등급에서 12등급까지는 황의(黃衣)의 4두품(頭品)으로 국학에서 수업을 받을 수 있었지만, 11등급(奈麻)과 10등급(大奈麻)은 청의(靑衣)의 5두품이니 국학의 수학(修學)단계를 넘어선 중간계층의 관료로 인정되었다. 그만큼 국학의 교육은 국가의 행정을 담당하는 인재를 배양하는 교육기관이었으며, 하급관료의 교육을 담당하는 교육기능까지 담당하고 있었음을 알 수 있다. 이러한 사실은 국학의 교육이 국가의 행정과 관료체계에 얼마나 깊이 연관되어 있는지를 잘 보여주고 있는 것이다.

원성왕 5년(789)에 자옥(子玉)을 양근현(楊根縣) 소수(小守: 수령)로

16) 신라에서 '國學'이 세워지고 나서 10년 뒤인 孝昭王 원년(692)에 '醫學'이 설립되어 博士 2인이 학생들에게 『本草經』·『甲乙經』·『素問經』·『針經』·『脈經』·『明堂經』·『難經』을 가르쳐 학습하게 하였다는 기록이 있다.(『三國史記』, 卷39, 雜志, 職官中) 이 사실로 보면 '醫學'은 '國學'과 별도로 설립된 특수교육기관이었으나, '算學'은 '國學' 속에 설치되어 있어서 '算學'이 기초적 학문영역으로 인정되고 있음을 보여준다.

임명하자, 문적(文籍)으로 벼슬에 나온 자가 아니니 지방관의 직책을 맡길 수 없다고 반대의견이 제기되었다. 이때 시중(侍中)은 “비록 문적으로 벼슬에 나오지는 않았지만, 일찍이 당(唐)나라에 들어가 (국학의) 학생이 되었으니, 어찌 쓰지 못하겠는가.”라고 변론하여 임용되었던 일이 있다.17) 문적(文籍)으로 벼슬에 나왔다는 것은 ‘독서3품과’의 시험을 거쳐 벼슬에 나왔다는 의미로 본다면, 당시에 이미 국학에서 교육을 받고 ‘독서3품과’를 거치지 않으면 지방수령에 임용되기가 어려울 만큼 국학에서 교육을 받고 시험을 거치는 것이 관료의 필수적 자격조건으로 중시되었음을 말해 준다. 비록 ‘독서3품과’의 시험을 거치지 않았더라도 당나라 국학에 유학하였던 경력으로 자격이 인정되었다면, 관직의 임용에 국학의 유교교육이 기본요건으로 받아들여지고 있었던 것이다.

또한 학생의 나이도 15세부터 30세까지 폭이 매우 넓었다. 수학연한도 9년을 기한으로 하였으며, 학생의 자질이 노둔하여 인재가 될 가능성이 없는 자는 그만두게 하였고, 재주와 역량은 이룰 만한데 아직 미숙한 자는 비록 9년을 넘더라도 국학에 남아서 수학할 수 있도록 허락하였다. 수학기간이 학업의 성취수준에 따라 9년을 한도로 하면서 그 이상까지 연장될 수 있다는 것은 국학의 교육과정이 성취도를 매우 엄격하게 요구하는 것이요, 그만큼 큰 비중을 지녔던 것으로 보인다.

통일신라 시대에는 국왕이 국학에 직접 행차하여 박사 이하의 교수직을 담당한 국학의 관료에게 경전을 강의하게 하고 직접 청강하

---

17) 『三國史記』, 卷10, 新羅本紀, ‘元聖王’(5年), “以子玉爲楊根縣小守, 執事史毛肖駁言, ‘子玉不以文籍出身, 不可委分憂之職’, 侍中議云‘雖不以文籍出身, 曾入大唐爲學生, 不亦可用耶’, 王從之.”

였던 사실이 확인된다.[18] 궁중에 경연(經筵)의 제도는 없었지만, 국학에서 경연의 역할도 담당하였음을 말해 준다. 임금이 이렇게 국학에 자주 행차하여 경전강의를 들었던 사실은 국학의 경전교육이 국가통치의 기본원리를 제시하는 중요한 역할이 신라사회에 정립되어 있었음을 의미하는 것이다.

3. 경전의 이해와 국가통치의 원리

1) '덕치'(德治)의 이념과 국가의 통치

국학은 유교를 국가의 통치이념으로 확립하기 위해 유교경전을 가르치는 교육기관이다. 신라에서 국학의 설립은 삼국통일을 이루고 나서도 14년이 지난 뒤인 신문왕 2년(682)의 일이었으니 매우 늦었다. 그러나 유교경전의 교육이 이루어지고 유교이념을 통치원리로 활용하기 시작한 것은 이미 신라 초기에서부터 확인할 수 있다. 신라의 국가통치 원리에 대한 인식은 국학이 설립되기 이전인 삼국시대의 경우와 국학이 설립된 이후인 통일신라시대의 경우를 나누어서 해명해 볼 수는 있지만, 그것은 경전이해의 심화수준에 차이가 있을 뿐이요, 기본적으로 양쪽 모두가 유교적 통치이념을 기반으로

---

18) 『三國史記』(卷9, 新羅本紀)에는 惠恭王은 元年(765)에 太學(國學)에 행차하여 博士에게 尙書를 강의하게 하였고, 12年(776)에도 國學에 행차하여 강의를 들었다 하며, 『三國史記』(卷11, 新羅本紀)에는 景文王 3년(863)에 임금이 國學에 행차하여 博士 등에 경전을 강론하게 하였고, 憲康王 5年(879)에도 임금은 國學에 행차하여 博士 등에 경전을 강론하게 하였다 한다.

하는 점에서 일관하고 있음을 보여준다. 그만큼 삼국시대에서 고대 국가의 발생과 성장과정은 후한(後漢) 말기에서부터 수(隋)·당(唐) 시대에 이르는 당시 중국의 문화적·사상적 영향을 폭넓게 수용하면서 전개되었던 것이 사실이다.

유교의 기본적 통치원리는 군왕으로서 어진 덕, 곧 '군덕'(君德)을 갖추고서 어진 정치, 곧 '인정'(仁政)을 실현해야 한다는 '덕치'(德治)의 이념과, 백성을 국가의 근본으로 인식하고 백성을 사랑으로 보살펴 잘 살게 하는 정치를 실현해야 한다는 '민본'(民本)의 이념을 전제로 하는 것이다.

먼저 '덕치'의 이념으로서, '군덕'은 군왕 스스로 각성해야 하는 것이며, 또한 신하로서 임금에게 간언(諫言)하여 '군덕'을 갖추도록 요구하기도 한다. 국학이 설립되기 이전의 경우로는 시조 혁거세 시기부터 제시되고 있다. 혁거세왕 38년(B. C. 20) 호공(瓠公)을 마한(馬韓)에 사신으로 보냈을 때, 마한의 왕이 해마다 조공을 드려 사대(事大)의 예법을 갖추지 않는다고 꾸짖자, 호공은 "우리나라에 두 성인(聖人: 始祖王인 赫居世와 王妃인 閼英부인)이 일어난 뒤 인사(人事)가 겸양을 알게 되었습니다. … 우리 임금께서는 겸허하게 저를 보내 우호를 닦으시니 이는 가히 예의를 넘는 일이라 할 수 있는데, 대왕께서는 크게 노하여 군사로써 위협하시니 이는 무슨 의도이십니까?"[19]라 반박하였다. 곧 신라가 이미 천명(天命)을 받은 성인이 군주로 다스리는 나라임을 확인하면서, 사대의 예법으로 섬겨야 하는 속국이 아님을 강조함으로써 '사대'(事大)의 상하관계와 '교린'(交隣)

19) 『三國史記』, 권1, 新羅本紀, '始祖 赫居世居西干'(38年 春2月), "我國自二聖肇興, 人事修, 天時和, 倉庾充實, 人民敬讓, … 吾王謙虛, 遣下臣修聘, 可謂過於禮矣, 而大王赫怒, 劫之以兵, 是何意耶."

의 평등관계로 이루어지는 국제질서 속에서 신라의 독자적 위상을 제시하였다. 또한 인사(人事)와 천시(天時)의 두 조건은 인간과 하늘의 조화를 이루는 우주적 질서를 이루는 것이라면, 창고가 충실함과 인민이 공경하고 사양함이란 경제적 기반과 도덕적 교화질서를 확보하는 것으로서, 유교경전에서 보여주는 정치의 기본원리를 받아들이고 있음을 의미하는 것이다. 이러한 기록은 유교적 세계관에 따라 역사가에 의해 윤색된 측면이 있는 것은 사실이지만, 고대국가로서 신라가 형성되는 과정에는 유교문화의 수용을 기본으로 삼고 있다는 사실을 인정할 수 있다.

그다음 해 마한의 왕이 죽었을 때 전날 마한 왕이 신라의 사신을 욕보인 것을 설욕하기 위해 마한을 정벌하여 평정하자는 건의를 듣고서, 혁거세왕은 "남의 재난을 다행이라 여기는 것은 어진 행동이 아니다."[20]라 하며, 사신을 보내 조문하였다고 한다. 군왕으로서 정치적 판단과 시행의 기준을 '인'(仁)의 덕으로 확인하고 있는 것이다.

신라의 제5대 파사왕(婆娑王)은 외적의 침략에 대비하여 성을 쌓게 하면서 내린 명령에서, "짐은 덕이 없으면서 이 나라를 다스리니, … 덕은 (백성을) 편안하게 하지 못하고, 위엄은 (외적을) 두려워하게 하기에 부족하다."[21]고 하여, 외침을 막기 위해 성을 쌓는 노역에 백성을 동원하면서도 임금으로서 자신의 덕을 성찰하는 자세를 보여준다. 이것이 바로 나라를 다스리는 근본이념을 '덕치'로 인식하고 있음을 의미하는 것이다.

진평왕 때 김후직(金后稷)은 임금이 사냥을 좋아하자, "옛날에 임

20) 같은 책, '赫居世居西干'(39년), "幸人之災 不仁也."

21) 같은 책, '婆娑尼師今'(8년 秋7월), "朕以不德, 有此國家, … 德不能綏, 威不足畏."

금된 자는 반드시 하루에도 만 가지 정무를 처리함에 깊이 생각하고 멀리 염려하며, 좌우에 있는 바른 선비들의 직간(直諫)을 받아들여 부지런히 힘쓰고 부지런히 일하여, 감히 편안하게 즐기지를 않았습니다. 그런 다음에 덕스러운 정치가 순수하고 아름다워져 국가를 보전할 수 있었습니다."[22]라 간언하였다. 여기서 그는 『노자』(12장)의 "말 달리며 사냥하는 것은 사람의 마음을 미치게 한다."(馳騁田獵, 令人心狂)는 구절과 『서경』에 "안으로 여색에 미혹되거나 밖으로 수렵에 빠져들거나 … 이 중 한 가지만 있어도 망하지 않음이 없다."[23]는 구절을 끌어들여, 임금에게 사냥에 빠지는 폐해를 간곡하게 경계하였다. 김후직의 간언에서는 임금이 덕을 잃음을 간언하면서 『노자』와 『서경』의 구절까지 인용하고 있는 사실은 당시 신라의 관료들이 경전은 물론 제자백가의 글까지 깊이 이해하고 있음을 보여준다.

경덕왕 때 충담사(忠談師)는 향가(鄕歌)를 잘 지었던 승려인데, 임금이 백성을 편안히 다스릴 노래를 지어달라고 부탁하자, "임금은 아비요, 신하는 사랑하실 어미이며/ 백성은 어리석은 아이라 하실지면/ 백성이 그 사랑을 알리라./ 구물거리며 사는 생명에게/ 이를 먹이고 다스리시니/ 이 땅을 버리고 어디 가려 할지면/ 나라 안이 유지됨을 알리이다./ [後句] 임금답게, 신하답게, 백성답게 할지면/ 나라 안이 태평하리이다."[24]라고, 「안민가」(安民歌)를 향가로 지어 올렸다. 곧 임금과 신하의 도리가 백성을 사랑하는 부모의 역할을 하는 것임을 밝히고 있다. 군주를 '백성의 부모'라는 언급은 『시경』에서 보인

---

22) 『三國史記』, 권45, 列傳, '金后稷', "古之王者, 必一日萬機, 深思遠慮, 左右正士, 容受直諫, 孳孳矻矻, 不敢逸豫, 然後德政醇美, 國家可保."

23) 『書經』, '五子之歌', "內作色荒, 外作禽荒, … 有一于此, 未或不亡."

24) 『三國遺事』, 권2, 紀異, '景德王·忠談師·表訓大德'.

다.[25] 이 노래의 뜻은 바로 공자가 제(齊)나라 경공(景公)에게 정치의 도리를 제시하면서, "임금은 임금답고, 신하는 신하답고, 아비는 아비답고, 자식은 자식다워야 한다."(君君, 臣臣, 父父, 子子. 〈『논어』, 12-11〉)고 언급한 말을 끌어들이고 있는 것이다. 승려의 입으로 읊어진 노래이지만, 유교경전에 근거하여 임금에게 '군덕'을 간언한 것으로 주목된다.

신라에서 국학이 설립된 이후에는 '군덕'의 의식이 더욱 선명하게 제시되고 있다. 문성왕(文聖王)은 죽음을 앞두고 왕위를 물려주는 조서를 내리면서, "과인은 보잘것없는 자질로 높은 자리에 있었으니, 위로는 하늘이 굽어보심에 죄를 입을까 두려워하고, 아래로는 백성의 마음을 실망시키지 않을까 염려하여, 이른 아침부터 밤늦게까지 두려워하고 조심함이 마치 깊은 물과 엷은 얼음을 건너듯 하였다."[26]고 말하였다. 임금으로서 자신을 낮추는 겸허함의 덕을 보여주며, 하늘에 죄를 짓거나 백성을 실망시키지 않을까 두려워하여 자나 깨나 조심하면서 살아왔음을 고백하는 것으로, 군왕의 덕이 '하늘을 공경하고 백성을 사랑하는'(敬天愛民) 정신임을 인식하고 이를 실천하기 위해 전심전력하였음을 밝히고 있는 것이다.

또한 경명왕(景明王)은 태자에게 왕위를 물려주면서, "근년 이래 백성은 곤궁하고 도적이 벌떼처럼 일어나니, 이는 나의 부덕한 탓이다. 어진 이에게 왕위를 넘겨주기로 나의 뜻은 결정되었다."[27]고 하

25) 『詩經』, 小雅, '南有嘉魚之什 · 南山有臺', "樂只君子, 民之父母."
『詩經』, 大雅, '生民之什 · 泂酌', "豈弟君子, 民之父母."

26) 『三國史記』, 卷11, 新羅本紀, '文聖王'(19年 秋9月), "寡人以眇末之資, 處崇高之位, 上恐獲罪於天鑑, 下慮失望於人心, 夙夜兢兢, 若涉淵氷."

27) 같은 책, '景明王'(11년 夏6월), "近年以來, 百姓困窮, 盜賊蜂起, 此孤之不德也, 避賢讓位, 吾意決矣."

였다. 나라가 다스려지지 않고 혼란에 빠져 백성이 고통을 당하는 현실에 대해 군왕으로서 스스로 책임을 지면서 자신이 덕을 갖추지 못하였음을 반성하고 『서경』에서 요(堯)·순(舜)이 덕 있는 사람에게 왕위를 물려주었던 모범을 본받고자 하면서, 비록 태자에게 왕위를 물려주었지만, 선양(禪讓)의 모습을 보여준다.

설총(薛聰)은 우리말의 '이두'(吏讀)로 구경(九經)을 풀이하여 후학들을 가르쳤으니, 경전교육에 큰 진전을 이루었던 인물이다. 그는 신문왕이 재미있는 이야기를 들려달라고 하명하자, 의인화(擬人化)한 이야기로 화왕(花王: 모란꽃)에게 아름다운 여인인 장미와 곤궁한 군자인 백두옹(白頭翁: 할미꽃)이 찾아왔을 때, 임금이 아름다운 여인(장미)에 마음이 기울어지자, 백두옹이 "무릇 임금된 자로서 간사하고 아첨하는 자를 친근히 하며, 바르고 곧은 사람을 멀리하지 않음이 드뭅니다. 이런 까닭에 맹가(孟軻)가 불우하게 일생을 마쳤고, 풍당(馮唐)은 중랑서장(中郎署長)의 벼슬을 하면서 백발이 되었습니다."[28]라 하여, 임금이 여색에 빠져 군자를 소홀히 하는 실덕(失德)을 간언하였다. 여기서도 임금이 바르고 곧은 군자를 돌아보지 않았던 사례로서 맹자를 비롯하여, 『사기』(史記, 列傳)에 수록된 풍당의 사례를 들었고, 또한 『문선』(文選)에 수록된 제갈량(諸葛亮)의 「출사표」(出師表)에서도 "어진 신하와 친하고 소인을 멀리한 것은 전한(前漢)이 융성하게 일어난 까닭이요, 소인을 친하고 어진 선비를 멀리한 것은 후한(後漢)이 기울고 무너진 까닭입니다."[29]라 언급한 기록이 있으니, 설

28) 『三國史記』, 권46, 列傳, '薛聰', "凡爲君者, 鮮不親近邪佞, 疏遠正直, 是以孟軻不遇以終身, 馮唐郎潛而皓首."

29) 諸葛亮, 「出師表」, "親賢臣, 遠小人, 此先漢所以興隆也, 親小人, 遠賢士, 此後漢所以傾頹也."

총의 풍자를 통한 간언에서는 그가 경전과 역사서나 문헌에 매우 밝았음을 보여준다.

경덕왕 때 이순(李純)은 벼슬을 버리고 산속에 은둔하였다가 임금이 풍악(風樂)을 좋아한다는 말을 듣고는 대궐에 나아가, "옛날 걸(桀)과 주(紂)가 술과 여색에 빠지고 방탕한 음악을 그치지 않다가, 이로 말미암아 정치가 쇠퇴하게 되고 나라가 망하였습니다. 엎어진 수레의 자취가 앞에 있으니 뒤에 오는 수레는 마땅히 경계해야 합니다. 엎드려 바라건대 대왕께서는 허물을 고치시고 스스로 새롭게 하여 나라의 수명을 영구하게 하소서."[30]라 간언하였다. 군왕이 덕을 잃고 향락에 빠진 것을 경계하기 위해 경전에서 서술한 폭군 걸·주의 역사적 사례를 들고, 『사기』에서도 몇 차례 언급하고 있는 '허물을 고치고 스스로 새롭게 한다'(改過自新)는 말로 간언하는 사실에서도 경전과 역사서의 이해가 상당히 깊었음을 보여준다.

2) '민본'(民本)의 이념과 국가의 통치

신라 초기부터 민생을 보살펴야 하는 임금의 책임의식이 제시되고 있다. 144년 일성왕(逸聖王)은 "농사는 정치의 근본이요, 식량은 백성의 하늘이다."[31]라 선언하고 각 주·군(州郡)에 제방을 완벽하게 수리하고 농토를 널리 개척하도록 명령하였다. 일성왕의 이 말은 『사기』(酈生·陸賈列傳)에서 역이기(酈食其)가 "임금된 자는 백성을 하늘로 삼고, 백성은 식량을 하늘로 삼는다."(王者以民爲天, 而民以食爲天)고 하여

30) 『三國史記』, 권9, '景德王'(22년 8월), "昔者桀紂荒于酒色, 淫樂不止, 由是政事凌遲, 國家敗滅, 覆轍在前, 後車宣戒, 伏望大王改過自新 以永國壽."

31) 『三國史記』, 권1, 新羅本紀, '逸聖尼師今'(11년 春2월), "農者政本, 食惟民天."

‘민본’의 원리와 더불어 백성의 삶에 식량이 시급하고 중요함을 강조한 언급을 끌어들이고 있는 것이다.

373년 내물왕(奈勿王)은 투항해 온 백제의 백성을 받아들이자, 백제의 왕이 도망한 백성을 받아들이는 것은 화친의 뜻에 어긋난다고 항의하였다. 이에 내물왕은 백제왕에게, “백성은 변치 않는 마음이 없소. 그래서 그리우면 찾아오고 싫어지면 가버리는 것은 진실로 마땅한 것이오. 대왕께서는 백성이 안정되지 못함을 근심하지 않고 도리어 과인을 책망함이 어찌 그리 심하오.”[32]라 대답하였다. 여기서 “백성은 변치 않는 마음이 없다.”는 말은 『맹자』(1-7: 28)에서 “백성은 일정한 생업이 없으면 따라서 변치 않는 마음이 없다.”(若民, 則無恒產, 因無恒心)는 말을 따른 것이요, “백성이 안정되지 못함을 근심하라.”는 말은 『논어』(16-1)에서 “가난함을 근심할 것이 아니라 안정되지 못함을 근심하라.”(不患貧而患不安)는 말을 따르고 있는 것이다. 정치의 근본이 백성에 있으며 민생을 안정시키는 것이 기본과제임을 밝히면서, 경전을 깊이 이해하고 익숙하게 인용하고 있음을 보여준다.

제3대 유리왕(儒理王)은 겨울에 나라 안을 순행하다가 추위와 굶주림으로 죽게 된 노파를 보고는, “내가 보잘것없는 몸으로 왕위에 있으면서 백성을 부양하지 못하여 노인과 어린 것들을 이렇게 극심한 처지에 이르게 하였으니, 이는 나의 죄이다.”라 말하고서, “(임금이) 옷을 벗어 덮어주고 음식을 주워 먹게 하였으며, 이에 관리에게 명령하여 곳곳에 있는 홀아비·과부·고아·무의탁노인 및 늙고 병들어 스스로 살아갈 수 없는 자들을 위문하고 양식을 지급하게 하였다.”

32) 『三國史記』, 권3, 新羅本紀, ‘奈勿尼師今’(18년), “民者無常心, 故思則來, 斁則去, 固其所也.”

고 한다.[33] 그것은 백성의 굶주림과 고통이 임금의 책임이라 하여, 백성을 위하고(爲民) 백성을 보살피는(保民) 의식을 선명하게 드러내 주고 있는 것이다.

여기서 유리왕은 전국의 백성 가운데서 홀아비·과부·고아·무의탁노인 및 늙고 병들어 스스로 살아갈 수 없는 이들을 보살피고 돌보게 하였다는 사실이 주목된다. 그것은 맹자가 "늙어서 아내가 없으면 '홀아비'(鰥)라 하고, 늙어서 지아비가 없으면 '과부'(寡)라 하고, 늙어서 자식이 없으면 '무의탁노인'(獨)라 하고, 어린데 부모가 없으면 '고아'(孤)라 하는데, 이 네 부류는 천하에서 가장 곤궁한 백성으로 하소연할 곳이 없는 자들이다. 문왕은 정치를 행함에 어진 도리를 베풀면서, 반드시 이 네 부류를 먼저 배려하였다."[34]고 언급하여, 백성을 근본으로 삼는 어진 정치는 무엇보다 먼저 곤궁하여 하소연할 곳이 없는 '궁민'(窮民)들을 중시하여 보살펴야 할 것을 강조한 가르침을 실천하고 있는 것이다. 이때 유리왕이 가장 먼저 보살펴야 할 '궁민'으로 '늙고 병들어 스스로 살아갈 수 없는 자'(老病不能自活者)를 포함시키고 있는 것은 『예기』(禮運)에서 네 부류의 '궁민'과 더불어 '병들어 폐인이 된 자'(廢疾者)를 아울러 들고 있는 것과 일치한다.[35]

신라사회는 유교경전에서 제시하는 '애민'(愛民)의 정치이념에 근거하여 과부·홀아비·고아·무의탁노인 등 '궁민'을 보살피는 데 특

---

33) 『三國史記』, 권1, 新羅本紀, '儒理尼師今'(5년 冬11월), "予以眇身居上, 不能養民, 使老幼至於此極, 是予之罪也, 解衣以覆之, 推食以食之, 仍命有司, 在處存問鰥寡孤獨老病不能自活者, 給養之."

34) 『孟子』, '梁惠王下', "老而無妻曰鰥, 老而無夫曰寡, 老而無子曰獨, 幼而無父曰孤. 此四者, 天下之窮民而無告者. 文王發政施仁, 必先斯四者."

35) 『禮記』, '禮運', "大道之行也, 天下爲公, … 矜寡孤獨廢疾者皆有所養."

별히 관심을 기울였다. 『삼국사기』 속에는 임금이 '궁민'을 직접 돌보거나 신하들을 보내 보살피도록 하였던 기록들이 자주 보인다.[36] 애민(愛民)의 실천은 의지할 곳 없는 곤궁한 '궁민'을 보살피거나 흉년에 백성을 구휼(救恤)하는 일과 더불어 옥중에 갇혀 고통받는 죄인에까지 미쳐서, 죄인을 풀어주는 대사(大赦)의 명령도 자주 내려지고 있다.[37]

또한 임금이 노인을 봉양하는 양로(養老)의 의례도 행해졌다. 423년 눌지왕(訥祇王)은 남당(南堂: 政堂)에서 노인을 봉양하는 의례를 행하였는데, 임금이 몸소 음식을 집어 주고 곡식과 비단을 차등 있게 내려 주었으며, 성덕왕 때도 노인에게 술과 음식을 내려주는 양로의 의례가 행해졌다.[38] 그것은 맹자가 문왕(文王)이 '양로'를 잘하였다는 사실을 드러내면서, "천하에 노인을 잘 봉양하는 자가 있으면, 어진 사람이 자기가 돌아갈 곳을 삼을 것이다."[39]고 하여, '양로'가 백성을 사랑하는 정치의 중요한 과제임을 강조하였던 사실을 따르고 있는 것이다. 다산(茶山 丁若鏞)은 『예기』(王制)에서 사도(司徒)가 "노인을 봉양하여 효도를 이룬다."(養耆老以致孝)고 한 언급을 향학(鄉學)의 법도로 보았으며, 『대학』에서 "위에서 노인을 봉양한다."(上老老)

---

36) 『三國史記』의 新羅本紀에는 '炤知麻立干'(10년 2월)條, '善德王'(元年冬 10月)條, '聖德王'(17년(2월)條 등에서 鰥·寡·孤·獨의 窮民을 보살핀 기록이 보인다.

37) 大赦는 始祖廟에 제사를 드린 뒤나 凶年과 地震 등 재난이 있을 때 자주 내려졌으며, 『三國史記』의 新羅本紀에는 '儒理尼師今'(2년 春2월)條를 비롯하여 대부분 임금이 시행하였고, 聖德王의 경우에는 6년 2월과 8년 秋8월, 9년 春正月, 30년 夏4월의 여러 차례 罪人을 赦免하기도 하였다.

38) 『三國史記』, 권3, 新羅本紀, '訥祇麻立干'(7년 夏4월), "養老於南堂, 王親執食, 賜穀帛有差." 『三國史記』, 권8, 新羅本紀, '聖德王'(4년 秋8월 및 30년 夏4월), "賜老人酒食."

39) 『맹자』, '盡心上', "天下有善養老, 則仁人以爲己歸矣."

는 언급도 태학(太學)의 '양로'의례를 말하는 것이라 해석하였다.[40] 이처럼 '양로'의 의례는 도덕의 풍속을 일으키는 학교의 예법이면서, 백성을 사랑하고 가르치는 '민본'정치의 중요한 과제였던 것이 사실이다. 신라시대에 군왕이 베풀었던 '양로'의 의례는 국학에서 행해졌다는 기록은 없지만, 경전의 이해가 심화되면서 백성에 효도의 풍속을 일으키는 교화의 방법으로 시행되었던 것임을 엿볼 수 있다.

4. 유교적 도덕규범의 사회적 구현

1) 충성(忠)과 효도(孝)의 실천

국학의 경전교육은 '수기'(修己)의 도덕적 수련과 '치인'의 사회적 책임을 중심과제로 한다. 따라서 국학의 설립 이전이나 설립 이후에서 경전의 이해를 기반으로 하는 유교적 도덕규범의 실현이 신라사회의 기본정신이 되고 있음을 확인할 필요가 있다.

먼저 국학 설립 이전에 신라사회에서 청년층의 도덕적 수련단체인 '화랑'(花郞)의 제도가 주목된다. 화랑의 제도는 진흥왕 37년(576)에 정착되기 시작하였는데, 인재를 식별하여 선발하는 방법으로 삼아, "무리들이 함께 모여서 놀게 하고 그 행실과 의리를 살펴본 후에 발탁해서 쓰려고 하였다. … 혹은 도의(道義)로써 서로 연마하고 혹은 노래와 음악으로 서로 즐기며, 산과 물을 찾아 노닐고 즐기니

---

40) 『與猶堂全書』[2], 권1, 38, '大學公義', "王制興學之條云'司徒養耆老以致孝, … 或亦鄉學之法也, 總之上老老者, 太學之養老也."

멀리 이르지 않은 곳이 없었다. 이로 인해 그 인물의 사악함과 정직함을 알아보고 착한 사람을 택해 조정에 천거하였다."[41]고 한다.

화랑의 제도는 국학에 앞서서 인재교육을 위해 신라사회가 계발하였던 중요한 독창적 제도였다. 그 인재교육의 정신은 유교적 도덕규범인 '충'(忠)·'효'(孝)와 '용'(勇)이 중심이 되고, 문(文)과 무(武)의 수련을 겸행하였던 것으로 보인다. 화랑제도에 대한 평가로 김대문(金大問)은 『화랑세기』(花郞世記)에서, "현명한 보필자와 충성스런 신하들이 이로부터 드러났고, 유능한 장수와 용감한 병졸들은 이로부터 배양되었다."[42]고 하였다. 신하로서 '충'의 규범과 군사로서 '용'의 규범이 화랑도(花郞徒)의 가치관으로 자리 잡고 있음을 보여주는 것이다. 그렇다면 '화랑'의 제도는 '국학'의 경전교육에 선행하여 유교적 규범을 수련하는 역할을 함과 동시에, '국학'의 국가제도적 교육기능에 병행하여 민간의 자율적 교육기능으로 역할을 하였던 것으로 볼 수 있다. 여기서 '충'과 '용'의 규범은 문(文)과 무(武)가 균형을 이루고 있는 것으로 조선시대의 유교문화가 '문'(文) 중심으로 기울어진 현상과 대조를 이루는 것이요, 그만큼 신라의 유교문화 수용이 지닌 균형과 강건함을 드러내 주는 것이라 하겠다.

또한 신라말의 최치원(崔致遠)은 화랑인 난랑(鸞郞)의 비석 서문에서, "나라에 깊고 오묘한 도리가 있는데, '풍류'(風流)라 한다. 가르침을 베푼 근원은 『선사』(仙史)에 자세하게 갖추어져 있는데, 실로 이는 삼교(三教: 儒·佛·道)를 포함하며 대중을 받아들여 교화하는 것이

---

41) 『三國史記』, 권4, 新羅本紀, '眞興王'(37년), "欲使類聚群遊, 以觀其行義, 然後擧而用之, … 或相磨以道義, 或相悅以歌樂, 遊娛山水, 無遠不至, 因此知其人邪正, 擇其善者, 薦之於朝."

42) 같은 곳, "金大問花郞世記曰, 賢佐忠臣, 從此而秀, 良將勇卒, 由是而生."

다. 곧 들어오면 가정에서 효도하고 나가면 나라에 충성함은 노(魯)나라 사구(司寇: 孔子)의 뜻이요, 행함이 없는 일에 머물고, 말 없는 가르침을 행하는 것은 주(周)나라 주사(柱史: 老子)의 근본이며, 모든 악을 짓지 말고 모든 선을 받들어 행하라는 것은 천축(天竺) 건태자(乾太子: 釋迦)의 교화이다."[43]라 하였다. '화랑'의 제도와 정신의 근원이 우리의 고유한 사상으로 '풍류'라 일컬어지며, 중국에서 전래한 유교·불교·도교 '3교'의 정신을 내포하여 대중을 교화하는 통합적 체제임을 확인하고 있다. 이러한 화랑의 정신적 지향은 유교적 가치규범을 기초로 하면서, 도교나 불교에 열려있는 사유방식을 보여주는 것이다. 바로 이 점은 조선시대 주자학이 정통주의적 폐쇄성에 빠져 있는 사실과 좋은 대조를 이루고 있다. 그만큼 신라의 유교문화 수용이 지닌 개방성과 조화로움을 잘 보여주고 있는 것이라 하겠다.

신라의 청년들은 경전의 학습과 경전에서 제시한 도덕규범의 실천에 열정을 기울이고 있는 모습을 출토된 비문(碑文)인 「임신서기석」(壬申誓記石)에서도 엿볼 수 있다. 임신년 6월 16일에 두 사람이 함께 맹세하여 기록한 이 비문의 임신년은 진흥왕 13년(552)이거나 진평왕 34년(612)으로 추정되고 있다.[44] 맹세의 내용은 "하늘 앞에 맹세하노니, 지금부터 3년 이후에 충성의 도리를 붙들어 지키며 허물이 없고자 한다. 맹세하노니 만약 이 일을 어기면 하늘에 큰 죄를

---

43) 같은 곳, "崔致遠鸞郎碑序曰, 國有玄妙之道, 曰風流, 設敎之源, 備詳仙史, 實乃包含三敎, 接化羣生, 且如入則孝於家, 出則忠於國, 魯司寇之旨也, 處無爲之事, 行不言之敎, 周柱史之宗也, 諸惡莫作, 諸善奉行, 竺乾太子之化也."

44) 유승국 교수는 壬申誓記石의 원문과 해석을 제시하고 李丙燾 교수의 연대추정을 받아들이고 있다(유승국, 『도원철학산고』, '壬申誓記石 해설', 성균관대학교출판부, 2010, 281-282쪽). 원문과 번역은 유승국 교수의 이 글을 인용하면서 이해를 쉽게 하기 위해 傍點을 약간 수정하여 옮겼다.

얻을 것이다. 맹세하노니 만약 나라가 불안하고 세상이 크게 어지러우면 (나라에) 쓰이어 맹세를 실행할 수 있어야 할 것이다. 또한 별도로 앞서 신미년 7월 22일에 크게 맹세하였으니, 『시경』·『상서』·『예기』를 차례로 습득하기로 하였고, 3년의 기한을 맹세하였다."[45]는 것이다. 경전의 학습을 맹세하고, 이어서 경전의 정신으로 신라사회에서 가장 중시되는 '충도'(忠道), 곧 나라를 위해 충성의 도리를 지키고 실행할 것을 하늘 앞에 맹세하고 있음을 보여준다. 당시 신라의 청년들에게 유교경전은 국가를 위한 도덕규범으로서 '충성의 도리'를 가르쳐 주는 근거가 되고 있음을 엿볼 수 있게 한다.

진평왕 때 화랑도였던 귀산(貴山)과 추항(箒項)은 "우리가 사군자(士君子)와 더불어 교유하기로 기약하였으니, 먼저 마음을 바르게 하고 자신을 수련하지 않으면 아마도 치욕을 면하지 못할 것이다."[46]라 다짐하고, 원광법사(圓光法師)를 찾아가서 종신토록 지킬 교훈을 청하였다. 원광법사는 세속오계(世俗五戒)로서, '임금 섬기기를 충(忠)으로써 할 것'(事君以忠), '어버이 섬기기를 효(孝)로써 할 것'(事親以孝), '친구 사귀기를 신(信)으로써 할 것'(交友以信), '전쟁에 나가서는 물러서지 말 것'(臨戰無退), '생명 있는 것을 죽이되 가려서 할 것'(殺生有擇)의 다섯 가지 계율을 제시하였다. 뒷날 백제와의 전투에서 위기를 맞았을 때, 귀산은 "내가 일찍이 들었는데, 스승께서 '선비는

---

45) 「壬申誓記石」, "壬申年六月十六日, 二人并誓記,, 天前誓, 今自三年以後, 忠道執持, 過失无, 誓, 若此事失, 天大罪得, 誓, 若國不安大亂世, 可容行誓之, 又別先辛未年七月卄二日, 大誓詩·尙書·禮傳倫得, 誓三年."
여기서 '禮傳'은 『禮記』와 『春秋左傳』으로 해석되고 있으나, 『周禮』를 '禮經'으로 『禮記』를 '禮傳'으로 보는 견해에 따라 『禮記』로 보았다.

46) 『三國史記』, 권45, 列傳, '貴山', "二人相謂曰, 我等期與士君子遊, 而不先正心修身, 則恐不免於招辱."

군사가 되어서 물러서지 않는다'고 하였다. 어찌 감히 패배하여 달아나겠는가."[47]라 외치고, 추항과 함께 힘껏 싸우다가 전사하였다. 여기서 '사군자(士君子)와 더불어 교유한다'는 것은 자신을 '선비'로서 의식하고 있음을 말하는 것이요, '마음을 바르게 하고 자신을 수련한다'(正心修身)는 것은 『대학』에서 제시한 8조목의 가르침을 따라 수행하겠다는 뜻을 밝히고 있는 것이다. 불교 승려인 원광법사도 당시 신라의 청년들을 위해 유교의 '오륜'(五倫)을 변형하여 '세속오계'로 제시하면서, '전쟁에 나가서는 물러서지 말라'(臨戰無退)는 조목을 들고 있는데, 곧 '용'(勇)의 덕목이 전쟁터에 나가는 군사를 위해 가장 중요시되고 있음을 보여준다.

진평왕 때 신라의 군사가 고구려의 낭비성(娘臂城)을 공격하였던 일이 있었다. 당시 젊은 장수로 전장에 나갔던 김유신은 주장(主將)의 한 사람인 아버지 앞에 나아가, "제가 평생 충성과 효도를 스스로 기약하였으니, 전투에 임해서 용맹스럽지 않을 수가 없습니다. 듣건대, '옷깃을 들어 올리면 갖옷이 바르게 되고, 벼리를 당기면 그물이 펼쳐진다'고 하니, 제가 그 벼리와 옷깃이 되고자 합니다."[48]라 말씀드렸다. 그러고 나서 적진에 돌격하여 용감히 싸움으로써 사기를 북돋우어 승전할 수 있게 하였다. '충성'과 '효도'가 덕목의 핵심요소로 강조되면서도, '충성'은 '효도'에 선행하는 규범으로 인식되고, 또한 '충성'에는 '용맹'의 덕이 따르기를 요구하고 있다. 여기서 김유신이 인용한 '옷깃을 들어 올리면 갖옷이 바르게 되고, 벼리를 당기면 그물이 펼쳐진다.'(振領而裘正, 提綱而網張)는 구절이 어디에서

47) 같은 곳, "貴山大言曰, 吾嘗聞之, 師曰士當軍無退, 豈敢奔北乎."

48) 『三國史記』, 권41, 列傳, '金庾信 上', "吾平生以忠孝自期, 臨戰不可不勇, 蓋聞振領而裘正, 提綱而網張, 吾其爲綱領乎."

처음 나온 말인지는 모르겠지만, 남북조시대나 당나라 때 중국에서도 익숙하게 쓰이고 있는 구절이었던 것으로 보인다.[49] 벼리(綱)와 옷깃(領)이란 도덕규범의 체계에서 핵심적 기준과 실천의 근본원리를 강령(綱領)으로 삼아 중요시하였음을 강조하고 있는 것이다.

신라사회에서는 서민들의 일상 속에서도 '효'의 도덕의식이 생활화되고 있음을 확인할 수 있다. 경덕왕 때의 향덕(向德)은 흉년이 들어 부모가 굶주리고 병이 나서 거의 죽게 되었는데, 정성을 다하였지만 봉양할 음식이 없자 자신의 넓적다리 살을 베어 드시게 하였고, 어머니의 종기를 입으로 빨아내어 모두 무사하게 하였다. 또한 성각(聖覺)도 어머니를 봉양하였는데 늙고 병들어 거친 음식을 먹기가 어렵자 자신의 넓적다리 살을 베어 드시게 하였다.[50]

지은(知恩)은 나이 32세가 되도록 시집가지 않고 품을 팔거나 구걸하여 홀로된 어머니를 봉양하였는데, 가난함을 이기지 못하여 부잣집에 자신을 팔아 종이 되기로 하고 쌀 10여 섬을 얻어다가 밥을 지어 드렸다. 그 어머니가 딸에게 "지난번에는 음식이 거칠었으나 달았는데, 지금은 음식은 비록 좋지만, 맛이 전과 같지 않고, 간장과 심장을 칼날로 찌르는 것 같으니 이 어찌 된 연유이냐?"고 묻자, 딸이 사실을 말씀드리고서, 어머니와 딸이 함께 통곡하여 울었다. 이

---

49) 南北朝時代 南齊의 顧歡이 올린 表文에서 "신이 들으니 그물을 펴려 할 때 벼리를 당기고, 갖옷을 정돈하려 할 때 옷깃을 붙들면, 갖옷의 털은 모두 정리되고, 그물눈도 저절로 펼쳐진다고 합니다."(臣聞, 擧網提綱, 振裘持領, 旣理毛, 目自張. 〈『南齊書』〉라 하였고, 唐 玄宗 때의 인물인 陸長源의 「上宰相書」에도 "신이 듣건대, 벼리를 당기면 그물눈이 펼쳐지고, 옷깃을 들어 올리면 갖옷이 바로잡아진다."(提綱而網目張, 振領而毛裘擧. 〈『唐文粹』〉)는 구절 등이 보인다.

50) 『三國史記』, 권41, 列傳, '向德', "父母飢且病, 母又發癰, 皆濱於死, … 無以爲養, 乃刲髀肉以食之, 又吮母癰, 皆致之平安." 같은 책, '聖覺', "養母, 以老病難於蔬食, 割股肉以食之."

사실을 화랑인 효종랑(孝宗郞)이 알고 곡식을 지은의 집에 보내주고 주인에게 몸값을 갚아 종에서 벗어나게 해주었다.[51] 이 소식을 듣고 낭도들 수천 명도 곡식을 내어 도와주고, 임금도 곡식을 보내주어 그 효행을 기렸다 한다.

이처럼 극심하게 빈곤하고 비천한 서민들로서도 자신의 넓적다리 살을 베어내는 극단적 행위로 부모를 봉양하기도 하고, 자신을 종으로 팔아서까지 부모를 봉양하고 있는 사례들은 그 행동 자체가 '효'의 정신에 올바른 모범적 행위인지를 논의할 여지는 있지만, 부모를 봉향한다는 극진한 '효심'의 도덕의식이 신라사회의 가장 낮은 저변에까지 널리 확산되었다는 사실은 매우 분명하게 보여주는 것이다.

2) 의리(義)와 용맹(勇)의 실천

신라의 청년들이 유교경전에서 받아들인 도덕규범은 전쟁이 계속되는 시대를 살아가는 상황에서 무사(武士)의 정신적 원리로 확인되고 있다. '의리'는 문사(文士)나 무사 모두에게 요구되는 기본규범이지만, '용맹'은 특히 무사에게 중시되는 덕목이면서 의리와 결합된 용기, 곧 '의용'(義勇)이기를 요구한다.

진평왕 때 눌최(訥催)는 백제 군사의 침입을 받았을 때 원군이 왔다가 돌아가 버린 사실을 알고는, "봄날의 따뜻한 기운에는 초목이 모두 꽃을 피우지만, 겨울이 오면 오직 소나무와 잣나무만이 시들지

---

51) 같은 책, '孝女知恩', "不勝困憊, 就富家請賣身爲婢, 得米十餘石, … 其母謂女子曰, 向食麤而甘, 今則食雖好, 味不如昔, 而肝心若以刀刃刺之者, 是何意耶, 女子以實告之, … 乃放聲大哭, 女子亦哭, 哀感行路, 時孝宗郞出遊見之, 歸請父母, 輸家粟百石及衣物予之, 又償買主以從良."

않는다. 지금 외로운 성에 구원이 없어, 날로 더욱 위태로우니, 이는 진실로 뜻있는 선비와 의로운 사내가 지조를 온전히 하고 이름을 드날릴 때이다."[52]라 하여 병졸들을 격동시키고, 끝까지 항전하다가 다 함께 전사하였다. 선덕왕 때 대야성(大耶城)의 하급 장교인 죽죽(竹竹)은 백제의 침략을 받아 도독(都督) 김품석(金品釋)이 항복을 결정하였는데도 남은 병졸을 모아 성문을 닫고 항전하였다. 이때 친우가 항복하고서 뒷날을 도모하자고 권하였지만, 죽죽은 "나의 아버지가 나를 죽죽이라고 이름 지어 준 것은 나로 하여금 겨울에도 시들지 않으며, 꺾일지언정 굽히지 말라고 하신 것이다. 어찌 죽음을 두려워하여 살아서 항복하겠는가?"[53]라고 하고, 끝까지 싸우다 함께 죽었다. 공자의 말씀으로, "겨울이 온 다음에야 소나무와 잣나무가 시들지 않는 줄을 안다."[54]는 이 구절은 신라의 장수와 젊은 장교들에게 지조와 용기를 불러일으키는 구절로 널리 인용되고 있었던 것이 사실이다. 절의(節義)를 높이는 공자의 말씀 한마디가 전쟁터에서 장수와 병졸들의 의로운 용기를 격동시키고 있음을 잘 보여주고 있다.

김유신(金庾信)이 백제의 계백(堦伯)과 황산(黃山)의 들판에서 전투할 때, 전세가 불리해졌다. 이때 장군 김흠순(金欽純: 金欽春)은 아들 반굴(盤屈)에게, "신하된 자로서는 충성만 한 것이 없고, 자식으로서는 효도만 한 것이 없다. 위기를 만나서 목숨을 바치면 충성과 효

52) 『三國史記』, 권47, 列傳, '訥催', "陽春和氣, 草木皆華, 至於歲寒, 獨松栢後彫, 今孤城無援, 日益阽危, 此誠志士義夫, 盡節揚名之秋."

53) 같은 책, '竹竹', "吾父名我以竹竹者, 使我歲寒不凋, 可折而不可屈, 豈可畏死而生降乎."

54) 『논어』, '子罕', "歲寒然後, 知松柏之後彫也."
眞德王 때 金庾信도 백제의 침략에 항전하면서, 부하장수인 丕寧子에게 『논어』의 이 구절을 끌어들여 용기를 격동시키고 있다.(『三國史記』, 권47, 列傳, '丕寧子')

도의 양쪽이 온전하게 된다."[55]고 훈계하자, 반굴은 아비의 뜻을 받들어 적진으로 뛰어들어가 힘껏 싸우다가 죽었다. 국가에 대한 충성과 부모에 대한 효도의 두 가지 도덕규범이 양립하기 어려울 때가 있지만, 국가의 위기를 만나서는 생명을 바치는 것이 충성을 온전하게 이룰 뿐만 아니라 효도를 온전하게 이루는 길이라는 도덕의식을 보여주고 있다. 그것은 신라사회의 도덕의식이 국가를 가정보다 중시하는 일면을 보여주고 있는 것이다.

김흠순의 손자 김영윤(金令胤)은 신문왕 때 반란을 일으킨 고구려의 남은 세력을 토벌하러 출정하였는데, 전쟁터에서 "전쟁에 임하여 용기가 없는 것은 예경(禮經)에서 경계한 바요, 나아감이 있을 뿐 물러섬이 없는 것은 병졸의 떳떳한 분수이다."[56]라 하고, 적진에 나가서 싸우다가 죽었다. 『예기』(祭義)에서는 증자(曾子)가 '효'의 실천에 어긋나는 것으로 다섯 가지 조목을 들면서, "적진을 마주 대하고 전쟁을 벌이는 데 용감하지 못한 것은 '효'가 아니다."(戰陳[陣]無勇, 非孝也)라 하였다. 김영윤의 말은 이 구절을 끌어들이고 있다. 전쟁터에서 의롭게 용기를 발휘하는 것이 효도와 합치한다는 규범적 인식에 특별히 주의를 기울이고 있음을 의미하는 것이다.

눌지왕이 고구려와 일본에 오랫동안 볼모로 가 있는 두 아우를 데려오고 싶어서 박제상(朴堤上)에게 부탁하자, 박제상은 먼저 사신으로 가서 고구려 임금에게 "저는 이웃 나라와 교제하는 도리는 성실과 신의뿐이라고 들었습니다. 만일 볼모를 서로 보낸다면 오패(五霸: 춘추시대 盟主였던 齊 桓公 등 다섯 霸者)에도 미치지 못하는 것이

55) 『三國史記』, 권5, 新羅本紀, '太宗武烈王'(7년 秋7월), "爲臣莫若忠, 爲子莫若孝, 見危致命, 忠孝兩全."

56) 『三國史記』, 권47, 列傳, '金令胤', "臨陣無勇, 禮經之所誡, 有進無退, 士卒之常分也."

니, 참으로 말세의 일입니다."[57]라고 설득하여, 볼모를 되찾아 오는데 성공하였다. 곧 나라 사이에 교류하는 도리가 무엇인지를 밝히고, 볼모를 교환하는 것이 도리에 어긋나는 것임을 지적하였던 것이다. 「염철론」(鹽鐵論, 世務)에서도 "성실과 신의가 있으면 천하에 어른노릇 한다."(誠信著乎天下)고 하였으니, 성실과 신의는 벗을 사귀는 도리일 뿐만 아니라 천하에서 나라와 나라가 교류하는 도리이기도 하다. 또한 『맹자』(12-7: 1)에서는 "오패는 삼왕(三王: 禹·湯·文王·武王)의 죄인이요, 오늘의 제후는 오패의 죄인이다."(五覇者, 三王之罪人也, 今之諸侯, 五覇之罪人也)라 하여, 당시의 제후들이 의리가 없음을 오패에도 못 미치는 것으로 비판한 말을 끌어들이고 있는 것이다.

『삼국유사』의 기록에 따르면, 박제상(『삼국유사』에서는 金堤上이라 기록)이 눌지왕의 부탁을 받자, "신이 들으니, '임금에게 근심이 있으면 신하로서 욕된 일이요, 임금이 굴욕을 당하면 신하로서 죽어야 한다'고 합니다. 만약 일이 어려운지 쉬운지를 헤아려서 실행한다면 충성스럽지 못하다 하겠으며, 죽게 될지 살 수 있을지를 고려하고서 행동한다면 용기가 없다고 하겠습니다."[58]라 대답하였다 한다. "임금에게 근심이 있으면 신하로서 욕된 일이요, 임금이 굴욕을 당하면 신하로서 죽어야 한다."는 말은 『사기』(范雎蔡澤列傳)에 나오는 말이지만, 전국시대 월왕(越王) 구천(句踐)의 말에도 보인다.(〈漢 袁康, 『越絶書』〉) 임금을 지키기 위해 목숨을 바치는 것이 신하로서의 충성이면서 의리의 기본자세임을 의미한다. 여기서 박제상은 중국 역사서

57) 『三國史記』, 권45, 列傳, '朴堤上', "臣聞交鄰國之道, 誠信而已, 若交質子, 則不及五霸, 誠末世之事也."

58) 『三國遺事』, 권1, 紀異, '奈勿王·金堤上', "臣聞, 主憂臣辱, 主辱臣死, 若論難易而後行, 謂之不忠, 圖死生而後動, 謂之無勇."

에서 제시된 신하로서 임금을 위한 의리를 끌어들이면서 자신의 의리를 확인하고 있는 것이다.

김유신은 고구려에 사신으로 갔다가 돌아오지 않는 김춘추를 구출하기 위해 군사들을 조직하여 훈계하면서, "내가 들으니 위태로움을 보면 목숨을 바치며, 환난을 당해서는 자신을 잊는 것이 열사(烈士)의 뜻이라 한다."[59]고 하였다. 『논어』(19-1)에서는 자장(子張)의 말로 "선비는 위태로움을 보면 목숨을 바친다."(士見危致命)라 하였고, 『예기』(曲禮上)에서는 "환난을 당해서는 구차하게 면하지 마라."(臨難毋苟免) 하였고, 『문선』(三國名臣序贊)에서는 "환난을 당해서는 자신을 잊는다."(臨難忘身)고 하였으니, 김유신이 경전과 고전에 깊은 지식을 연마해 오면서 의리정신을 확립해 왔던 사실을 알 수 있다.

문무왕(文武王) 8년(668) 당나라와 함께 고구려를 정벌할 때, 출정하는 장수였던 김흠순(김흠춘)과 김인문이 김유신에게 대책을 묻자, 김유신은 "무릇 장수된 자는 나라의 방패와 성벽이 되고, 임금의 손톱과 어금니가 되어, 전쟁터에서 승부를 결정지어야 하니, 반드시 위로는 하늘의 도리를 얻고 아래로는 땅의 이치를 얻으며, 중간으로는 사람의 마음을 얻어야 한다. 그런 뒤라야 성공을 거둘 수가 있다. 지금 우리나라는 충성과 믿음 때문에 존재하는 것이요, 백제는 오만 때문에 망하였고, 고구려는 기만 때문에 위태로운 것이다. 이제 만약 우리의 곧음으로 저들의 굽음을 친다면 뜻을 이룰 수 있을 것이다."[60]라 당부하였다. 맹자는 "하늘의 시기는 땅의 형세만 못하고, 땅

---

59) 같은 곳, "吾聞見危致命, 臨難忘身者, 烈士之志也."

60) 『三國史記』, 권43, 列傳, '金庾信 下', "夫爲將者作國之干城君之爪牙決[校勘 002]勝否於矢石之間必上得天道下得地理中得人心然後可得成功今我國以忠信而存百濟以慠慢而亡高句麗以驕滿而殆今若以我之直擊彼之曲可以得志."

의 형세는 사람의 화합함만 못 하다."(天時不如地利, 地利不如人和. 〈『맹자』, 4-1: 1〉)고 하여, 성곽을 공격하는 데 요구되는 세 가지 조건으로 '사람의 화합'(人和)이 가장 중하고, '땅의 형세'(地利)가 다음이요, '하늘의 시기'(天時)가 그다음임을 지적하였는데, 김유신은 전장에 나가서 '하늘의 도리'(天道)와 '땅의 이치'(地理)와 '사람의 마음'(人心)을 아울러 얻도록 요구하고 있는 것이다. 경전의 가르침을 한층 더 적극적으로 응용하여 제시한 것이라 하겠다. 또한 "우리의 곧음으로 저들의 굽음을 친다."(我之直擊彼之曲)는 말은 공자가 "곧음을 들어 올려 굽음 위에 올려놓으면 백성이 복종한다."(擧直錯諸枉, 則民服. 〈『논어』, 爲政〉)는 말에 근거한 것으로 보인다. 곧음(直)의 의로움으로 굽음(曲·枉)의 불의를 공격한다는 의리의 확보가 전장에서도 중요함을 분명하게 인식하고 있는 것이다.

강수(强首)는 그 아버지가 불교를 배울 것인지 유교를 배울 것인지 묻자, "제가 들으니 불교는 세상 밖에 대한 가르침이요, 저는 사람들 속에서 사는 인간이니, 어찌 불교를 배우겠습니까? 유교의 도리를 배우고자 합니다."[61]라 대답하였다. 당시 신라에 불교가 성행하고 불교의 학문수준이 매우 높았지만, 신라의 국가적 요구에 유교의 규범질서가 중대한 것임을 분명하게 인식하여 지적한 것이다. 강수는 스승을 찾아가 『효경』(孝經)·「곡례」(曲禮)·『이아』(爾雅)·『문선』(文選)을 읽었고, 벼슬에 나가 당나라를 비롯하여 백제·고구려에 보내는 외교문서를 짓는 데 큰 공을 세웠다. 또한 그는 젊었을 때 대장장이의 딸과 정을 통하였는데, 부모가 그의 명망에 걸맞은 좋은 집안의

61) 三國史記, 권46, 列傳, '强首', "愚聞之, 佛世外敎也, 愚人間人, 安用學佛爲, 願學儒者之道."

규수와 혼인하도록 시키면서, “미천한 집안의 딸을 맞아들이는 것이 부끄럽지 않은가.”라고 꾸짖자, 강수는 “가난하고 미천함은 부끄러운 바가 아니요, 도리를 배우고도 실행하지 않는 것이 진실로 부끄러운 것입니다. 일찍이 옛사람의 말을 들으니, ‘함께 고생한 아내는 내보내서는 안 되며, 가난하고 미천할 때 사귄 벗은 잊어서는 안 된다’고 하였는데, 미천한 아내라 해서 차마 버릴 수 없습니다.”[62]라 대답하였다. 빈곤이나 비천함이 수치스러운 것이 아니라 의리를 배우고서도 저버리는 것이 부끄러운 것임을 밝혀, 이로움이 아니라 의리가 판단하고 결정하는 기준임을 강조하고 있는 것이다.

5. 예법(禮)과 음악(樂)의 교화(敎化)체계

1) 예법의 교화체계

신라에서 국학의 설립은 국가에 유용한 인재를 배양하는 것과 더불어 유교경전의 교육을 통해 사회의 유교적 교화질서를 확립하는 데 목적이 있는 것이라 할 수 있다. 유교적 교화의 핵심적 방법으로는 예법(禮)과 음악(樂)의 정립이 중시된다. 신라사회에서는 국학의 설립을 전후하여 유교경전의 이해가 심화되면서 유교적 ‘예법의 교화(禮敎)’ 제도가 정비되어 가며, ‘음악의 교화(樂敎)’가 정착되어 가는 사실이 확인된다.

62) 같은 곳, “貧且賤, 非所羞也, 學道而不行之, 誠所羞也, 嘗聞古人之言, 曰糟糠之妻不下堂, 貧賤之交不可忘, 則賤妾所不忍棄者也.”

먼저 제사의 제도를 보면, 제2대 남해왕(南解王) 3년(A. D. 6)에 종묘(宗廟)로서 시조 박혁거세의 사당(始祖廟)을 설립하여 사시(四時)에 제사지내고, 친누이 아로(阿老)로 제사를 주관하게 하였다.[63] 그 후 역대의 임금들은 대체로 즉위 초기에 친히 시조묘에 가서 제사를 드려왔던 사실이 기록되고 있다.

신문왕 7년(687) 임금이 대신을 보내 시조묘에서 선왕들의 신령(神靈)께 제사를 올릴 때의 제문(祭文)에서는 종묘의 선왕(先王)이 지켜주시고 하늘과 땅이 복을 내려주심에 힘입어 나라가 잘 다스려져 왔던 사실을 지적하면서, 근래에 임금의 다스림이 도리를 잃어 천체운행의 변괴가 발생함을 두려워함을 밝히고 있다. 이어서 제사를 올려 선왕의 신령들께 빌고자 하는 바를 밝히면서, "사시(四時)의 기후를 순조롭게 해주시고, 다섯 가지 일(五事)을 이룸에 허물이 없게 해주시고, 농사가 풍년이 들고 역병이 소멸되게 해주시고, 의복과 식량이 풍족하며 예의가 갖추어지게 해주시고, 안팎이 맑고 고요하며 도적이 사라지게 해주셔서, 후손들에게 넉넉함을 드리워 오래도록 많은 복을 받도록 해주십시오."[64]라 하였다. 여기서 다섯 가지 일(五事)이란 『서경』(洪範)에서 "용모는 공손하게 하고, 말은 온순하게 하고, 보는 것은 분명하게 하고, 듣는 것은 총명하게 하고, 생각은 지혜롭게 한다."(貌曰恭, 言曰從, 視曰明, 聽曰聰, 思曰睿)는 다섯 조목으로 군왕의 덕을 제시한 것이다. 또한 "후손들에게 넉넉함을 드리운다."(垂裕後昆)는 것은 『서경』 중훼지고(仲虺之誥)편의 말이요, "오래도록 많

63) 『三國史記』, 권32, 雜志, '祭祀', "按新羅宗廟之制, 第二代南解王三年春, 始立始祖赫居世廟, 四時祭之, 以親妹阿老主祭."

64) 『三國史記』, 권8, '神文王'(7년 夏4월), "以順四時之候, 無愆五事之徵, 禾稼豊而疫癘消, 衣食足而禮義備, 表裏淸謐, 盜賊消亡, 垂裕後昆, 永膺多福."

은 복을 받도록 해 달라."(永膺多福)는 것은 『서경』 필명(畢命)편의 말이니, 제사에서 기도하는 말도 경전의 여러 구절을 인용하고 있음을 보여준다.

21대 소지왕(炤知王) 9년(487)에는 시조묘와 별도로 시조가 처음 태어난 곳인 나을(奈乙)에 신궁(神宮)을 설치하였고,[65] 그 이후 역대 군왕이 직접 제사를 드린 기록은 시조묘에서보다 신궁에서 훨씬 자주 나타나고 있는 사실이 눈에 띈다. 그러나 종묘인 시조묘가 소홀히 여겨졌던 것은 아니요, 제36대 혜공왕은 김씨(金氏)의 군왕으로 미추왕(味鄒王)을 시조로 삼고, 백제와 고구려를 평정하는 데 공덕이 컸던 태종무열왕(太宗武烈王)·문무왕을 대대로 헐지 못하는 종(宗)으로 삼으며, 친묘(親廟) 2위(位)를 더하여 오묘(五廟)의 종묘제도를 정립하였던 사실이 보인다.[66]

또한 성덕왕 12년(713)에 국가의 제사의례를 담당하는 관청인 전사서(典祀署)가 설치되고, 선덕왕 때는 사직단(社稷壇)을 세우는 등 유교적 예교(禮敎)체제의 기반인 국가의 제사의례가 제도적으로 정비되어 갔던 사실을 확인할 수 있다.[67]

---

65) 『三國史記』, 권3, 新羅本紀, '炤知痲立干'(9년 春2월), "置神宮於奈乙, 奈乙始祖初生之處也."
『三國史記』의 '祭祀'篇(권32)에서는 "第二十二2代智證王, 於始祖誕降之地奈乙, 創立神宮以享之."라 하여, 神宮의 설치시기에 대한 기록에 차이가 보인다.

66) 『三國史記』, 권32, 雜志, '祭祀', "第36代惠恭王, 始定五廟, 以味鄒王爲金姓始祖, 以太宗大王·文武大王平百濟·高句麗有大功德, 竝爲世世不毁之宗, 兼親廟二爲五廟."

67) 『三國史記』, 권8, 新羅本紀, '聖德王'(12년 春2월), "置典祀署.", 『三國史記』, 권32, 雜志, '祭祀', "第三十七代宣德王, 立社稷檀."
'祭祀'篇(권32)에서는 五廟에 대한 제사가 1년에 6차례 드려지고, 三山·五岳 이하의 名山大川에 드려지는 제사가 大祀·中祀·小祀로 구분되어 드려지고 있음을 기록하고 있다.

신라에서 사회제도의 정비과정은 중국의 제도를 받아들여 유교적 통치체제를 정립하였던 것이다. 지증왕(智證王) 5년(504)에는 상복(喪服)에 관한 법을 제정하여 반포하고 시행하였으며, 그 이듬해는 임금이 직접 지방의 행정조직으로서 주(州)·군(郡)·현(縣)을 정하였다.68) 또한 법흥왕(法興王) 7년(520)에는 율령(律令)을 반포하고, 처음으로 모든 관리의 위계(位階)에 따른 공복(公服)을 정하였으며,69) 진덕왕 3년(649)에는 당나라에 사신을 갔다가 돌아온 김춘추의 건의로 중국의 의관(衣冠)을 착용하기 시작하여 중국의 복식제도를 받아들였다.70) 또한 문무왕 4년(664)에는 부인의 복식제도를 고쳐서 이로부터 의관이 중국과 동일하게 되었다 한다.71)

제도의 정비과정에서 신분에 따른 차등이 중시되어, 수레의 제도, 그릇의 제도, 주택의 제도에 이르기까지 신분에 따른 재질과 장식과 규모의 차이를 미세하게 규정하고 있음을 보여준다.72) 이러한 제도의 정립은 중국식 제도를 따른다는 의미와 더불어 유교적 명분과 예교질서를 중시한다는 의미를 내포하고 있는 것이다.

---

68) 『三國史記』, 권4, 新羅本紀, '智證麻立干', "五年夏四月, 制喪服法, 頒行, … 六年春二月, 王親定國內州郡縣."

69) 같은 책, '法興王'(7년 春정월), "頒示律令, 始制百官公服, 朱紫之秩."

70) 『三國史記』, 권5, 新羅本紀, '眞德王', "春秋又請改其章服, 以從中華制, … 三年春正月, 始服中朝衣冠."

71) 『三國史記』, 권33, 雜志, '色服', "文武王在位四年, 又革婦人之服, 自此已後, 衣冠同於中國."

72) 같은 책, '車騎'·'器用'·'屋舍'.

2) 음악의 교화체계

예법과 더불어 음악은 유교의 교화(敎化)체계에서 핵심적 요소를 이루고 있는 것이며, 신라사회에서도 음악의 교화가 생활 속에 정착되고 있음을 엿볼 수 있다. 음악을 담당하는 행정기구로 음성서(音聲署)가 예부(禮部)에 소속되어 있었다.[73] 신라의 음악은 악기로 거문고(玄琴)·가야금(伽倻琴)·비파(琵琶)의 3현(三絃)과, 대금(大笒)·중금(中笒)·소금(小笒)의 3죽(三竹)과, 박판(拍板)·대고(大鼓)가 있다. 또한 노래와 춤(歌舞)이 정비되고, 향악(鄕樂)의 음악문화가 융성하게 정착되었던 것이 사실이다.

거문고의 악곡은 옥보고(玉寶高)가 지은 30곡과 극종(克宗)이 지은 7곡이 있었다 하며, 가야금은 우륵(于勒)이 지은 12곡이 있었다 한다. 가야금은 중국 악기 쟁(箏)과 제도가 유사한 것으로 가야국(加耶國)의 가실왕(嘉實王)이 악사 우륵에게 12곡을 만들게 하였는데, 가야국이 어지러워지자 우륵은 신라 진흥왕에게 귀순하였다. 진흥왕은 주지(注知)·계고(階古)·만덕(萬德) 세 사람을 우륵에게 보내어 12곡을 전해 받았는데, 그 악곡이 번다하고 문란함을 바로잡아 5곡으로 요약하였다. 우륵은 이 5곡을 듣고는 눈물을 흘리면서 "즐거우면서도 넘치지 않고, 애절하면서도 슬프지 않으니 바르다고 말할 수 있겠다."[74] 고 하였다. "즐거우면서도 넘쳐흐르지 않고, 애절하면서도 슬프지 않다."(樂而不流, 哀而不悲)고 평가한 말은 곧 음악의 기준이 인간의 심성을 다스려 조화롭게 하는 것임을 밝혀주는 말로서, 공자가 「관저」

73) 『三國史記』, 권38, 雜志, '職官上', "音聲署, 屬禮部, 景德王改爲大樂監, 惠恭王復故."

74) 『三國史記』, 권32, 雜志, '樂', "樂而不流, 哀而不悲, 可謂正也."

(關雎)의 시를 평가하면서, “즐거우면서도 방탕하지 않고, 애절하면서도 지나치지 않다.”(樂而不淫, 哀而不傷. 〈『논어』, 3-20〉)고 말한 것을 끌어들인 것이요, 유교의 예악(禮樂)정신을 음악의 기준으로 확인하고 있음을 보여준다.

진흥왕은 이 음악의 연주를 듣고 매우 즐거워하였다. 이때 신하들이 멸망한 가야국의 음악은 취할 것이 못 된다고 간언하자, 임금은 “가야국의 임금이 음란하여 자멸한 것이지, 음악이 무슨 죄가 있겠는가? 성인이 음악을 제정하신 것은 인간의 감정에 근거하여 절제하도록 하는 것이다. 나라가 다스려지고 어지러움은 음악의 곡조에 말미암는 것이 아니다.”[75]라 대답하여, 가야금의 악곡이 크게 이루어지게 하였다 한다. 여기서 진흥왕은 음악이 인간의 감정을 조화롭게 절제하는 교화의 수단임을 주목하면서, 음악이 나라를 혼란에 빠뜨리거나 멸망시키는 원인으로 보는 견해와 분명한 차이를 밝히고 있다.

6. 신라문화에서 국학교육의 성격과 의미

신라의 국학은 삼국통일을 이룬 뒤인 682년에 설립되었지만, 국학의 교육내용인 유교경전의 이념은 신라의 건국 초기부터 이미 국가통치의 원리로서 일찍부터 받아들여지고 있었던 것이 사실이다. 그렇다면 국학을 통한 유교경전교육의 제도적 정립이 없었던 삼국시대 신라사회에서도 유교경전의 교육과 학습이 이루어졌음을 말해 주는

75) 같은 곳, “加耶王淫亂自滅, 樂何罪乎, 蓋聖人制樂, 緣人情以爲樽節, 國之理亂, 不由音調.”

것이다. 불교가 신라에 들어와 527년(法興王 14)에 공인된 이후로 불교의 학문적 성취는 유교의 이해수준이 따를 수 없을 만큼 높은 경지에 이르렀고, 신라사회의 대중 속에 불교신앙이 깊이 뿌리를 내렸던 것이 사실이다. 그러나 신라의 국가통치 원리는 언제나 유교이념에 기반을 두는 것이었으며, 불교 승려들도 국가통치나 사회적 도덕규범의 세속적 질서는 유교적 이념에 따라 받아들였다. 이러한 사실은 원광법사의 '세속오계'나 충담사의 「안민가」에서도 잘 드러나고 있다.

먼저 국가의 통치원리로서 유교이념은 군왕이 덕을 닦아 덕으로 나라를 다스리는 '덕치'의 이념이 확고하게 인식되었고, 백성을 사랑하고 보살피는 '민본'의 이념이 중시되었다. 백성을 사랑하는 통치의 과제로서 궁민(窮民)을 보살피는 데까지 깊은 관심을 기울이는 것은 신라사회의 유교적 통치질서를 안정시키는 데 크게 기여하고 있는 것으로 보인다.

이러한 유교이념의 통치원리는 당나라의 문물제도를 도입하면서 국가의 통치제도가 유교이념에 의해 뒷받침되는 당나라의 제도를 받아들이고 있는 것이다. 이러한 통치이념은 삼국이 끝없이 전쟁을 벌이며 경쟁하는 국가 간의 외교적 관계나 당나라에 조공을 드리며 사대(事大)외교를 전개하는 과정에서도, 언제나 유교경전의 이념을 기준으로 삼고 있음을 보여준다. 삼국통일 전쟁에서 당나라를 끌어들여 성공할 수 있었던 것도 경전에 기초한 유교이념의 외교적 명분을 가장 잘 활용하였던 결과라 할 수 있다.

다음으로 유교경전에서 제시되는 도덕규범의 사회적 확립이 삼국에서도 가장 늦게 일어나고 상대적으로 미약하였던 신라사회를 강건하게 결속시키고 성장할 수 있게 하였던 기본동력이라 하겠다. 이러한 유교적 도덕규범의 정립은 국학이 설립되기 이전부터 신라사회에 유교경전 교육이 광범하게 시행되고 있었던 사실에 힘입은 것으로 보인다. '화랑'제도는 신라사회의 독특한 청년수련조직으로 정착하면서, 도덕의 수련과 무술의 연마가 병행되었던 사실이 주목된다. 이러한 전통 속에서 신라사회는 도덕의 '문'(文)과 군사의 '무'(武)가 균형 있게 추구되었으며, 유교경전의 도덕규범을 이해하는 태도에서도 충성(忠)과 효도(孝)의 '문인'정신과 용맹(勇)의 '무인'정신이 유리되는 것이 아니라, 항상 병행하고 조화를 이루었다. 의리(義)의 이해도 신의(信義)로서 '문인'적 규범으로 이해되면서, 동시에 의용(義勇)으로서 '무인'적 규범으로 실행되고 있었다. 이처럼 경전정신이 현실에 균형 있게 실현되는 실학정신이 신라문화의 중요한 특징을 이루었던 것이다.

충성과 효도는 유교적 도덕규범의 기본을 이루고 있는 것이지만, 국가와 군왕에 봉사하는 충성의 규범과 가정에서 부모를 섬기는 효도의 규범은 구체적 현실에서 때때로 충돌하는 경우가 있다. 유교적 통치질서가 가장 확고하게 실현되었던 조선시대에서 보면 많은 경우에 충성이 중대하다고 인정하면서도 효도가 선행하는 것으로 강조되어, 사실상 부모에 대한 효도가 국가에 대한 충성에 앞서는 것으로 받아들여져 왔다. 그러나 신라사회에서는 전쟁터에서 장군 김흠순이 아들에게 "위기를 만나서 목숨을 바치면 충성과 효도의 양쪽이 온전하게 된다."(見危致命, 忠孝兩全)고 훈계한 말에서처럼, 국가의 위기에서는 나라에 충성하여 목숨을 바치는 것이 바로 부모에 효도하는 길이 된다는 것으로, 국가적 도덕규범이 가정적 도덕규범을 내포하고 우선하는 것이라는 도덕규범체계에 대한 인식의 입장을 보여준다. 유교적 도덕규범체계에 대해 이러한 인식은 신라사회의 체제적 특성과 도덕인식의 특징을 가장 잘 드러내는 것이라 할 수 있다.

그다음으로 교화제도로서 제사의례의 예법이 정비되고, 향악(鄕樂)의 음률이 정립되었다는 사실은 신라사회의 유교적 통치질서가 매우 세련된 체제를 이루었다는 것을 의미한다. 의례가 사회적 계층질서를 견고하게 정착시켜 주고, 음악이 대중적 정서를 순화시켜 화합시켜 주는 기능이 잘 발휘되고 있다는 말이다. 예법의 상하질서만 강조되면 계급적 분화가 심화되고, 음악의 정서적 화합만 강조되면 향락적 퇴폐화에 빠져들 위험이 있다면, 신라사회는 예법과 음악의 균형을 이루는 교화체제를 확보하고 있음을 확인할 수 있다.

나아가 신라의 유교경전 교육은 조선시대의 도학적 정통주의가 폐쇄적 성격을 지닌 것과는 달리, 삼교(三教) 융화의 원리에 따라 매우 포용적 문화를 이루고 있다는 사실이 중요한 특징이다. 최치원은 난랑의 비문에서도 "삼교를 포함하며 대중을 받아들여 교화한다."(包含三教, 接化羣生)고 하였으며, 진감선사(眞鑑禪師)의 비문에서도 "도리는 사람에서 멀리 떨어져 있지 않고, 사람은 나라에 따라 다르지 않다. 이 때문에 동국의 지식들이 불교도 배우고 유교도 배운다."[76]고 하였다. 곧 여러 종교의 가르침을 열린 마음으로 받아들이고, 나라와 민족의 차이도 넘어서는 보편적 정신을 보여주는 것이고, 바로 이 포용정신이 신라가 삼국을 통일하고 통일왕조를 안정시킬 수 있었던 원동력이었다고 할 수 있을 것이다.

76) 『孤雲集』, 권2, '智異山雙谿寺眞鑑禪師大空塔碑銘', "夫道不遠人, 人無異國, 是以東人之子, 爲釋爲儒."

참고문헌

〈原典: 經〉

『十三經注疏』, 『大學章句』, 『中庸章句』, 『大學翼眞』(胡渭).
『讀書記』(尹鑴), 『思辨錄』(朴世堂).

〈原典: 史〉

『三國史記』, 『三國遺事』, 『南齊書』.

〈原典: 文〉

『莊子』, 『唐文粹』, 『宋文鑑』,
『說郛』(陶宗儀). 『熱河日記』(朴趾源).

〈原典: 集〉

『朱熹集』, 『朱子語類』, 『傳習錄』(王守仁).
『孤雲集』(崔致遠), 『退溪集』(李滉).
『明齋遺稿』(尹拯), 『寒水齋集』(權尙夏).
『白湖全書』(尹鑴), 『西溪集』(朴世堂).
『農巖集』(金昌協), 『與猶堂全書』(丁若鏞).

〈연구서〉

유승국, 『道原哲學散稿』, 성균관대학교출판부, 2010.
이동환, 「韓國文教風俗史」, 『韓國文化史大系』(8), 고려대 민족문화연구소, 1971.

찾아보기(인명)

ㅍ

ㅎ

Abstract

The Joseon *Silhak* Understanding of Confucian Scriptures

Keum, Jangtae

The Joseon *Silhak* (實學) attempt to interprete Confucian scriptures was started in the late 17th century by Yun Hyu and Bak Sae-dang. The characteristics and methodology of practical *Gyeonghak* (經學) could be verified through their interpretation of *The Great Learning* (大學) and *The Doctrine of the Mean* (中庸).

Yun Hyu proposed his own *Silhak* thought which deviated from Neo-Confucian interpretations, and considered *The Doctrine of the Mean* as a way of serving Heaven, and *The Great Learning* as practical principles. Bak Sae-dang tried to escape orthodox thought which exclusively held Zhuxi as orthodoxy and sought truth with an open mind through his own independent interpretation. Accepting not only the practical interests of *Silhak* but also self-cultivation practices from Neo-Confucianism, Jeong Yak-yong established a way of self-cultivation of practical *Gyeonghak* in his book *Private Examination of the Classics of the Mind* (心經密驗).

In the appendix of this book is added a discussion of Silla society's simple understanding of Confucian scriptures and the spirit of practice, which was prevalent before Neo-Confucianism became popular during the Joseon dynasty.